上财文库

刘元春　主编

中国传统知论的现代审视

A Modern Perspective on Traditional Chinese Epistemology

刘静芳　著

上海财经大学出版社
SHANGHAI UNIVERSITY OF FINANCE & ECONOMICS PRESS

上海学术·经济学出版中心

图书在版编目(CIP)数据

中国传统知论的现代审视 / 刘静芳著. -- 上海：
上海财经大学出版社, 2025.1. -- (上财文库).
ISBN 978-7-5642-4575-7

Ⅰ. B21

中国国家版本馆 CIP 数据核字第 20245E72N1 号

上海财经大学中央高校双一流引导专项资金、中央高校基本科研
业务费资助

本研究于 2015 年获得国家社科基金一般项目资助(项目名称:中国
传统知论的现代审视研究。项目号:15BZX066)

□ 责任编辑　吴晓群
□ 封面设计　贺加贝

中国传统知论的现代审视

刘静芳　著

上海财经大学出版社出版发行
(上海市中山北一路 369 号　邮编 200083)
网　　址:http://www.sufep.com
电子邮箱:webmaster@sufep.com
全国新华书店经销
上海华业装潢印刷厂有限公司印刷装订
2025 年 1 月第 1 版　2025 年 1 月第 1 次印刷

787mm×1092mm　1/16　15 印张(插页:2)　276 千字
定价:84.00 元

总　序

更加自觉推进原创性自主知识体系的建构

中国共产党二十届三中全会是新时代新征程上又一次具有划时代意义的大会。随着三中全会的大幕拉开，中国再次站在了新一轮改革与发展的起点上。大会强调要创新马克思主义理论研究和建设工程，实施哲学社会科学创新工程，构建中国哲学社会科学自主知识体系。深入学习贯彻二十届三中全会精神，就要以更加坚定的信念和更加担当的姿态，锐意进取、勇于创新，不断增强原创性哲学社会科学体系构建服务于中国式现代化建设宏伟目标的自觉性和主动性。

把握中国原创性自主知识体系的建构来源，应该努力处理好四个关系。习近平总书记指出："加快构建中国特色哲学社会科学，归根结底是建构中国自主的知识体系。要以中国为观照、以时代为观照，立足中国实际，解决中国问题，不断推动中华优秀传统文化创造性转化、创新性发展，不断推进知识创新、理论创新、方法创新，使中国特色哲学社会科学真正屹立于世界学术之林。"习近平总书记的重要论述，为建构中国自主知识体系指明了方向。当前，应当厘清四个关系：(1)世界哲学社会科学与中国原创性自主知识体系的关系。我们现有的学科体系就是借鉴西方文明成果而生成的。虽然成功借鉴他者经验也是形成中国特色的源泉，但更应该在主创意识和质疑精神的基础上产生原创性智慧，而质疑的对象就包括借鉴"他者"而形成的思维定式。只有打破定式，才能实现原创。(2)中国式现代化建设过程中遇到的问题与原创性自主知识体系的关系。建构中国原创性自主知识体系，其根本价值在于观察时代、解读时代、引领时代，在研究真正的时代问题中回答"时代之问"，这也是推动建构自主知识体系最为重要的动因。只有准确把握中国特色社会主义的历史新方位、时代新变化、实践新要求，才能确保以中国之理指引中国之路、回答人民之问。(3)党的创新理论与自主知识体系的关系。马克思主义是建构中国自主知识体系的"魂脉"，坚持以马克思主义为指导，是当代中国哲学社会科学区别于其他哲学社会科学的根本标志，必须旗帜鲜明加以坚持。党的创新理论是中国特色哲学社会科学的主体内容，也是中国特色哲学社会科学发展的最大增量。(4)中华传统文化与原创性自主知识体系的关系。中华优秀传统文化是原创性自主知识体系的"根脉"，要加强对优秀传统文化的挖掘和阐发，更有效地推动优秀传统文化创造性转化、创新性发展，创造具有鲜明"自主性"的新的知识生命体。

探索中国原创性自主知识体系的建构路径，应该自觉遵循学术体系的一般发展规律。建构中国原创性自主知识体系，要将实践总结和应对式的策论上升到理论、理论上升到新的学术范式、新的学术范式上升到新的学科体系，必须遵循学术体系的一般发展规律，在新事实、新现象、新规律之中提炼出新概念、新理论和新范式，从而防止哲学社会科学在知识化创新中陷入分解谬误和碎片化困境。当前应当做好以下工作：(1)掌握本原。系统深入研究实践中的典型事实，真正掌握清楚中国模式、中国道路、中国制度和中国文化在实践中的本原。(2)总结规律。在典型事实的提炼基础上，进行特征事实、典型规律和超常规规律的总结。(3)凝练问题。将典型事实、典型规律、新规律与传统理论和传统模式进行对比，提出传统理论和思想难以解释的新现象、新规律，并凝练出新的理论问题。(4)合理解释。以问题为导向，进行相关问题和猜想的解答，从而从逻辑和学理角度对新问题、新现象和新规律给出合理性解释。(5)提炼范畴。在各种合理性解释中寻找到创新思想和创新理论，提炼出新的理论元素、理论概念和理论范畴。(6)形成范式。体系化和学理化各种理论概念、范畴和基本元素，以形成理论体系和新的范式。(7)创建体系。利用新的范式和理论体系在实践中进行检验，在解决新问题中进行丰富，最后形成有既定运用场景、既定分析框架、基本理论内核等要件的学科体系。

推进中国原创性自主知识体系的建构实践，应该务实抓好三个方面。首先，做好总体规划。自主知识体系的学理化和体系化建构是个系统工程，必须下定决心攻坚克难，在各个学科知识图谱编制指南中，推进框定自主知识体系的明确要求。

各类国家级教材建设和评定中,要有自主知识体系相应内容审核;推进设立中国式现代化发展实践典型案例库,作为建构自主知识体系的重要源泉。其次,推动评价引领。科学的评价是促进原创性自主知识体系走深走实的关键。学术评价应该更加强调学术研究的中国问题意识、原创价值贡献、多元成果并重,有力促进哲学社会科学学者用中国理论和学术做大学问、做真学问。高校应该坚决贯彻"破五唯"要求,以学术成果的原创影响力和贡献度作为认定依据,引导教师产出高水平学术成果。要构建分类评价标准,最大限度激发教师创新潜能和创新活力,鼓励教师在不同领域做出特色、追求卓越,推动哲学社会科学界真正产生出一批引领时代发展的社科大家。最后,抓好教研转化。自主知识体系应该转化为有效的教研体系,才能发挥好自主知识体系的育人功能,整体提升学校立德树人的能力和水平。

上海财经大学积极依托学校各类学科优势,以上财文库建设为抓手,以整体学术评价改革为动力,初步探索了一条富有经管学科特色的中国特色哲学社会科学建构道路。学校科研处联合校内有关部门,组织发起上财文库专项工程,该工程旨在遵循学术发展一般规律,更加自觉建构中国原创性自主知识体系,推动产生一批有品牌影响力的学术著作,服务中国式现代化宏伟实践。我相信自主知识体系"上财学派"未来可期。

上海财经大学 校长

2024 年 12 月

前　言

　　随着科学技术影响的不断加深,认识论在现代哲学中的地位越来越重要。然而,20世纪上半叶却流行这样一种观点,那就是中国传统哲学"逻辑与认识论意识不发达",这一观点是中国近现代哲学致力于认识论研究的重要动力。在关注认识论研究的哲学家中,金岳霖与其弟子冯契的工作比较引人注目。金岳霖的《知识论》、冯契的《认识世界和认识自己》是中国近现代认识论研究的典范之作。身处"金冯学脉"之中,笔者也不可避免地对认识论产生了兴趣,这个兴趣最后集中于"中国传统知论的现代审视",于是有了本书的相关研究。

　　中国当代认识论研究的推进离不开传统的现代转化,而这种转化的前提是搞清楚传统"是什么"。《中国传统知论的现代审视》主要致力于对中国传统知论特点的刻画。在这方面,前人已经有了不少探索。一些学者认为,中国传统知论是与价值论相统一的认识论、以运动关系之网为本位的认识论、强调能力之知(knowing how)的认识论;另一些学者则认为,中国传统知论是道德认识论、和合认识论、功夫认识论、阴阳认识论、乐观主义认识论等。这些洞见,是我们推进相关研究的重要基础。

　　在认识论的范畴内讨论中国传统知论,可以以西方认识论为范本,把中国传统知论看成"在中国的认识论",也可以基于中西认识论的共性重新界定认识论,并以此为基点考察具有自身特色的"中国的认识论"。我们把认识论看成反思人们确定性追求的过程及结果的理论,这样一来,中国传统知论就与中国人的确定性追求关联了起来。

　　在确定性追求方面,中国传统知论的一个重要特征是重视求知"道"。由求知"道",中国传统知论的重价值、重运动关系之网、重能力之知、重道德、重和合、重功夫、重阴阳以及认识论上的乐观主义等,都能够在更深的层面上获得贯通性的理解。由求知"道",中国传统知论发展出了不同于西方狭义认识论的一些特点:(一)探索了知"道"的多重路径,如形而上的知"道"路径、由德而道的知"道"路径、由技艺而道的知"道"路径等。(二)挖掘了人的知"道"能力,如视觉与听觉等的知"道"能力、"体"的知"道"能力、心与精神的知"道"能力等。(三)确立了"广一贯"确证原则,即以主体认识的一贯、主体自身的一贯、主体与环境的一贯、主体行动后果的一贯等作为检验所知是否为"道"的标准。

中国传统知论的上述特点,对中国近现代认识论产生了深远影响。中国近现代认识论保留了传统知论求知"道"的目标,在直面中西差异、扬弃现代思想资源的基础上,推进了中国传统知论。其具体表现是:(一)为求知"道"的路径奠定了新的基础,如逻辑的基础、实践的基础等。(二)为知"道"能力的扩展提供了现代证据。(三)为捍卫"广一贯"确证原则,对西方哲学的真知确证标准、命题意义理论、事实与价值二分的观点等进行了批判。

基于现代立场重新审视中国传统知论,我们会发现,在由传统而现代的发展过程中,中国知论有一些一以贯之的特质,这些特质与其确定性追求指向贯通性的"道"密不可分。阐明这些特质,明了这些特质产生的根源,有助于我们更好地理解和推进中国近现代认识论,也有助于我们对中国哲学乃至中华文明形成一种更具贯通性的新理解。

刘静芳

2024 年 12 月 26 日

目　录

导　论

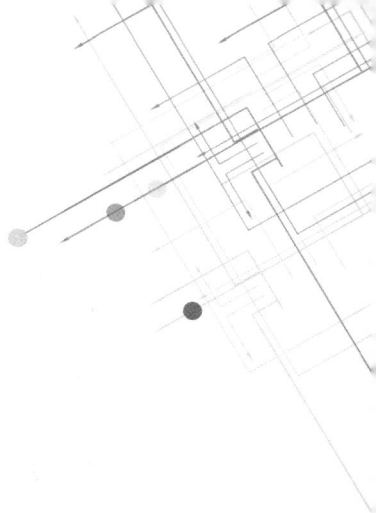

　　"中国传统知论的现代审视"是一项以中国传统哲学认识论为反思对象的研究。为避免源自西方的"认识论""知识论"之类的概念对传统哲学认识论特点及影响的遮蔽,我们采用张岱年于20世纪30年代就开始使用的"知论"概念,用"中国传统知论"来指称中国传统哲学认识论。

　　对中国传统知论的反思,涉及材料的选取、主旨的确立、角度的选择等多方面的问题。

　　首先,反思中国传统知论不可避免地会涉及众多的思想材料与不同的思想观点,对此,我们的处理方法是重视源头和主流。所谓"重视源头",是指主要就先秦诸家,尤其是对后世影响较大的儒、道两家立论;所谓"重视主流",是指主要就各家各派的主流倾向立论。这种处理方法,类似于张岱年在研究中国古代哲学的基本特点时所使用的方法。[①] 之所以要采用这种方法,是因为从我们的研究视角出发,中国传统知论的主要倾向和特点在中国哲学的起步阶段就已经有比较清晰的呈现,之后的发展,从主流来看,多为对先秦时期所展现的方向与特点的佐证与补充。当然,重视源头、重视主流并不意味着不涉及其他。事实上,对先秦时期儒家、道家之外的学派以及秦汉之后非主流的哲学思想,本书也有涉及。

　　其次,反思中国传统知论不能没有一个主旨,本书的主旨是立足现代,反思中

---

　　① 张岱年在讨论中国传统哲学的特点时,为避免空疏,对研究对象给予了两方面的限定:其一,主要就儒、道两家立论;其二,主要就各家各派的主流倾向立论。参见:张岱年.中国古代哲学的基本特点[J].学术月刊,1983(9):5.

国传统知论相较于西方认识论,尤其是西方近代以来的认识论的特点。这一主旨的确立主要有以下几方面的考虑:(1)在对中国传统知论特点进行具体刻画的基础上回应传统知论"不存在"或"不发达"一类的观点。中国传统知论是中国传统哲学的重要组成部分,而传统哲学是延续了几千年的中华文明的核心,如果中国传统知论"不存在"或"不发达"(这曾经是一种流行的见解),那么我们就要重新审视中国哲学、中华文明的地位与作用。而中国传统知论"有没有"或"发达不发达",有赖于人们对中国传统知论及其特点的有说服力的研究。(2)基于新视角,形成对中国传统知论的更为系统的理解。肯定中国传统知论之"有"的人,对中国传统知论的特点有各种各样的概括,但这些概括尚不能有机贯通。基于新视角的中国传统知论研究,有助于融通各种观点。这种融通,有利于形成对中国传统知论、传统哲学乃至中华文明的更为系统的理解。(3)通过重新审视中国传统知论的特点,为中华文明的当代发展提供启示。在世界历史进程出现波折、不同文明间矛盾冲突不断的今天,各种文明的自我理解的加深与调整具有一种迫切性,因为这涉及不同文明间交往目标、交往方式的选择与调整,而文明自我理解的一个重要方面是理解自身的认知模式。就此而言,对中国传统知论的重新审视具有一种世界意义。

最后,反思中国传统知论离不开特定的视角,本书选取的是"确定性的追求"这一视角。对中国传统知论的研究若要对前人的工作有所推进,就必须找到一个新视角。一方面,这个新视角不能完全以"西"为据,否则中西认识论的巨大差异可能会使中国传统知论的"合法性"出现问题;另一方面,这个新视角也不能完全以"中"为据,否则中西认识论的巨大差异也可能使西方认识论不成其为认识论。这个新视角应是一个既能见中西之同,也能见中西之异的视角,应是一个能体现"认识论一般"并且同时涵括中西认识论的视角,而"确定性的追求"或许就是能满足这一要求的一个视角。

从确定性追求的角度看,中西认识论既有其同——都是人们对确定性追求的过程与结果进行反思的理论,也有其异——确定性追求的方向与方式有所不同。

在西方哲学中,人们对确定性的追求有传统与现代的差异。在理论沉思、伦理与政治实践、生产制作三个领域,西方传统哲学的确定性追求侧重理论沉思领域,其典型表现是将目光聚焦于形而上学。而在经历了对传统形而上学的深刻批判后,西方现代哲学的确定性追求开始转向重视生产制作以及与之密切相关的科学技术,这种转向从马克思主义哲学、实用主义哲学、存在主义哲学、科学哲学等哲学思潮的兴起中可以得到明显的印证。西方哲学确定性追求的上述特点与转向,是我们理解中国哲学的确定性追求以及中国传统知论特点的一个重要参照。

在中国哲学中,作为六经之首的《周易》折射出其确定性追求的三个基本方向:(1)以框定有限可能性的方式追求确定性;(2)从人的行为态度中追求确定性;(3)从生产制作活动中追求确定性。这三个方向,大体对应着亚里士多德所说的三个人类活动的基本领域——理论沉思领域、实践领域(伦理与政治实践领域)以及生产制作领域。在先秦哲学中,道家重点关注了《周易》确定性追求的第一个方向,儒家和法家重点关注了第二个方向,墨家则注意到了第三个方向。

与西方哲学相比,中国哲学的确定性追求表现出如下特点:其一,在确定性追求的三个领域中,中国哲学尤其是儒家哲学十分重视伦理领域的确定性追求,这与西方早期强调理论沉思、近现代转向生产制作、科学技术形成了鲜明对照;其二,在理论沉思领域,西方哲学的确定性追求倾向于从始基、共相中寻求确定性,而中国哲学则倾向于从有限可能性(阴阳、五行、八卦是对有限可能性的几种归纳)的关系中寻求确定性;其三,中国传统哲学对生产制作领域中确定性追求的重视始终没有达到西方近现代哲学的高度。

虽然中国传统哲学中不同流派的确定性追求所立足的领域有所不同,但其确定性追求都没有局限于特定的领域,而是指向了具有贯通性的“道”。“道”是中国哲学中最为复杂的概念之一。冯友兰认为,除了形而前者、形而上者之外,“道”至少还有“人在道德方面所应行之路”“真理全体”“本始材朴”“动的宇宙”“无极而太极的‘而’”“天道”六种含义。[①]“道”的复杂性,在很大程度上源于其贯通性。老子认为,“道”是有、无之间的路径;庄子认为,“道”是联结有、无的枢纽;儒家认为,“道”是“万物并育而不相害”的中庸之道。尽管人们对“道”的理解有不同的偏重,但他们都承认“道”的“通”与“一”,都承认“道”的一贯性。中国哲学中的“道”贯穿形上与形下、形前与形后,也贯穿理论沉思、伦理政治实践、生产制作三个领域。这种一贯性意味着一种确定性。这种确定性关乎人的心之所安,关乎人们行动的根据与方向,所以在缺少西方式宗教传统的中国思想中,求知“道”,无论从心理上来说还是从行动上来说,都是无法放弃的目标。

中国哲学通过“道”来获得确定性的取向,对中国传统知论特点的形成产生了深远影响。中国传统知论在很大程度上是以求知“道”为认识目标的认识论,汉语中的“知”与“知道”,在很多时候是通用的。以求知“道”为目标的中国传统知论,表

---

①　冯友兰.三松堂全集:第4卷[M].郑州:河南人民出版社,2001:66.

现出三方面的特点：

第一，探索了多重知"道"路径。这与近现代西方认识论的反形而上学、推崇科学知识形成了鲜明对照。中国传统知论主要探索了三条知"道"路径：(1)形而上的知"道"路径；(2)由德而道的知"道"路径；(3)由技艺而道的知"道"路径。

第二，偏重人的知"道"能力的挖掘。这与不断限定主体认识能力的西方式的"悲观主义认识论"形成了鲜明对照。中国传统知论一方面肯定人能知"道"，另一方面又认为知"道"不易。这样一来，知"道"能力的扩展就变得不可或缺。中国传统知论对主体知"道"能力的挖掘主要表现在以下几个方面：(1)挖掘了单一感官的知"道"能力。例如，在视的方面，强调了"观之以理""以道观之"；在听的方面，强调了"听之以心""听之以气"；在言的方面，强调了"卮言""重言""寓言""正言若反"等。(2)挖掘了作为感官综合之体的体"道"能力。(3)挖掘了心的"虚壹而静"的知"道"能力。(4)挖掘了精神或者说潜意识的知"道"能力。

第三，确立了"广一贯"确证原则。这与西方认识论将"确证"置于一个狭隘的基础之上形成了鲜明对照。"广一贯"是所知为"道"的确证原则，是一个包含诸多"一贯"于自身的原则。这些"一贯"，涉及主体认识的一贯、主体自身的一贯、主体与环境的一贯、主体行动后果的一贯等。

中国传统知论的上述特点，对中国近现代认识论产生了深刻影响。这些影响的发生，与中国近现代认识论没有放弃求知"道"的目标密切相关。因为没有放弃求知"道"，所以其对知"道"路径的探索、对知"道"能力的扩展、对"广一贯"确证原则的开拓等都有推进。不过，这种推进是在更广阔的视野中、在直面中西差异甚至矛盾的基础上进行的，这使得中国近现代认识论具有了一些不同于中国传统知论的特点：

第一，中国近现代认识论对知"道"路径的探索具有现代性，其具体表现是：(1)基于现代逻辑探寻知"道"的形而上路径。例如，冯友兰借助蕴涵关系，对"理""道"进行了重新界定；金岳霖借助排中律，对传统哲学之"道"进行了新的刻画。(2)在会通中西的基础上拓展了"由德而道"的知"道"路径。例如，牟宗三主张经由"道德"进入形上之域，冯契强调通过平民化自由人格的培养使人达于智慧之境。(3)在唯物论的基础上建构"由实践而道"的知"道"路径。例如，李泽厚强调"道"是基于实践的心理积淀的成果，冯契认为从无知到有知、从知识到智慧的飞跃只能建基于实践。

第二，中国近现代认识论对人的知"道"能力的扩展具有现代性，其具体表现是：(1)基于"感觉的分析"与"实践"扩展人的感性能力。(2)结合直觉扩展人的理性能力,提出人有"智的直觉""理性直觉""自由直观"等能力。(3)统合知、情、意,提升综合性的人性能力。

第三,中国近现代认识论对确证问题的开拓具有现代性,其具体表现是:(1)在批判逻辑实证主义命题意义理论的基础上,扩展了可确证命题的种类,认为与"道"相应的命题、形上学命题、泛经验命题、内容命题等具有可确证性;(2)尝试将确证问题由事实领域向价值领域扩展;(3)强调确证原则内含多元因素。

从确定性追求的角度考察中国传统知论,我们会发现,中西认识论的共性是都关注确定性的追求,但二者也有相异之处。与西方认识论不同,中国传统知论所求知之"道",是贯穿理论沉思、伦理政治实践、生产制作领域的一贯性的"道"。基于求知"道"的目标,中国传统知论形成了自己的特点,这些特点可以使我们对很多问题形成不同于以往的理解:

第一,传统哲学认识论"不发达"一类的结论是不恰当的。从求知"道"的确定性追求来看,中国传统知论可以说是一种广义认识论,这种广义认识论在更宽广的视野中考察了人类认识。从其取得的成果来看,中国传统知论在认识路径、认识能力、确证原则等方面的诸多考察,具有独创性的贡献。就此而言,用"不发达"这样的形容词来描述中国传统知论,显然是不恰当的。

第二,人们关于中国传统知论特点的不同概括,可以基于求知"道"获得一种贯通的理解。为什么说中国传统知论的主流是"道德认识论"? 原因之一是,伦理政治领域是中国传统知论确定性追求的重要领域(当然不是唯一领域)。为什么说中国传统知论是"与价值论相统一的认识论"? 原因之一是,"道"兼具规律性与规范性。为什么说中国传统知论是"以运动关系之网为本位的认识论"? 原因之一是,"道"是联结者,是路径。为什么说中国传统知论是"和合认识论"? 原因之一是,"道"具有贯通性,基于"道",天与人、人与人是通而为一的。为什么说中国传统知论是"乐观主义认识论"? 原因之一是,如果不承诺人有知"道"的能力,知"道"的目标就必须被放弃。为什么说中国传统知论是重视能力之知(knowing how)的认识论? 原因之一是,知"道"包含着"知道如何行动"。为什么说中国传统知论是"功夫认识论"? 原因之一是,求知贯通性的"道"离不开"返身而诚"的修养,离不开"格物"的过程。为什么说中国传统知论是"阴阳认识论"? 原因之一是,"一阴一阳之谓道",中国传统知论的确定性追求的重要方式之一,是以框定世界有限可能性(阴阳、五行、八卦等)的方式去寻求确定性。

第三,中华文明的诸多特点与求知"道"的确定性追求有关。中华文明的特点之一,是具有较强的包容性。对于这种包容性,汤因比有现象层面的理解,但从本质上说,它源于中国哲学的最高概念"道",源于中国传统知论对求知"一贯之道"的推崇。"道"是联结有与无、阴与阳等对立面的路径与通道,是万物并育而不相害的"达道"。所以,推崇"道"的文化衍生出一种包容性,是顺理成章的。中华文明的特点之二,是没有形成西方式的宗教。从认识论方面来看,这与中国传统知论以框定有限可能性(阴阳、五行、八卦等)的方式寻求确定性有关。阴阳、五行、八卦已经完成了降低世界复杂性的任务,这样一来,"神"的降低世界复杂性的作用也就可有可无了。中华文明的特点之三,是重视人文。这一特点与其重视伦理政治领域中的确定性追求有关。伦理领域与政治领域是人的主体性能够得到充分展示的领域。中华文明的特点之四,是没有发展出近代科学。这一特点与中国传统知论的确定性追求长期侧重伦理政治领域以及理论沉思领域有很大的关系,这种侧重表面上看与儒教、道教、释教思想特质的影响有关,但更为根本的,可能是因为在先秦以及之后的历史演进中,中国人倾向于认为,不确定性、不安全感主要是来自人与人、群体与群体的对抗与冲突,而不是来自人与自然的对抗与冲突。

　　总之,认清与求知"道"的确定性追求密切相关的中国传统知论的诸多特点,有助于我们对中国哲学、中华文明形成一种新的、更具系统性的自我理解。这种自我理解,对于现代中国的自我定位、行动选择、价值重塑具有多方面的参考意义。

第一章

中国传统知论研究的反思

反思中国传统知论,是自西方认识论传入中国后就已开始的工作。在这方面,前人进行了不懈的努力,取得了多方面的成果。从切入路径来看,人们对中国传统知论的反思大体上沿着三条进路展开。这三条进路是:(1)从西方认识论出发的中国传统知论研究;(2)从中国传统知论的特殊性出发的中国传统知论研究;(3)从"认识论一般"出发的中国传统知论研究。这三条进路中,从"认识论一般"出发的中国传统知论研究显然更具合理性,因为它既能避免以"中"为据,也能避免以"西"为据。但是,第三条进路离不开对认识论或者说"认识论一般"的概念界定。在"认识论一般"的概念界定上,有些学者着力不多,有些学者则意识到了这一问题的重要性并给出了具有自身特色的认识论定义。不过在这些定义中,还没有人将"确定性的追求"与认识论的界定关联起来,所以,尝试从"确定性的追求"这一角度重新定义"认识论一般",也许会给我们提供一个反思中国传统知论的新视角。

第一节　反思中国传统知论的三条进路

　　中国传统知论是传统哲学的重要组成部分①,反思传统知论是深刻理解中国哲学的重要前提。只有深刻地理解了中国哲学,才能理解其劝诫和真理,才能从本质上理解中华文明,而只有从本质上理解了中华文明,我们才能在与不同文明的交往中有自觉,有定力,有方略。就此而言,中国传统知论的反思,在文明的"继往"与"开来"方面,具有重要意义。

　　对中国传统知论的反思,与近代以来西方学术对中国传统学术的冲击有很大关系,所以最初的中国传统知论研究常常受限于西方哲学对认识论、知识论等概念的框定。在这种情况下产生了中国传统知论研究的一种典型进路——以西方对认识论和知识论的理解为标准来考察中国传统知论的特点。这一进路,可称为从西方认识论出发的中国传统知论研究进路。

　　以"西方认识论"为标准考察中国传统知论,很容易得出"中国哲学逻辑与认识论意识不发达"一类的结论。与这一结论相应,人们对中国传统知论的评价也通常是否定性的,这种否定性评价甚至会引发中国传统知论的"合法性"危机。为了避免上述后果,一些学者尝试着淡化西方标准,淡化西方流行的对认识论默认的看法,转而侧重对中国传统知论特殊性的研究。这一进路,可称为从中国传统知论的特殊性出发的中国传统知论研究进路。

　　上述两条研究进路,或者以"西"为据,或者以"中"为据,而无论是以"西"为据还是以"中"为据,都很难避免以"特殊"为"一般"之嫌。有鉴于此,一些研究者试图提出某种超越中西认识论的"认识论一般",并以此"认识论一般"为根据,考察中西认识论的异同、辨明中国传统知论的特点。这一进路,可称为从"认识论一般"出发的中国传统知论研究进路。

　　对中国传统知论反思的进一步推进,首先要澄清既有研究的不同进路,但仅做到这些还不够,我们还要进一步梳理各条研究进路上已经取得的成果。

---

　　①　中国传统学术中原本没有以"认识论"为名的部分。为避免概念的借用引发的诸多问题,张岱年在20世纪30年代用"中国知论"一词指称中国传统哲学中与西方认识论具有"家族相似"的内容。我们沿用张岱年的用法,称中国传统学术中与认识论相应的部分为"中国传统知论"或"传统知论"。

一、从西方认识论出发的中国传统知论研究

近代中国,在器物、制度、文化等方面,不断受到外力的挤压与逼迫。在这种情况下,其思想的自我反思不可避免地会参照外在的标准。以哲学研究为例,中国近现代哲学研究常常把西方的哲学问题看成具有普遍意义的哲学问题。这自然有武断的地方,但金岳霖认为,"这种趋势不容易中止"[①]。从西方认识论出发的中国传统知论研究,就肇始于这样一种思想格局。

从西方认识论出发的中国传统知论研究,是以西方对认识论的理解或者以西方对认识论问题的归纳为标准,对中国传统知论进行的评价与研究。

这一研究进路产生的一个极端结论,是中国传统哲学没有认识论或没有知识论。冯友兰认为,知识论问题在中国传统哲学中是找不到的。[②] "中国传统哲学没有认识论或知识论"一类的主张,在当代也能找到支持者。有学者认为,认识论是欧洲近代才出现的,它与自然科学的兴起有着密切的关系。根据这样一种对认识论的理解,即使是西方,近代以前也没有认识论,更不要说中国了。中国古代哲学不仅没有近代意义上的认识论,而且没有近代意义上的唯理论、经验论、先验论及反映论。[③] 也有学者认为,中国传统哲学中缺少的是知识论。知识论是研究知识的"理"的学问,而中国传统哲学中缺少这样的学问,所以中国传统哲学缺乏知识论传统。[④] 毫无疑问,上述论断的得出,是严格以西方近代以来狭义的认识论、知识论观念为标准的。

当然,在这一研究进路上,否认中国传统哲学有认识论的学者只是少数,大部分研究者认为,中国传统哲学中有认识论,只不过其认识论或认识论意识不发达而已。金岳霖在《中国哲学》(1943 年)一文中指出,"中国哲学家没有一种发达的认识论意识和逻辑意识,所以在表达思想时显得芜杂不连贯,这种情况会使习惯于系统思维的人得到一种哲学上料想不到的不确定感,也可能给研究中国思想的人泼上一瓢冷水"[⑤]。金岳霖的这一观点是 20 世纪三四十年代中国学者普遍持有的观点。

① 冯友兰.三松堂全集:第 2 卷[M].郑州:河南人民出版社,2001:616.
② 冯友兰.中国哲学简史[M].涂又光,译.北京:北京大学出版社,1985:32.
③ 宫哲兵.中国古代哲学有没有认识论——中国哲学史新探之三[J].广西民族学院学报,1996(3):12.
④ 张永超.中国知识论传统缺乏之原因[J].哲学研究,2012(2):47.
⑤ 金岳霖.中国哲学[J].哲学研究,1985(9):39.

　　"中国传统哲学没有认识论""中国传统哲学认识论意识不发达",是以西方认识论为标准对中国传统学术进行的宏观描述,而对中国传统知论特点的更为具体的刻画则因不同学者对西方认识论尤其是西方近代以来的认识论的具体理解的不同,而呈现出一种丰富性。

　　西方近代以来的认识论,表现出对主体认识能力问题、逻辑问题、语言问题的关切。而从西方认识论出发的中国传统知论研究,也表现出对这些问题的重视。

　　其一,借鉴康德对认识主体能力的区分,考察中国传统知论的特点。中国近代以来的认识论研究,受康德哲学的影响很大。张东荪、范寿康的认识论研究中都有康德因素。金岳霖知识论研究的初衷,是为形而上学寻找认识论基础(尽管他最后得出了否定性的结论),而这一目标也来自康德。康德的认识论,对现代新儒家也影响极大。牟宗三参照康德对人类认识能力的感性、知性、理性的划分,得出这样一个结论:中国文化没有转出智的知性形态,因而逻辑、数学、科学无由出现。[1] 牟宗三的这一观点得到了很多学者的支持。俞吾金认为,中国传统知论有三方面的特点:第一,对概念的含义、知识的确定性缺乏明确的界定和追求;第二,对有待于阐明的观念缺乏深入的分析和严密的论证;第三,对相似性知识型过度依赖,对同一性、差异性知识型加以拒斥。[2] 在俞吾金看来,中国传统知论的上述特点,与其知性思维欠缺有着密切关系。知性在康德那里是与感性、理性不同的认识能力。与感性相比,知性具有一种自发性、主动性,它以感性活动所获得的对象为加工对象,将其置于概念之下进行思维;与理性相比,知性以有限的和有条件的事物为对象,强调思维规定的确定性,强调抽象的同一性与非此即彼的差异性。知性思维虽有其局限,但它在认知活动中却起着基础的、不可或缺的作用,所以忽视知性思维被认为是传统哲学认识论的一个重大缺陷。

　　其二,承续西方认识论对逻辑问题的关注,重视对中国传统知论的思维方式的反思。这种反思产生了两类意见:一类是认为中国传统思维主要是非逻辑思维;另一类是认为中国传统思维仍属逻辑思维,不过是与西方有所不同的逻辑思维。

　　认为中国传统思维主要是非逻辑思维的观点,多强调传统思维的直觉性、意象性、整体性、辩证性。冯友兰认为,中国哲学推崇的是直觉法。蒙培元认为,中国传统思维是"经验综合型的主体意向性思维。就其基本模式及其方法而言,它是经验

①　牟宗三.牟宗三先生全集:第9卷[M].台湾:联经出版公司,2003:200－207.
②　俞吾金.论中国哲学中知性思维的欠缺与重建[J].哲学研究,2012(9):36.

综合型的整体思维和辩证思维,就其基本程序和定势而言,则是意向性的直觉、意象思维和主体内向思维"①。王树人等则认为,中国传统思维是"象思维",它借助"象"的流动与转化(同一层次和不同层次上的运动)来把握对象。② 另有一些学者强调,中国传统思维是一种关联性思维。③ 与逻辑思维强调物质性因果关系的解释力不同,"关联性思维则涉及富有意味的配置而不是由物质性因果关系连接在一起的意象或概念群之间的相互关联。关联性思维是一种出自自然的思维,它建基于必然是随意的类推过程,这种过程是以联系与区别这两者为前提的"④。上述观点虽然没有完全否认中国传统思维中的逻辑因素,但总体而言,这些观点强调的是传统思维的非逻辑因素。

认为中国传统思维是逻辑思维的观点,强调中国传统思维是讲究或者合乎逻辑的,不过这里所说的"逻辑"不限于形式逻辑。冯契认为,人类遵循着共同的逻辑规律,但是,逻辑有两种,一种是形式逻辑,另一种是辩证逻辑。形式逻辑关注的是思维形式的相对静止状态,辩证逻辑关注的是思维形式的辩证运动,二者各有侧重。⑤ 中国传统思维更多地发展和倚重了辩证逻辑。基于对逻辑的广义理解,冯契对传统哲学的"类""故""理"范畴,进行了创造性的阐发,对辩证逻辑进行了体系性的刻画。除冯契外,刘文英也认为,处于成熟阶段的中国思维是一种逻辑思维,但这种逻辑思维与西方相比,有两个显著特点:第一,其概念多为多相式概念而非单相式概念。所谓"多相式概念",是指用多个判断规定的概念。所谓"单相式概念",是指用一个判断来规定的概念。第二,其推理主要是模式型推理而非命题型推理。所谓"模式型推理",就是从一种基本模式(如阴阳、五行等)出发,按照一定的原则,把有关对象放在这一模式中进行的推理。⑥ 所谓"命题型推理",就是以命题为前提、以命题为结论、以相应的逻辑规则联结前提与结论的推理。

其三,呼应西方现代认识论对语言问题的重视,注重从语言特点出发来考察中国传统知论。对中国传统知论特点的刻画,离不开中西认识论的比较,而中西认识论的比较,不仅是跨文化的,而且是跨语言的。中西认识论比较的跨语言特点,决定了我们在中国传统知论研究中,不能无视语言造成的影响。近年来,汉语哲学成

① 蒙培元.论中国传统思维方式的基本特征[J].哲学研究,1988(7):53.
② 王树人,喻柏林.论"象"与"象思维"[J].中国社会科学,1998(4):38.
③ [美]郝大维,安乐哲.期望中国:中西哲学文化比较[M].施忠连,等译.上海:学林出版社,2005:149.
④ [美]安乐哲.和而不同:中西哲学的会通[M].温海明,译.北京:北京大学出版社,2009:204.
⑤ 冯契.论中国古代的科学方法[J].哲学研究,1984(2):4.
⑥ 刘文英.论中国传统哲学思维的逻辑特征[J].哲学研究,1988(7):68.

为中国哲学研究的一个热点,汉语哲学"涉及汉语世界的精神结构、汉语概念的构成以及汉语本身的特质与规律"①,它与认识论和方法论密切相关。"汉语哲学主要关乎形而上学、认识论、语言哲学和逻辑等理论哲学的问题以及语言科学与脑科学等问题。"②当代哲学中"汉语哲学"概念的提出,无疑会使基于汉语语言分析的中国传统知论研究获得新的动力,但历史地看,这一方向的研究早在20世纪上半叶就已经开始了。

在中国学者中,张东荪较早关注了汉语结构对认知与思维的影响。"因为中国言语构造上不注重主体,以致谓语的存在亦不十分分明,其影响于思想上则必致不但没有本体论,并且是偏于现象论(phenomenon)。"③当然,除了汉语结构,学者们还关注了汉语形态对认知与思维的影响。与西语相比,汉字的特别之处在于它不是字母文字而是象形文字。有学者认为,汉字的表征方式在一些重要方面与图形表征比较接近,"这一特点导致汉字使用者在心智活动中更倾向于类比表征以及与经验相勾连的命题表征,并与直觉、联想和实质推理模式相适配,而限制了超验的抽象概念、超验的命题表征和形式推理的发生和发展。结果,中国传统文化中的知识偏向于经验和实用,同时基于直观和抒情的文学艺术也得以繁荣。"④

除了中国学者,西方一些以中国文化为研究对象的学者,也注意到了语言与中国思维的关系。由于首先要面对中西学术的语言沟通问题,因此西方的中国文化研究者对相关问题的感觉更加敏锐。安乐哲认为,"中国文明在成长和发展过程中,一直有一套不同于西方的预存观念(presuppositions)在起作用。由于在翻译中未能发现和承认这种差异,致使我们对中国的世界观有种似曾相识的错觉。一旦一种不同的哲学传统被改造为某种熟悉的东西,并以与其相异的西方的事实标准为基础来评价,无疑,这种传统只能是西方主题的一种低劣的变奏"⑤。基于上述认知,西方的中国思想研究者对中国传统学术概念的翻译越来越谨慎,并且开始注意从语言的角度来探究中国思想的属性。例如,安乐哲就特别关注了汉语中的"通假"问题。安乐哲认为,"通假"与中国的关联性思维有着很大的关系。"通假就是在我们正在进行的再造世界的过程中,借助于语音的和语义的联想,对表述我们的

① 孙向晨."汉语哲学"论纲:本源思想、论域与方法[J].中国社会科学,2021(12):153.
② 韩水法.汉语哲学:方法论的意义[J].学术月刊,2018(7):5.
③ 张东荪.理性与良知——张东荪文选[M].张汝伦,选编.上海:上海远东出版社,1995:341.
④ 郦全民.论汉字的表征效应[J].中国社会科学,2015(2):139.
⑤ [美]安乐哲.和而不同:中西哲学的会通[M].温海明,译.北京:北京大学出版社,2009:329.

理解、解释和行为的术语进行重新定义。"①在安乐哲看来,通假的认知方式与亚里士多德式的认知方式有着很大的区别。亚里士多德强调一种基于本质属性的分类模式,在这种模式下,一个事物不可能同时拥有又没有某种性质,这是"不矛盾律"的要求。而"通假"既不依赖基于本质属性的分类,也不依赖不矛盾律,它是一种具有中国特点的认知方式。②

从西方认识论出发的中国传统知论研究,通常以对西方认识论较为深入的了解为前提,所以这一进路在揭示中西认识论的差异、对中国传统知论进行反思批判方面,产生了许多洞见。但这一进路的研究也遇到了一些批评,因为从西方认识论出发,容易产生诸多问题,如抹杀中国传统知论的独立地位、低估中国传统知论的价值、无法把握中国传统知论的内在统一性等。为了解决诸如此类的问题,一些论者另辟蹊径,从中国传统知论的特殊性出发而不是从西方认识论出发,对中国传统知论进行了考察。

二、从中国传统知论的特殊性出发的中国传统知论研究

从中国传统知论的特殊性出发的中国传统知论研究,直接肯定中国传统知论存在的"合法性",并从中西认识论之异入手,挖掘、阐明中国传统知论的特点。在这一研究进路上,产生了许多有新意的论断:

其一,中国传统知论的主流是"道德认识论"。这种观点倾向于认为,西方传统哲学认识论的典型形式是"自然认识论",而中国传统知论的主流是"道德认识论"。这两种认识论在认识对象、思维方式及价值取向上,均存在着明显差异。从认识对象上看,西方认识论主要以自然为认识的客体,而中国传统知论则以伦理客体或伦理化的客体为重要认识对象;从思维方式上看,西方认识论强调逻辑分析的思维方式,而中国传统知论则强调整体直觉的思维方式;从价值取向上看,西方认识论取一种"科学事实的态度",中国传统知论则取一种"道德价值的态度"。③

其二,中国传统知论是与价值论相统一的认识论。持这种观点的学者认为,西方认识论倾向于把主体的需要、利益、情感、兴趣、道德等与价值相关的因素排除在

① [美]安乐哲.和而不同:中西哲学的会通[M].温海明,译.北京:北京大学出版社,2009:141.
② [美]安乐哲.和而不同:中西哲学的会通[M].温海明,译.北京:北京大学出版社,2009:131-132.
③ 廖小平.试论中西方传统哲学认识论的基本判别[J].晋阳学刊,1994(2):44.

认识领域之外,以保证认识的客观性。而中国传统知论则关注认识与价值的融通。这种融通具体表现在以下几个方面:第一,中国传统知论对认识主体有价值方面的要求;第二,中国传统知论对认识客体的选择有价值的考量;第三,中国传统知论认为认识过程受价值意识影响;第四,中国传统知论将价值视为认识的重要目标。①

其三,中国传统知论是以运动关系之网为本位的认识论。这种观点认为,宇宙可以分为"物质存在"和"运动关系之网"两大对立层面。西方传统的认识论以前者为本位,中国传统的认识论以后者为本位。侧重点的不同,使中西认识论形成了不同的认识路线,而认识路线的不同又影响了各自的方法论偏好:"西方科学主要采用抽象方法、封闭式实验方法和还原方法,中国传统科学主要采用意象方法、彻底开放的实验方法和静观方法。"②

其四,中国传统知论是"和合认识论"。这种观点认为,中国传统哲学在某种意义上是一种"和合学",相应地,中国传统知论也是一种"和合认识论"。③ 在人能否认识世界的问题上,和合认识论肯定世界的可知性,认为人与万物同源且能与万物交互感应,所以人能够认识世界;在认识方法上,和合认识论提倡一些与西方认识论不同的方法,如"生生法""创新法""意境法"等。生生法强调"生生"而不是抽象的"一",创新法用创新性的超越消弭二元对立,意境法则用意境创造代替本质还原。④

其五,中国传统知论是一种"乐观主义的认识论"。美国学者墨子刻(Thomas A. Metzger)认为,近代以来,西方发生了一场"认识论大革命",笛卡尔、休谟、康德、尼采、韦伯、波普、维特根斯坦等是这场认识论大革命的代表人物。"认识论大革命"产生了一种"悲观主义认识论"。悲观主义认识论认为,"知识的范围只限于'第三个世界',即能以实验来证明或反驳的命题所构成的世界;而关于宇宙本体或'天道'(第一个世界),以及实践规范或'人道'(第二个世界),人类无法获得知识,只有个人主观的看法"⑤。与悲观主义认识论不同,中国传统知论倾向于认为天道、人道、经验知识都是能够被认识的,这是一种"乐观主义的认识论"。

其六,中国传统知论是强调能力之知(knowing how)、强调"体知"的认识论。有学者认为,《论语》中的"知天命""知人""知言""知生""知死""知仁""知礼"中的

---

① 赵馥洁. 论中国哲学认识论与价值论的融通及其意义[J]. 人文杂志,2002(4):42—47.
② 刘长林. 阴阳的认识论意义[J]. 中国社会科学院研究生院学报,2006(5):25.
③ 吴志杰,王育平. 和合认识论——中国传统和合文化研究[J]. 内蒙古社会科学,2011(2):87.
④ 张立文. 和合方法的诠释[J]. 中国人民大学学报,2002(3):22.
⑤ 墨子刻. 形上思维与历史性的思想规矩——论郁振华的《形上的智慧如何可能?——中国现代哲学的沉思》[J]. 清华大学学报,2001(6):58.

"知",主要是"知道怎样做"一类的"知",而非"知道是什么"(knowing that)一类的"知"。这种意义上的"知",与西方近代以来的认识论所强调的"知"有着很大的区别。① 杜维明认为,knowing how 与 knowing that 的区分能够部分地说明中西方对"知"的不同理解,但也许"体知"更能标识中国传统知论的特殊性。体知与体验、体会、体味、体察、体究、体证均有关联,含有以身体之、亲身体验、设身处地着想等义。体知与 knowing how 以及波兰尼所谓的"个体知识"有相近的地方,但又不能被其完全涵盖,它代表着一种不同于西方的思维方式:从认知起点来看,体知不走归约主义的道路,而是以多向度的具体事物为运思的起点;从认知终点来看,体知不把具体事物的多样性和复杂性消解成单纯的数据、抽象为单一的共相;从认知者与被认知者的关系来看,体知强调二者之间不是主客对立的外在关系,而是一种内在关系;从认知目的来看,体知的目的不是去了解静态的外物,而是寻求人与人之间的沟通理性。②

其七,中国传统知论是"功夫认识论"。这种观点认为,区分 knowing how 与 knowing that 并将中国传统知论归于强调 knowing how 是不准确的。中国传统知论是关乎"功夫之知"或者说"生活的艺术"的功夫认识论,它涉及技能之知、默会之知、熟识之知、程序之知等多种知识。功夫认知包括命题之知和技能之知,但它们并非功夫认知的全部。功夫认知不仅要求知"知",而且要求知"不知"甚至"弃知",它不仅肯定语言的描述性功能,而且重视行动的非描述性功能。③

其八,中国传统知论是"阴阳认识论"。这种观点认为,中国传统哲学中隐含着一种"阴阳认识论"。"阴阳认识论"是一种不同于西方认识论的独特的认识论,因为"西方哲学一直几乎都是阳,几乎没有阴"④。阴阳认识论中作为互补因素的"阴"与"阳",形成了一种二元关系与架构。这种关系与架构,有助于我们重新理解当代认识论中的一些重要概念,有助于我们重新思考当代认识论问题的解决路径。

从中国传统知论的特殊性出发的中国传统知论研究,从认知范式上看,类似于一种自我认知范式。自我认知范式是"将中国传统哲学的观念、命题、范畴等放在

---

① Stephen Hetherington and Karyn Lai，"Practising to Know：Practicalism and Confucian Philosophy"，*Philosophy*，Volume 87，Issue 3，July 2012，pp. 375－393.
② 杜维明. 杜维明文集：第 5 卷[M]. 郭齐勇，郑文龙，编. 武汉：武汉出版社，2002：359.
③ 倪培民. 知"道"——中国哲学中的功夫认识论[J]. 钱爽，译. 文史哲，2019(4)：94.
④ ［美］迈克尔·斯洛特. 阴阳的哲学：一种当代的路径[M]. 王江伟，牛纪凤，译. 北京：商务印书馆，2018：13.

中国自身思想文化系统中进行认知和解释"的范式。① 从中国传统知论的特殊性出发的中国传统知论研究,产生了很多让人耳目一新的、颇具启发性的观点,这一进路在消除西方认识论对中国传统知论的遮蔽、展现中国传统知论自身特点和逻辑方面,有很大的优势。但是,这一进路也存在着一个不容忽视的缺陷,那就是其在强调中西认识论之异的同时,对中西认识论之同的关注有欠缺,这不利于对中国传统知论的整体、宏观的理解。

三、从"认识论一般"出发的中国传统知论研究

从西方认识论出发的中国传统知论研究,以及从中国传统知论的特殊性出发的中国传统知论研究,取得了诸多成果。借助这些成果,人们对中国传统知论的特点有了更为深刻的了解。但是,上述两种进路也存在着不容忽视的问题。就第一种进路而言,由于中西认识论存在较大差异,因此以西方认识论为标准来衡量中国传统知论,很容易使中国传统知论的特性被遮蔽、价值被低估;就第二种进路而言,从中国传统知论的特殊性出发的中国传统知论研究强于见异、弱于见同,这一方面使中国传统知论容易遇到其在什么意义上、在何种程度上是认识论之类的问题,另一方面其重异轻同的研究倾向也容易影响视野的开阔性。

上述两种研究进路存在的问题,与对"认识论一般"重视不够有很大的关系。什么是"认识论一般"? 如果我们把西方认识论看成一种特殊的认识论,把中国传统知论也看成一种特殊的认识论,那么这其中无疑蕴含着我们对作为共相的认识论的理解,我们称这种共相意义上的认识论为"认识论一般"。

对中国传统知论反思的进一步推进,之所以要从"认识论一般"出发,是因为从"认识论一般"出发,西方认识论就只是一种特殊的认识论。如果西方认识论只是一种特殊的认识论,那么中国传统知论与西方认识论的差异,就只是不同种类的认识论之间的种差。这种种差的存在,不会使西方认识论成为唯一的认识论范本,也不会危及中国传统知论之为认识论。从"认识论一般"出发的中国传统知论研究,把中西认识论都看作"认识论一般"的一个"分子"或"特例"。从均为"分子"来看,中西认识论具有形式上的平等性,这种平等性消解了由第一种研究进路引发的中国传统知论的合法性问题。

---

① 李承贵.中国传统哲学的五大认知范式[J].学术研究,2010(6):4.

　　对中国传统知论反思的推进之所以要从"认识论一般"出发,还有一个重要原因,那就是基于"认识论一般",我们不仅能看到中西认识论之异,而且能看到中西认识论之同。从"认识论一般"出发的中国传统知论研究,能够提供一个共同的基点来考察中西认识论之异。这样一来,中西认识论的比较就克服了第二种进路的缺陷,具备了一种整体视野,避免了支离与偏蔽。

　　不过,要给出一个"认识论一般"的定义,并非易事。通常情况下,当我们无法明晰地界定一个概念或者无法就一个概念的界定达成一致的时候,一个可采用的策略是借助维特根斯坦的理论,说一类对象具有"家族相似"。但是,以"家族相似"归拢一类对象的做法,很多时候只是权宜之计,当这种做法影响思想的推进时,我们还是要尝试一下思想的冒险。在对"认识论一般"进行追问的过程中,我们固然可以把认识论看成一个家族,然后根据某种家族相似,把很多理论归入认识论,但这不是理想的路径。从推进认知、明确范畴的角度出发,我们可以提出更高的自我要求,那就是更为明确地界定"认识论一般"。事实上,研究中国传统知论的进路一与进路二,也不可能完全脱离"认识论一般"来思考问题,其在具体问题的讨论中,或多或少都隐含着对"认识论一般"的理解,只不过这种理解常常以一种默会的而非明述的形式存在。但是,缺乏对"认识论一般"的明述的表达,无疑会影响反思中国传统知论的系统性并模糊其创新性。从中国近现代哲学对中国传统知论的反思来看,那些认真对待"认识论一般"并且基于对"认识论一般"的独特理解反思中国传统知论的学者,其研究工作通常更具影响力。

　　在明确界定"认识论一般"方面,一种常见的做法是把认识论界定为"关于认识的理论"。这一界定的便利之处在于,在这样一种对认识论的理解下,很多东西可以收入认识论之囊。但是,这一界定也有一个明显的缺陷,那就是作为定义,它过于宽泛,甚至在某种意义上犯了同语反复的错误,所以我们不能满足于这样的认识论定义。

　　在中国学者中,张东荪是比较早地关注"认识论一般"的人。张东荪对认识论的理解侧重知识条件,认为认识论主要是研究知识条件的理论,他对认识论的这种理解为中国哲学认识论的"存在"争得了一定的理论空间。张东荪认为,康德对知识条件的研究抓住了问题的关键,但他不赞同康德对知识条件的具体理解。张东荪把知识的构成要素概括为四个方面,即感觉背后的外在架构(structure)、感觉(sense)、造成者(constructions)、解释。其中的造成者是指知觉的统合作用,而解释主要是指概念、范畴的运用。张东荪对康德认识论的批评主要集中于解释这一环节,他认为康德认识论的一个突出问题是康德将其所讨论的范畴看成人类思想的普遍范畴,但实际上,这些范畴只是西方文化中普遍含有的思想格式。在张东荪看来,概念、范畴是与特定的语言、文化联系在一起的,不同的语言、不同的文化可以形成不同的知识论。①

被称为解析的唯物论者的张岱年对"认识论一般"的理解,侧重于认识论问题。在张岱年看来,认识论就是关注一些与认识相关的特定问题的理论。不同的认识论之所以都被称为认识论,是因为它们关注了一些具有共性的问题,如知之性质与起源问题、知之可能与限度问题、真知问题等。这样一来,中国传统哲学有没有认识论的问题,就可以转化为中国传统哲学有没有探讨上述问题的问题。由于中国传统哲学对认识论关注的上述问题都进行了探讨,因此张岱年认为中国传统哲学有认识论,中国传统知论与宇宙论、人生论一起构成了中国传统哲学的主干②,认为中国哲学完全没有知识论与方法论的观点是一种谬误③。在《中国知论大要》(1934年)中,张岱年围绕着"知之性质与起源""知之可能与限度""真知"三个问题,对中国传统知论的内容进行了系统梳理。④ 在张岱年看来,"现代知识论中之各种观点,在中国过去哲学中,多已有之,不过未有详尽的发挥而已"⑤。

张岱年对"认识论一般"的理解受西方认识论的影响很大,这一点从其挑出的问题主要是西方认识论比较关心的问题即可见一斑。与张岱年相比,同样是关注认识论问题的冯契,则在一定程度上跳出了西方认识论的问题域,对认识论问题进行了新的概括,并且基于这种新概括拓展了人们对"认识论一般"的理解。冯契认为,中国传统哲学认识论意识是否发达,取决于我们如何确定认识论的核心问题。他认为,中西认识论研究主要是围绕以下四个问题展开的:第一,感觉能否给予客观实在? 第二,理论思维能否达到科学真理? 第三,逻辑思维能否把握具体真理? 第四,人能否获得自由?⑥ 在中国哲学中,孔子、墨子、庄子在某种程度上涉及过认识论的前两个问题,但中国传统知论重点考察的是后两个问题;在西方哲学中,德国古典哲学与马克思主义哲学讨论过认识论的后两个问题,但西方认识论重点考察的是前两个问题。冯契认为,如果对"认识论一般"的理解只强调认识论的前两

① 张东荪.思想言语与文化[M].北京:中国人民大学出版社,2015:447-473.
② 张岱年.张岱年全集:第2卷[M].石家庄:河北人民出版社,1996:3.
③ 张岱年.张岱年全集:第2卷[M].石家庄:河北人民出版社,1996:521.
④ 张岱年.中国知论大要[J].清华大学学报,1934(2):385-409.
⑤ 张岱年.张岱年全集:第2卷[M].石家庄:河北人民出版社,1996:554.
⑥ 冯契.论中国传统哲学的特点[J].学术月刊,1983(7):2.

个问题(采取狭义认识论的观点),我们便会得出认识论在中国哲学中不占据重要地位的结论。中国古代没有近代的实证科学,所以人们不会像休谟、康德那样提出问题。但是,如果我们同时看重认识论的后两个问题(采取广义认识论的观点),那就必须承认中国传统知论有其独特的成就与贡献。

在中国传统知论的第三种研究进路上,除上述学者外,刘文英的工作也值得重视。刘文英认为,那种认为中国传统哲学没有认识论或者说认识论意识不发达的观点,具有很大的片面性。产生这种片面性的根源,在于人们缺少对认识活动或认识论类型的分疏,在于人们把西方认识论看成认识论的唯一类型。在刘文英看来,认识论是对认识(包括认识活动及其结果)的反思,它涉及认识的前提、认识的结构、认识的过程、认识的态度、认识的标准等问题。而在这些问题上,中西认识论的着眼点和侧重点不尽相同。例如,知有很多种类,有物理之知,也有道德之知;有形下之知,也有形上之知。中国传统知论特别关注了道德之知、形上之知,而西方认识论则特别关注了物理之知、形下之知。不仅知有很多种类,而且认识论也有很多种类。刘文英区分了形上型认识论(关注形上之知的认识论)与形下型认识论(关注形下之知的认识论),并且认为中国传统知论发展了形上型认识论,提供了西方哲学所没有或不突出的另一种类型的认识论,这是中国哲学的一大贡献。形上型认识论的存在,有助于克服单纯形下型认识论的局限性,有助于建构更完整、更丰富的认识论体系。①

20世纪中期以后,中国传统知论研究的主流是以马克思主义认识论为"认识论一般"。中国的马克思主义者对"认识论一般"的理解,除了受马克思、恩格斯的影响外,受列宁与毛泽东的影响也很大。列宁的认识论涉及了认识的来源、知识之所以可能的条件、认识的辩证发展过程等问题;②毛泽东的《实践论》则对实践与认识(知与行)的各个环节及其相互关系进行了探讨。列宁与毛泽东对"认识论一般"的理解,对其后的中国传统知论研究产生了较大影响。20世纪80年代以前,许多学者就尝试着用马克思主义认识论的概念框架来界定、梳理传统知论的相关内容。20世纪80年代以后,一些系统研究中国传统知论的著作,如方克立的《中国哲学史

---

① 刘文英. 认识的分疏与认识论的类型——中国传统哲学认识论的新透视[J]. 哲学研究,2003(1):26.
② 冯契. 论中国传统哲学的特点[J]. 学术月刊,1983(7):2.

上的知行观》①，潘富恩、施昌东的《中国古代认识论史略》②，姜国柱的《中国认识论史》③，夏甄陶的《中国认识论思想史稿》等④，均以马克思主义对"认识论一般"的理解为研究框架。

以马克思主义对"认识论一般"的理解为指导，中国传统知论研究取得了很多成果，但这并不意味着对马克思主义认识论所蕴含的多种视角的挖掘已经终结。马克思主义认识论认为，认识是主体对客体的能动反映，这一过程是实践与认识不断往复的过程，它涉及主体的需要体系，涉及客体的不同状况，同时也涉及实践基础上主客体关联的多种方式。所有这些构成了一个复杂的体系。这一复杂体系为我们从不同角度考察"认识论一般"提供了多种可能，而"确定性追求"这一视角是诸多可能视角中比较值得关注的一种。

第二节　确定性追求视域中的"认识论"
——反思中国传统知论的新视角

在反思中国传统知论的三种典型进路中，与以西方认识论为标准的研究进路以及从中国传统知论的特殊性出发的研究进路相比，第三种进路即从"认识论一般"出发的研究进路更值得重视，因为只有基于"认识论一般"，我们才能获得对中国传统知论更高层面的反思，才能比较平等、公正地对待中西认识论，才能既见中西认识论之同，又见中西认识论之异，从而更加准确地把握二者的特点。

从"认识论一般"出发考察中国传统知论，首先要对"认识论一般"进行界定。什么是"认识论一般"或者说什么是认识论，是一个见仁见智的问题。"认识论包括哪些内容，哲学家们有不同的看法。"⑤空泛地说，认识论是关于认识的理论，但是，这里的认识是一个含义不甚明确的概念，它既可以指认识的过程，也可以指认识的结果。如果认识指的是认识过程，那么认识论的界定就要回答认识过程受制于哪些因素，这些因素有怎样的关系之类的问题；如果认识指的是认识结果，那么认识

① 方克立. 中国哲学史上的知行观[M]. 北京：人民出版社，1982.
② 潘富恩，施昌东. 中国古代认识论史略[M]. 上海：复旦大学出版社，1985.
③ 姜国柱. 中国认识论史[M]. 武汉：武汉大学出版社，1989.
④ 夏甄陶. 中国认识论思想史稿[M]. 北京：中国人民大学出版社，1992.
⑤ 冯契. 中国古代哲学的逻辑发展（上）[M]. 上海：华东师范大学出版社，1997：31.

论的界定就要回答这个结果包括哪些内容、不包括哪些内容之类的问题。对上述问题的回答不同,"认识论一般"的界定也就有所不同。对何为认识论的回答,一方面要考虑研究者的选择,另一方面也要考虑研究的目的。我们既然以中国传统知论为反思目标,那么"认识论一般"的界定就不能无视中国传统知论这一研究对象的特殊要求。

一、中国传统知论研究对"认识论一般"的要求

中国传统知论研究以中国传统知论为研究对象。这一研究对象决定了我们对"认识论一般"的界定要符合一些基本要求:其一,它要求我们对认识采取一种广义的理解;其二,它要求我们对认识论采取一种多元的理解;其三,它要求对认识论的界定能凸显认识的主体之维。

首先,中国传统知论研究所要求的"认识论一般",应是对认识采取广义理解的认识论。这里的广义的认识,涵盖认识过程与认识结果。广义的认识所涉及的认识过程,不仅涉及认知,而且涉及评价;不仅涉及客体,而且涉及主体;不仅涉及认识,而且涉及实践。广义的认识所涉及的认识结果,不仅包括科学知识,而且包括其他类型的知识。中国传统知论研究之所以需要对认识采取一种广义的理解,是因为中国传统知论研究不得不面对的现实是传统学术中没有近代意义上的科学。由于没有近代意义上的科学,因此中国传统知论不可能把重心放在科学知识的研究上。如果把认识过程限定于科学认识,把认识结果限定于科学知识,那么,中国传统知论之有就成为一个问题。如果中国传统知论之有都存在问题,那么中国传统知论研究就会面临失去研究对象的危险。所以,要承认中国传统知论存在的"合法性",就不能把认识过程限定于科学认识,就不能把认识结果限定于科学知识,而是要对认识采取广义的理解。事实上,对中国传统知论的存在持肯定态度的学者,自觉不自觉地都倾向于对认识采取一种广义的理解。张东荪认为,知识系统有三种,分别是常识系统、科学知识系统、形而上学知识系统。承认科学知识系统之外的知识系统,实际上也就承认了广义的认识。冯友兰认为,知识可以分为四种:第一种是逻辑算学。这一种知识是对于命题套子,或对于概念分析的知识。第二种是形上学。这种知识是对于一切事实作形式的解释的知识。知识论伦理学的一部分,亦属此种。第三种是科学。这种知识是对于事实作积极的解释的知识。第四

种是历史。此种知识是对于事实作记述的知识。受列宁的影响,中国的马克思主义者倾向于将哲学史看成一种认识史,如果把哲学史看成认识史,认识结果就不限于科学知识,认识过程也不能只是一个单纯的认知过程,而是一个包括认知、评价、规范等诸多环节的过程。

其次,中国传统知论研究所要求的"认识论一般",应是一种承认多元的认识论。这里的承认多元的认识论,是指承认不同类型的认识论的合理存在的认识论。对中国传统知论的反思,之所以需要对认识论采取一种多元的理解,是因为对中国传统知论反思的目标之一是要呈现其特点,而中国传统知论的特点只能在与不同类型认识论的比较中才能得到凸显。如果不承认有不同类型的认识论,那就没有不同认识论的比较;而没有不同认识论的比较,我们就无法辨识中国传统知论的特点。事实上,那些承认中国传统知论存在的"合法性"的学者,大多倾向于承认认识论有多种形态。形上型认识论与形下型认识论的区分、广义认识论与狭义认识论的区分、道德认识论与自然认识论的区分等,具备一个共同的前提——存在不同类型的认识论。

最后,中国传统知论研究所要求的"认识论一般",应是能凸显认识的主体之维的认识论。中国传统知论与西方认识论的对峙,是涉及不同文化、不同文化主体差异性的对峙。如果我们给出的"认识论一般",不能凸显主体之维,那么文化主体的差异性就很难凸显;如果文化主体的差异性无法凸显,那么中西认识论的比较就可能仅仅是一种认识论与另一种认识论的比较,而未必是"中"与"西"的比较。马克思主义认识论对认识主体能动性的肯定,为我们凸显"认识论一般"的主体之维提供了根据。基于马克思主义认识论,人们对认识的反思可以有多种角度:既可以从实践的角度去反思,也可以从理论的角度去反思;既可以从过程的角度去反思,也可以从结果的角度去反思;既可以从客体的角度去反思,也可以从主体的角度去反思。每一种反思的角度都是一个透视点,"认识论一般"对主体维度的凸显,可以视为对认识的主体能动性的一种强调。

凸显认识论的主体维度,对于中国传统知论研究而言,是一种内在要求。在相关研究中,这种内在要求时有表现。比如,在中国传统知论研究中有论者批评中国传统知论缺少知性思维,有论者强调中国传统知论"强于辩证思维",这两种观点虽

①　冯友兰.三松堂全集:第11卷[M].郑州:河南人民出版社,2001:500.
②　杨国荣.人类认识:广义的理解与具体的形态[J].学术月刊,2020(3):15.

结论不同,但有相近的视角,那就是都关注了认识主体在思维方式上的差异。又如,在中国传统知论特点的刻画方面,有论者批评中国传统知论不关注自然研究,有论者强调中国传统知论关注道德研究,这两种观点虽结论不同,但也有相近的视角,那就是都关注了认识主体在认识对象选择上的差异性。认识主体的差异性,在一般的认识及认识论研究中,可以作为一个默会的维度存在,但是,当我们以中国传统知论为反思对象时,当我们要基于"认识论一般"对中西认识论进行比较时,认识及认识论的主体差异性就要求得到明晰的表述,因为它关乎比较的方法与视角。

中国传统知论研究对"认识论一般"的上述要求,综合起来,就是要求一种凸显主体之维的、涵容广义认识的、以不同类型的认识论为子类的"认识论一般"。

二、对认识论主体之维的多方考察

在反思中国传统知论的过程中,认识论的主体之维不应被忽视。在对认识论主体之维的考察上,中国近现代认识论进行了多方探索。这种探索的一个重要契机,是对"中国何以没有发展出近代科学"的反省。"李约瑟难题"是中国近现代学者普遍关切的一个问题,而要回答这一问题,不可避免地要涉及对中国传统知论的反思,尤其是对中国传统知论中主体意向的反思。

梁漱溟认为,中国之所以没产生出近代科学,根源在于其"意欲"。在梁漱溟看来,文化中最为根本的是"意欲"。中国、西方、印度三方文化的不同,从根子上看是其"意欲"方向不同。"西方文化是以意欲向前要求为根本精神的","中国文化是以意欲自为、调和、持中为其根本精神的",而"印度文化是以意欲反身向后要求为其根本精神的"。[①] 梁漱溟认为,科学是与意欲向前的精神比较合拍的,近代科学之所以没有产生于中国文化、印度文化而是产生于西方文化,与西方文化"向前"的意欲密切相关。

与梁漱溟相近,冯友兰早年也把科学的产生与人的意志、欲望相关联。在哥伦比亚大学留学期间,冯友兰曾在"系会"上宣读过一篇论文,论文的题目是《为什么中国没有科学——对中国哲学的历史及其后果的一种解释》。在这篇论文中,冯友兰强调,地理、气候、经济等条件是使历史成为可能的条件,但不是使历史成为实际的条件。求生的意志和求幸福的欲望,才是人类历史的根本动力。在冯友兰看来,

---

① 梁漱溟.东西文化及其哲学[M].北京:商务印书馆,1999:63.

满足求生的意志和求幸福的欲望的方式有多种,科学是其中的一种。为什么中西方都有求生的意志和求幸福的欲望,西方发展出了科学,而中国却没有发展出科学?冯友兰的回答是,"中国没有科学,是因为按照她自己的价值标准,她毫不需要"①。为什么中国不需要科学?因为中国人用其他方式获得了幸福。冯友兰认为,在西方文化尤其是基督教文化中,人是罪人,因而不是一个自足的存在,自足的存在是上帝。所以其逻辑的证明、自然的研究,指向的都是上帝的存在。"现代欧洲继承了这种认识外界和证实外界的精神,不过把上帝换成'自然',把创世换成机械,如此而已。这里只有历史的继承,而没有中世纪与现代欧洲之间的明显界限。二者都力求认识外在的世界。他们首先力求认识它,对它熟悉了以后,就力求征服它。所以他们注定了要有科学,既为了确实性,又为了力量。他们注定了要有科学,因为他们都假定人性本身不完善。人都是愚、弱、无助的。为了变得完善、坚强、聪明,就需要人为地加上一些东西。他们需要知识和力量。他们需要社会、国家、法律、道德。此外他们还需要一个人格化的上帝的帮助。"②与这样一种西方文化形成对照的是,在中国文化中,人们缺少认识上帝、认识外界的冲动,因为中国文化认为"完善"永恒地皆备于我,既然完善永恒地皆备于我,就没有必要向外在世界寻求幸福,这样一来,上帝的证明、科学的研究就失去了动力,而近代科学没有产生于中国,也就不足为怪了。

梁漱溟、冯友兰在中西文化交汇之初,就意识到了中西方在认识领域中意向的不同,这一方面表明他们对中国传统知论的特点有敏锐的直觉,另一方面也表明主体意向确实是认识的重要维度。如果认识主体的意向是认识的重要维度,那么它自然也是认识论所要关注的维度。弗洛姆认为,"任意的毫无兴趣的观察很难产生有效的知识,理智所提出的一切问题都是由我们的兴趣所决定的。假如兴趣与理性相结合的话,——那么,这种兴趣不是与知识对立的,而是知识的条件"③。理智的兴趣联系着主体的需要,而主体的需要是多样化的,所以认识的兴趣必然也有多样化的表现。有人认为认识源于人的好奇心,有人认为认识源于人们对真理的热爱,也有人认为认识源于人们对自由的追求。

在马克思主义者的价值世界中,人的自由与解放在人的需要中占据重要地位。深受马克思影响的哈贝马斯认为,人的解放是认识的一种重要推动力,但他同时认

① 冯友兰.三松堂全集:第11卷[M].郑州:河南人民出版社,2001:32.
② 冯友兰.三松堂全集:第11卷[M].郑州:河南人民出版社,2001:53.
③ [美]埃里希·弗洛姆.在幻想锁链的彼岸[M].张燕,译.长沙:湖南人民出版社,1986:158—159.

为,人的解放并不是认识的唯一兴趣,它只是诸多认识兴趣中的一种。哈贝马斯讨论了认识的三种兴趣:一是技术的兴趣,即控制外部世界的兴趣;二是实践的兴趣,即沟通了解的兴趣;三是解放的兴趣,即人从不合理的限制约束中解放出来获得自由的兴趣。哈贝马斯认为,不同的知识体系与不同的认识兴趣相关:技术的兴趣对应着近代的经验科学;实践的兴趣对应着历史的、解释的科学,如现象学、解释学等;解放的兴趣对应着批判科学或批判理论,如弗洛伊德的学说、马克思的学说等。① 不过,经验科学、现象学与解释学、弗洛伊德的学说与马克思的学说都是近现代的产物,而在这之前,人类也产生过各种知识体系,这些知识的发生是出于什么样的兴趣、源于什么样的需要? 有没有贯穿所有知识体系的更根本的、更具普遍性的需要? 对这一问题的回答,制约着我们对"认识论一般"的主体之维的理解与选择。

三、确定性追求视域下的"认识论一般"

从认识主体的视角考察认识论,不能不涉及人的需要。马斯洛认为,人有多种需要,其中,生存需要与安全需要是最基本的需要,而自我实现的需要是最高的需要。现代人所说的自由与解放常常与人的高级需要相关。当我们考察人类的最高理想时,自由与解放无疑是要被考虑的需要。但是,当我们从源头上考察人类认识的发生时,生存与安全的需要则是不能被忽视的需要。与一些人侧重从人的自由解放的维度考察人类的认识兴趣不同,杜威强调了安全感的寻求对于人类认识的意义。

杜威认为,人生活在危险的世界中,所以不得不寻求安全感。人们寻求安全感的途径主要有两条。第一条途径是在感情和观念上改变自我,以求得与世界的和解。这种和解,最初主要以祈祷、献祭、礼仪、巫祀等方式表现,后来则主要以虔诚的内心态度表现,因为后者比奉献牛羊更能取悦神祇。第二条途径是通过行动——发明许多技艺并以之改变世界来获得安全感。人们"建筑房屋、缝织衣裳、利用火烧,不使为害,并养成共同生活的复杂艺术"②。这些技艺,为人们提供了一个躲避威胁、应对敌对力量的安全堡垒。

---

① Jürgen Habermas, *Knowledge and Human Interests*, Beacon Press,1971, pp. 301—317.
② [美]杜威.确定性的寻求——关于知行关系的研究[M].傅统先,译.上海:上海人民出版社,2004:1.

　　在西方思想史上,杜威所说的两种追求安全感的途径,在不同时期受到的重视程度有所不同。杜威认为,在很长一段时间内,改变自我情感与观念的方式更受重视,相应地,安全感的寻求更多地表现于对形而上学的热情;而通过动作、行为、制作而获得安全感的方式则长期被忽视,直至近代才有所改变。

　　西方传统哲学对思辨的形而上学的重视,与其确定性追求的方向选择密切相关。在确定性追求上,西方传统哲学在很长一段时间内表现出的是一种重理论而轻实践的倾向。杜威认为,"人们把纯理智和理智活动提升到实际事务之上,这是跟他们寻求绝对不变的确定性根本联系着的。实践活动有一个内在而不能排除的显著特征,那就是与它俱在的不确定性"①。轻视实践,是因为实践具有不确定性。实践的不确定性有两个来源:第一,实践活动与特定的情境相关,而后者具有不确定性。"实践活动所涉及的乃是一些个别的和独特的情境,而这些情境永不确切重复,因而对它们也不可能完全加以确定。"②第二,实践活动是人参与其中的活动,而在西方传统中,在人-神关系中,人的地位并不高,相应地,人的实践活动也充满不确定性。"我们对于我们关于自己的思想有所疑惧、轻蔑和缺乏信心,因而对于我们参与其间的各种活动的思想也是如此。"③重视理论,是因为理性活动本身具有完满性,能够带来确定性。"失败和挫折是属于一个外在的、顽强的和低下的生存境界中的偶然事故。思想的外部后果产生于思想以外的世界,但这一点无损于思想与知识在它们的本性方面仍然是至上的和完满的。"④实践的不确定性和理论的完满性,使得西方传统哲学的确定性追求最终指向了思维和理论活动。"完全确定性的寻求只能在纯认知活动中才得以实现。这就是我们最悠久的哲学传统的意见。"⑤

　　西方哲学通过理论思维逃避不确定性的一个后果是思辨哲学的发达。但是,近代以来,随着社会的不断发展和人类技艺的不断进步,思辨哲学受到了来自各个方向的批判,马克思、杜威、海德格尔都是这种批判中的佼佼者。在思辨哲学批判中,科学与技术常常作为思辨哲学的对立面出现。培根在《新工具》中指出,"自然的精微较之感官和理解力的精微远远高出若干倍,因此,人们所醉心的一切'象煞

①　[美]杜威.确定性的寻求——关于知行关系的研究[M].傅统先,译.上海:上海人民出版社,2004:4.
②　[美]杜威.确定性的寻求——关于知行关系的研究[M].傅统先,译.上海:上海人民出版社,2004:4.
③　[美]杜威.确定性的寻求——关于知行关系的研究[M].傅统先,译.上海:上海人民出版社,2004:5.
④　[美]杜威.确定性的寻求——关于知行关系的研究[M].傅统先,译.上海:上海人民出版社,2004:6.
⑤　[美]杜威.确定性的寻求——关于知行关系的研究[M].傅统先,译.上海:上海人民出版社,2004:6.

有介事'的沉思、揣想和诠释等实如盲人暗摸,离题甚远"[①]。杜威认为,人类安全感的寻求,在现代社会,应该转向"技艺"(艺术)。在古代,"艺术所提供的安全是相对的、永不完全的、冒着陷入逆境的危险的。艺术的增加也许会被悲叹为新危险的根源。每一种艺术都需要有它自己的保护措施。在每一种艺术的操作中都产生了意外的新后果,有着使我们猝不及防的危险"[②]。但是,在现代社会,随着生产工艺、科学技术的发展,人们受到了成千上万种技艺的保护,所以,人们可以而且应该把安全感的寻求转向技艺。

杜威认为,在西方思想史上,人对安全感的寻求首先指向的是对确定性的追求,而对确定性的追求与理论沉思、思辨哲学密切相关。那么,在对安全感的寻求转向技艺后,人们是否就放弃了对确定性的追求呢? 仔细考察一下与技艺密切相关的科学技术,我们会发现,后者之所以能给人们带来安全感,实际上也是因为其有确定性。这种确定性,关联着科学知识的规律性,关联着技术的成熟度,关联着器具的稳定性。这样一来,理论沉思方式的安全感寻求与技艺方式的安全感寻求就有了一个共同的指向,那就是追求确定性。形而上学与科学技术分享一个共同的特点,那就是它们的存在都体现人对安全感的需要,它们对世界的探索都体现出一种对确定性的追求。

广义认识论把形而上学与科学都看成人类认识的一种形式,这两种认识形式在追求确定性上具有一致性。杜威已经表明,思辨的形而上学是确定性追求的结果,而我们认为,科学、科学知识也是确定性追求的结果。对于什么是"知识",当代学者有各种不同的意见。其中,比较典型的一种意见,是将知识界定为"得到确证的真信念"(justified belief)。由于确证对于知识之为知识具有重要意义,因此确证问题是当代认识论的重要问题,当代认识论的主流研究是围绕确证问题展开的。"这一领域争论的主要问题是,确证本身的性质、结构与标准是什么;它是不是义务论的;什么样的理由或证据能够使信念成为知识;怎样的确证过程是可靠的、可信赖的,等等。"[③]从知识特别是科学知识重视确证来看,我们可以说知识或者说科学知识也折射着人的确定性追求,它是人们确定性追求的一种特殊结果。

如果我们把认识与确定性追求关联起来,那么从认识主体动机的角度看,认识

①　[英]培根. 新工具[M]. 许宝骙,译. 北京:商务印书馆,1984:9—10.
②　[美]杜威. 确定性的寻求——关于知行关系的研究[M]. 傅统先,译. 上海:上海人民出版社,2004:6.
③　陈嘉明. 知识与确证——当代知识论引论[M]. 上海:上海人民出版社,2003:35.

过程就是一个追求确定性的过程,认识结果(知识)就是人们确定性追求的结果。而反思"认识"的认识论,就是反思人们确定性追求的过程及其结果的理论。

把认识论或者说"认识论一般",看成反思人们确定性追求的过程及其结果的理论,具有多方面的意义。

首先,它支持我们对认识的广义的理解。如果我们把知识看成确定性追求的一种结果,那么很多东西都能被纳入知识的范畴,不仅有形而上学的探索所得、科学的探索所得,而且有人文学科的各种探索所得。这样的知识或认识无疑是一种广义的认识。

其次,它支持我们对认识论的多元理解。根据这样一种对"认识论一般"的界定,确定性追求方向、方式的不同,很可能会产生不同的认识论。追求确定性,就要求认识得到确证,但确证是一个具有历史性与地域性的概念。不同时期不同地域的人对如何才算确证,也许会有不同的标准。这个标准有时会得到明晰的表述,有时则是一种默会的标准。如果说确证是一个具有历史性、地域性的概念,那么"得到确证的真信念"或者由这些信念构成的知识体系无疑也具有历史性与地域性。就此而言,不仅地方性知识是存在的,而且时间性知识也是存在的——此地的知识可能不同于彼地的知识,此时的知识可能不同于彼时的知识。如果一种文化系统中的知识可能不同于另一种文化系统中的知识,那么一种文化系统中的认识论也可能不同于另一种文化中的认识论,这意味着认识论可以是多元的。不过,承认知识的时代性与地域性以及认识论的多元性,并不等于说我们要固守知识或知识论的相对主义,因为时间的推移、地域间的沟通会导致知识以及知识论向"普遍承认"的方向推进。

最后,它凸显了认识及认识论的主体维度。把认识论看成反思人们确定性追求的过程及其结果的理论,突出了人的选择与意向的地位,使得认识论成了有"人"的认识论。冯契认为,认识论固然关乎理智,但理智不是"干燥的光",所以认识过程是与"整个的人"密切相关的。冯契的广义认识论之所以能在克服狭义认识论方面有较大突破,与其在实践基础上引入一个知、情、意统一的认识主体有很大的关系。从确定性追求的角度考察主体认识兴趣的认识论,采取了一种不同于以往的考察主体之维的视角,基于这一视角,不同文化、不同群体在认识和认识论方面的差异性更容易得到呈现,也更容易得到肯定。

总之,把认识论看成反思人们确定性追求的过程及其结果的理论,是我们对"认识论一般"的一种新理解。从追求确定性这一动机出发,也许比从"真"与"客观"出发,更容易涵盖不同的知识及知识系统。而对确定性追求方面的差异的辨识,也许可以为何以有不同的知识、何以有不同的知识系统、何以有不同的认识论提供一种新解释。

四、基于强调确定性追求的"认识论一般"考察中国传统知论

如果我们把认识论看成反思人们确定性追求的过程及其结果的理论,那么研究中国传统知论就有了一个不同于以往的"认识论一般"视角。与其他视角相比,这一新视角具有以下三方面的意义:

（一）有助于确立中国传统知论以及中国哲学的"合法性"

近代以来,一些论者常常以西方认识论为范本,否认中国传统知论的"合法性"。这种否认,是对中西认识论见异不见同的结果,它与找不到中西认识论的共性有很大关系。如果从确定性追求的角度考察认识与认识论,我们就会发现,中国传统知论与西方认识论具有一种共性——都是对确定性追求的过程及其结果的反思。对确定性的追求源于安全感的需要,由于安全感是人类共同的需要,因此对确定性的寻求也具有普遍性。无论是中国人的认识活动还是西方人的认识活动,都体现着对安全感与确定性的追求;无论是中国人对认识活动的反思还是西方人对认识活动的反思,都会涉及对确定性追求的反思。就此而言,中国传统知论不是外在于"认识论家族"的奇怪的东西,它与西方认识论的区别不在于一个不是认识论而另一个是认识论,而在于其确定性追求的方向与方式不同。

从确定性追求的角度考察中国传统知论不仅可以支持中国传统知论的"合法性",而且可以支持中国哲学的"合法性"。中国哲学的合法性问题,一度是中国哲学史研究的热点问题。这一问题的提出,与中西哲学的巨大差异密切相关。在中西哲学的诸多差异中,认识论方面的差异是引人注目的差异。在西方哲学完成其认识论转向之后,认识论曾被认为是哲学最重要的组成部分。这意味着,一种哲学,如果其认识论或者认识论意识不发达,那么它是否还是哲学就很成问题了。20世纪初,"中国哲学逻辑与认识论意识不发达"是人们普遍持有的一个观点,这一观点使得中国有没有哲学成了一个问题。如果我们从确定性追求的角度考察中国传统知论,不仅中国传统知论之有没有问题,而且中国传统知论也不能说不发达。如果传统哲学弱于认识论的观点不成立的话,那么基于"传统哲学认识论意识不发达"的对中国哲学"合法性"的质疑,也就失去了重要支撑。

（二）有助于理解中国传统知论以及中国哲学的特点

安全感的需要是具有普遍性的需要，相应地，对确定性的追求也普遍存在于人类文化之中。但是，不同文化中的人们，其确定性追求的方向、路径、结果并不完全相同，这是不同类型的认识论产生的重要根源，也是我们进行认识论比较时应关注的重点。从确定性追求的角度考察中国传统知论，中西认识论乃至中西哲学的差异能够获得根本性的解释。从认识论方面来看：为什么中国发展出了阴阳五行的认知模式？为什么原子论思想和形式逻辑没有在中国得到充分发展？为什么中国重视辩证思维？为什么中国没产生近代科学？答案是中国传统知论在确定性追求上选择了不同于西方的方向与方式。冯友兰认为，"中国哲学家不需要科学的确实性，因为他们希望知道的只是他们自己；同样，他们不需要科学的力量，因为他们希望征服的只是他们自己"①。从哲学方面来看：为什么中国哲学不重视西方哲学所谓的"本体"？为什么中国哲学最为强调的不是"普遍性"而是"整体性"？为什么中国哲学表现出一种"内在超越"倾向？为什么中国哲学强调真与善的统一？为什么中国哲学特别重视"道德"？答案是其选择了不同于西方的确定性追求的方向与方式。

（三）有助于加深我们对中国传统文化以及中国社会特点的理解

中国文化在世界文化中具有独特的地位，在某种意义上，中国文化代表了一种文明的样态。这种文明的一个重要特征是包容性。中华文明包容性的形成有诸多原因，但从根本上说，这种包容性与其确定性追求的方向与方式有很大的关系。确定性追求的方向与方式不仅影响了中国文化，而且影响了中国社会。中国社会对协调性与统一性的重视、中国社会的超稳定性，都与传统知论确定性追求的方向与方式有着密切的关联。

总之，把认识论看成反思人们确定性追求的过程及其结果的理论，为我们考察中国传统知论提供了一个新视角。在确定性追求这一视角下，中西认识论之同表现为它们都是对确定性追求的过程与结果进行反思的产物，中西认识论之异表现为各自在确定性追求的方向、方式上存在不同。在上述对比之下，中国传统知论的诸多特点会得到更为清晰、系统的呈现，而这些特点的呈现有助于我们对中国哲学、中国文化、中国社会形成新的理解。

---

① 冯友兰.三松堂全集：第11卷［M］.郑州：河南人民出版社，2001：52.

第二章

知"道"——中国传统知论的求知目标

先秦哲学发生、发展的一个重要社会条件,是春秋战国时期的"礼崩乐坏"。礼崩乐坏带来的种种不确定性,冲击了周初确立起来的社会意识形态。在这种情况下,重新寻求确定性的基石成为时代的需要,这种需要进而成为先秦思想发展的一个号角。

新思想的发生,一方面需要社会条件为其提供土壤,另一方面也需要已有的思想材料为其提供滋养。在确定性追求方面,《周易》成为先秦思想灵感的重要源头。《周易》触及的确定性追求的三个基本领域,是先秦哲学确定性追求的基本立足点。在确定性追求方面,道家主要立足于形上的沉思领域,儒家和法家主要立足于伦理政治实践领域,墨家主要立足于生产制作领域。虽然确定性追求的立足点不同,但各家有一个共同点,那就是将确定性追求的目标指向具有贯通性的"道"。对"道"的重视反映在认识论上,就表现为一种求知"道"的热切。

第一节 《周易》的确定性追求

在先秦哲学中,儒家、墨家、道家、法家确定性追求的立足点虽然不尽相同,但它们却都能在《周易》中找到某种根据。《周易》对中国传统知论的一个重要影响,是其涉及了传统知论确定性追求的三个基本领域,并且重点考察了以框定有限可能性的方式寻求确定性的路径。这种探索对中国传统知论产生了深远影响。

确定性追求是具有普遍性的人类冲动。但是，不同地域、不同民族的确定性追求，在方向、方法、类型、模式上有所不同。这种不同，不仅会导致哲学形态和哲学类型的不同，而且会导致认识论的不同。① 人类早期的确定性追求，常常与占卜、巫术活动密切相关。就求助于神秘力量这一点而言，中华民族与其他民族没有太大的区别。如果一定要说有什么不同的话，那也许是中华民族早期的占卜活动及与之相关的生活经验，被系统地记录于文献并且以不同于日常语言的符号进行了归纳，这一点在《周易》中有突出表现。在一个重视文献甚至可以说具有文献主义传统的文化体系中②，《周易》对中国思想的影响无与伦比，甚至被称为六经之首。儒家、道家及先秦各家的思想，都不同程度地受到《周易》的影响。在《周易》中，中国哲学确定性追求的基本领域已初步呈现。先秦哲学确定性追求的立足点，大体不出《周易》所涉及的领域，不过是各有侧重而已。所以，要理解中国哲学尤其是先秦哲学的确定性追求，首先要对《周易》的确定性追求进行细致的考察。

一、《周易》确定性追求的三个基本领域

从确定性追求的角度看，《周易》的重要贡献是呈现了确定性追求三个可能的领域：在形上沉思领域，以框定有限可能性的方式给人以确定性与安全感；在实践领域，从人的行为态度中寻求确定性与安全感；在生产制作领域，通过生产活动寻求确定性与安全感。

《周易》的主体内容关乎卜筮，卜筮的重要作用是"决疑"，而决疑与确定性与安全感的寻求密切相关。卜筮的决疑作用，在面临重要抉择时尤为突出。在重大事变关头，紧张焦虑的情绪、恐惧逃避的念头对应对挑战十分不利。"此时进行占卜，无论得到什么卦，总之有六个爻位，展示出来的是阴阳两种因素的交相作用过程，这至少使当事人暂时从情绪中挣脱出来，把注意力集中于自己面临的形势方面。"③俞宣孟认为，卜筮活动的重要作用是安抚情绪，而安抚情绪的方式是通过把精神转移到一件需要集中精力，需要以相对冷静、客观的态度去对待的事情上去。

但是，为什么要借助卜筮活动而不是其他活动来安抚情绪？要回答这一问题，需要对卜筮的作用进行更为深入的探讨。盖伦认为，巫术的关注点在于"确保'自

① 章忠民.确定性的寻求与本质主义的兴衰[J].哲学研究,2013(1):81.
② 谢维扬.儒学对中国古代文献传统形成的贡献[J].上海师范大学学报,2010(6):37.
③ 俞宣孟.论中国哲学形而上学的精神[J].社会科学,2007(4):118.

然过程'的规则性,并且以抚平不规则性以及例外现象来'稳定'世界的节奏"①。巫术对不规则性以及例外现象的消解,某种意义上可以被视为一种追求确定性的努力。在抚平不规则性以及例外现象、获得确定性与安全感方面,不同巫术活动的策略选择可能会有所不同。从确定性追求的角度来看,《周易》探索了确定性追求的三个方向,这三个方向指向的是三个重要领域。

(一)在形上沉思领域,以框定有限可能性的方式给人以确定性与安全感

《周易》的决疑活动,主要是通过框定有限可能性的方式来完成。这种有限可能性关联着特殊的符号推演系统。有论者认为《易》源于筮数,"早期的筮占以数的计算和记录为主要内容,即先将日常生活中表征具体实物的数字神化,再通过某种方式随机取得数字,然后以此数预测福祸吉凶。早期筮法的核心和实质是数及其所象征的意义,筮法之所以能够形成和运用,其关键在于数,数字成为早期筮占不可或缺的工具和记录筮占结果的记号。若无数字,则无早期的筮法。就易本身而言,先有筮数、筮占,后有卦象,象从数生。"②《易》源于筮数,而从出土的数字卦来看,筮数之"数"是有限的,这意味着事物的可能性也是有限的。在《易》的比较成熟的形态中,其符号系统以阴爻和阳爻为基本单位。借助不同的排列组合,阴爻和阳爻两种符号形成了八卦系统与六十四卦系统。八卦某种意义上代表了八种可能性,而六十四卦则代表了六十四种可能性。八卦穷尽了三爻的所有排列组合,而六十四卦穷尽了六爻的所有排列组合。根据《周易》提供的符号系统,如果我们用三爻描述世界的状况,那么任何一种状况都应在八卦之内;如果我们用六爻描述世界的状况,那么任何一种状况都应在六十四卦之内。八卦与六十四卦,以一种独特的方式,对世界发展的可能性进行了归纳或框定。

八卦与六十四卦对事物发展可能性的框定,实际上是以独特的方式断定了可能的有限性,而有限的可能性会给人一种确定性和安全感——无论卜筮的对象是什么,卜筮的结果都不外乎那么几种(或者是八种情形之一,或者是六十四种情形之一)。这意味着,无论事物如何变化,它都逃不出既定的可能性。而预先知道这些可能性的种类,人就成了某种类似于"先知"的存在,就会获得一种确定性与安全感。

(二)在实践领域,从人的行为态度中寻求确定性与安全感

在确定性追求方面,《周易》不仅以框定有限可能性的方式给人以确定性与安

---

① [德]盖伦·阿诺德. 技术时代的人类心灵[M]. 何兆武,何冰,译. 上海:科技教育出版社,2003:11.

② 林忠军. 试论易学象数起源与《周易》文本形成[J]. 哲学研究,2012(10):45.

全感，而且重视从人的行为态度中寻求确定性与安全感。《周易》虽主要是一部卦书，但其爻辞记录了一些先民的生活经验。这些经验表明，人的趋避进退对吉凶祸福是有影响的。这意味着，在确定性与安全感的获得上，人的活动、人的态度不是与结果无涉的，而是可以影响事物发展进程的。

在《周易》中，人的行为态度影响事物发展结果的情形非常普遍，这种影响遍布于物质生产、社会治理、人际交往各个领域。在这些领域中，人的行为态度对吉凶祸福产生了不同程度的影响。例如，在狩猎活动中，踩上老虎的尾巴是凶多吉少的事，但《周易》认为，只要人的行为态度恰当，也有可能逢凶化吉；临卦指出，在社会治理方面，端正的品行、诚实的态度、睿智明察的方法，会产生良好的后果；谦卦强调，在人与人的交往中，只要谦逊矜持、不傲名、不居功、不自大，就可以避免不好的结果。

《周易》对人的行为态度作用的肯定，开启了向"人本身"寻求确定性与安全感的可能性。人如何行动才能趋吉避凶？《周易》认为，要趋吉避凶，一方面应拥有一些特定的德行，另一方面要注意"居中"。

首先，通过具备某些"德行"获得确定性与安全感。《周易》常常将吉凶的可能性与人的德行关联起来。如乾卦所说，"君子终日乾乾，夕惕若厉，无咎"。意思是即便处于不利的境地，人们凭借着刚健有为、谦虚谨慎等品德，也可以避凶趋吉，获得有利的结果。这意味着人的行为态度会影响事物发展的结果，会影响确定性追求的结果。

其次，通过"居中"获得确定性与安全感。除了重视人的德行在确定性追求中的作用外，《周易》还表现出一种"居中为吉"的思想倾向。[①]《周易》六十四卦中每一卦的六爻对事物的描述，都与事物变化的过程、趋势密切相关。事物发展变化的总体趋势是"物极必反"，面对这种趋势，《周易》在吉凶的判断上，透射出一种"居中为吉"原则。这一原则的具体表现是，六十四卦中每卦的二爻（内卦的中爻）与五爻（外卦的中爻）大多为吉。在一个不断流变的世界中，如果我们知道居中为吉，并致力于守"中"，就不至于手足无措，陷入一种彻底的惶惑不定之中。"居中为吉"原则某种意义上也折射出"人"的重要性。其一，"中"联系着无过无不及、恰当等义，而人的行为态度的选择可以趋"中"。其二，八卦的三爻，分别代表天、地、人，而三爻中的中爻，代表的正是人，把代表"人"的中爻与"吉"联系起来，表明在确定性与安全感寻求中，人有重要的作用。总之，《周易》对人的德行的重视、对"居中为吉"的强调，直接或间接地肯定了人的行为态度在确定性追求中的作用。

---

① 劳思光.新编中国哲学史：第1卷[M].桂林：广西师范大学出版社，2005：63－65.

（三）在生产制作领域,通过生产活动寻求确定性与安全感

除了在形上沉思领域与实践领域寻求确定性与安全感外,《周易》也注意到了生产制作领域中的确定性与安全感的寻求。《周易》包含经、传两个部分。相比而言,《易经》中较多涉及的生产活动是狩猎,而《易传》则比较重视"制器"。"见乃谓之象;形乃谓之器;制而用之,谓之法;利用出入,民咸用之,谓之神。"(《周易·系辞上》)《易传》认为,按照卦象制作器物,能够获"利"获"福",圣人的重要作用是"备物致用,立成器以为天下利"(《周易·系辞上》)。肯定制作器物的活动能够增进人类的福祉,是对生产制作活动在确定性与安全感寻求中的作用的一种肯定。

《易传》认为,八卦或者六十四卦,对生产制作活动具有重要的指导意义。工具的制造使用、生产活动的开展,在八卦或六十四卦中是有依据的。《易传》这样描述卦象与生产活动之间的关系:

做结绳而为网罟,以佃以渔——取诸离。

斫木为耜,揉木为耒,耒耨之利,以教天下——取诸益。

日中为市,致天下之货,交易而退,各得其所——取诸噬嗑。

刳木为舟,剡木为楫,舟楫之利,以济不通,致远以利天下——取诸涣。

服牛乘马,引重致远,以利天下——取诸随。

重门击柝,以待暴客——取诸豫。

断木为杵,掘地为臼,臼杵之利,万民以济——取诸小过。

弦木为弧,剡木为矢,弧矢之利,以威天下——取诸睽。

上栋下宇,以待风雨——取诸大壮。

《周易》诸卦是与吉凶联系在一起的,《易传》把卦象进一步与生产活动联系起来,表明其对生产制作活动能够带来确定性与安全感,持间接肯定的态度。

《周易》对确定性追求的三个方向的探索,涉及理论沉思、实践(在亚里士多德那里主要指伦理与政治活动)、生产制作三个领域。这三个领域,也是亚里士多德所认定的人类活动的基本领域。《周易》对立足三个领域的确定性追求的探讨也许不够充分,但其所表现出的原始而朴素的"全面性",为其后中国哲学的确定性追求提供了基本参照。

二、《周易》确定性追求的特点

公元前800年到公元前200年的这段时间,被雅斯贝尔斯称为人类文化的"轴

心时代"。轴心时代的标志性特点,是人类精神的觉醒以及哲学的飞跃。从轴心时代文化的比较来看,《周易》的确定性追求与古希腊哲学所展现出的确定性追求,既有相似之处,也有明显的差异。

《周易》与古希腊哲学在确定性追求上的相似性,有两方面的表现:其一,二者确定性追求的视野涉及了人类活动的基本领域——理论沉思领域、伦理政治实践领域以及生产制作领域。其二,二者都偏重理论沉思领域的确定性追求。

首先,二者确定性追求的视野涉及了人类活动的基本领域。确定性的追求与人的安全感寻求密切相关,对安全感的寻求是在人与世界的相互作用中完成的。人与世界打交道有不同的方式,这些不同的方式联系着人类活动的不同领域和人类知识的不同类型。亚里士多德将人的知识分为三类:"理论知识(包括数学、物理学和后世所说的形上学)、实践知识(包括伦理学和政治学)和制作知识(包括诗学、修辞学和各类实用技艺)。"①与上述知识分类相应,人类活动也分三种:理论沉思活动、实践(伦理政治实践)活动、生产制作(与生产、技艺相关)活动。在亚里士多德看来,这三种活动是人与世界打交道的主要方式,它对应着人类活动的三个基本领域——理论沉思领域、实践领域、生产制作领域。

对古希腊哲学而言,理论沉思活动、实践活动、生产制作活动的地位和作用是不同的。其中,理论沉思活动占据最重要的地位,伦理政治活动居次,而生产制作活动的地位最低。这种排序,一方面与希腊城邦制中人的地位区分有关,另一方面也与各种活动与"普遍性"的关联程度有关。在亚里士多德看来,理论沉思活动是与"普遍性"关联在一起的,而伦理政治实践和生产制作活动主要是与"特殊性"打交道的活动。出于对"普遍性"的偏好,亚里士多德认为理论沉思活动的地位高于其他两类活动。重视"普遍性"的倾向反映在确定性追求上,就是强调理论沉思领域的确定性追求的重要性。当然,古希腊哲学对理论沉思领域确定性追求的重视,是一种文化比较视野中的重视,而在文化比较视野中,人类活动的三种主要形态、三个主要领域在《周易》中已经得到了某种呈现。对《周易》而言,其确定性追求的三个基本方向——以框定有限可能性的方式追求确定性、从人的行为态度出发追求确定性、通过生产制作活动追求确定性,已涉及理论沉思、实践、生产制作三个人类活动的基本领域。

其次,二者都偏重理论沉思领域的确定性追求。杜威认为,西方传统哲学的确

---

① 郁振华.沉思传统与实践转向——以《确定性的追求》为中心的探索[J].哲学研究,2017(7):108.

定性追求,主要是专注于理论沉思领域,专注于形而上学领域。"在古希腊哲学中,对于确定性的追问首先表现在对世界存在、变化和发展的始基、根据和动力的解答上。这里既有本体论意义上的追寻,又有认识论的逻辑分析,同时还有伦理学及宗教的终极关怀意义上的把握。大多数哲学家对于自己所给出的答案(如水、气、火、不定者、理念、实体、逻各斯、神等)确信无疑。"①《周易》的确定性追求,虽然表现形态与古希腊哲学有所不同,但其框定有限可能性的确定性追求,同样是属于理论沉思领域的确定性追求。因为由阴爻与阳爻的不同排列组合所展示的可能性,更多的是逻辑上的可能性,而不是事物发展的具体的、现实的可能性,所以其种种可能性之间的推演主要是在理论沉思领域中进行的。

《周易》与古希腊哲学的确定性追求不仅有相似之处,而且有相异之点。二者的差异主要表现在:其一,古希腊哲学的确定性追求,不那么重视伦理政治实践以及生产制作领域。相比之下,《周易》的确定性追求则兼及上述两个领域。其二,在理论沉思领域,古希腊哲学的确定性追求多着眼于实体、共相,而《周易》更为重视事物发展的有限可能性。

首先,相比古希腊哲学,《周易》把确定性追求的领域扩展到了实践以及生产制作领域。《周易》倾向于认为,无论是人的伦理政治活动还是生产制作活动,都可以对确定性的追求发生影响。而在古希腊哲学乃至西方传统哲学中,人以及人的活动,更多的是与不确定性联系在一起。上述差异的产生,与中国文化的"早熟"以及周文化的人文特征有密切关系。《周易》在确定性追求上对人的实践活动的重视,经由儒、墨等的发扬,成为中国哲学确定性追求的一个不同于西方的显著特点。

其次,古希腊哲学的确定性追求更为关注的是不变的实体、普遍的共相,而《周易》的确定性追求更为关注的是"有限可能性"。虽然两者都重视理论沉思领域,但它们在理论沉思领域的确定性追求仍存在着不容忽视的差异,这种差异有本体论方面的表现,有逻辑方面的表现,也有伦理宗教方面的表现。而这种差异的根源,在于《周易》的确定性追求首先是借助框定有限可能性的方式实现的。古希腊哲学对确定性的寻求与对始基、本体、共相的寻求联系在一起,这种寻求以对事物的不断"抽象"为前提。而《周易》走的不是这条路,它一开始就是将事物、现象、事件向有限可能性归拢,这种降低世界复杂性的方式对中国哲学产生了深远影响。

其一,它不容易导向本体论哲学。《周易》以框定事物发展有限可能性的方式

---

① 章忠民.确定性的寻求与本质主义的兴衰[J].哲学研究,2013(1):81.

而不是以寻找"始基""本体""共相（普遍性）"的方式寻求确定性与安全感，这样一来，类似始基、实体、本体之类的概念的出现就缺少了重要契机。曾有学者将阴阳、五行与始基进行类比，并且认为阴阳、五行没有由"多"而"一"表明中国人的抽象思维能力发展相对滞后。这种比较产生的结论是否正确姑且不论，从确定性追求的角度来看，这种比较本身就不甚恰当，因为阴阳、五行、八卦代表的是确定性追求的不同于西方的思路，它们表示的主要不是始基、实体而是可能性，它们所要呈现的主要也不是共性而是不同的可能性。张东荪认为，"八卦以及六十四卦都是用象征来表示变化的式样。不但对于变化的背后有否本体不去深究，并且以为如能推知其相互关系则整个儿的宇宙秘密已经在掌握中了。又何必追问有无本体为其'托底'（substratum）呢？可见《易经》的哲学是完全站在'相关变化'（functional relation 即相涵关系）之上"①。陈嘉映把普遍性（共相）区分为三种：（1）作为属性的普遍性；（2）作为类的普遍性；（3）作为关系的普遍性。② 对中国传统哲学来说，如果说它关注普遍性的话，那么三种普遍性中它最关心的可能是关系普遍性而不是其他，而古希腊哲学更关注前两种普遍性（黑格尔称之为"抽象的普遍性"）。中国哲学没有发展出西方意义上的 本体论，与《周易》的确定性追求最终落实在有限可能性而不是始基、实体、本体、普遍性上有很大的关系。

其二，它不容易导向同一性逻辑。如果说古希腊哲学重点发挥的是一种强调同一律（A 是 A）的逻辑，那么《周易》重点发挥的则是强调多种可能性并存的排中律（A 或者非 A）的逻辑。《周易》对有限可能性的框定，表现的主要是一种涵容所有可能性的逻辑，一种肯定"A_1 或 A_2……或 A_n"的逻辑。这里，A_1，A_2，…，A_n 是事物发展的所有可能性。这些可能性在道家那里，被归并于"A"与"非 A"或者说有与无，这种逻辑所表现出的辩证性对中国人的思维方式产生了深远影响。

其三，它不容易导向神学。尽管《周易》是一部关乎卜筮的书，它自身也透露出种种神秘性，但总体而言，《周易》是中国人早期生活经验的一种总结，是人们对事物复杂可能性的一种归纳。这种归纳降低了"神"的地位，破坏了神学的基础。神学与形而上学的产生，有极其复杂的原因，但从认知角度看，它们与人类降低复杂性的需要密切相关。知觉对象具有无限复杂性，只有将这种复杂性降低到一定程度，人才能完成从知觉到行动的反应，才能适应环境。神学与形而上学出现的一个

① 张东荪. 知识与文化[M]. 长沙：岳麓书社，2011：190.
② 陈嘉映. 普遍性种种[M]. 北京：华夏出版社，2011：12.

重要原因,是它们满足了人们降低复杂性的需要。①《周易》的八卦与六十四卦,是对复杂世界多种可能性的一种归纳,这种归纳降低了世界的复杂性却没有求助于神学与本体论哲学。神学与本体论哲学没有充分发展,是中国文化区别于其他文化的重要特征。这一特征的形成,与《周易》以及中国早期卜筮文化对有限可能性的框定、对复杂可能性的归约有着很大的关系。

《周易》的确定性追求与古希腊哲学的确定性追求既有相似之处,也存在明显的差别。二者的相似性是我们对之进行比较的前提与基础,而二者的差别是我们理解中西之异的重要切入点。

三、《周易》确定性追求的主导方式

《周易》虽然在三个领域中展开其确定性追求,但其主导方式是以框定有限可能性的方式追求确定性。受《周易》的影响,框定有限可能性后来成为中国传统知论把握世界的重要方式。对中国文化影响深远的"阴阳五行"范式,采用的就是这样一种把握世界的方式。

以框定有限可能性的方式给人以确定性与安全感,是中国早期卜筮文化普遍具有的特点。中国古代不同地区、不同部族的卜筮方法不完全相同,但大部分卜筮活动表现出与《周易》相近的取向,那就是先框定若干种可能性,然后在若干种可能性中确定某种可能性以指导行动。不同卜筮方法的区别,主要表现在其对有限可能性的归纳有所不同。

在中国卜筮文化中,有限可能性有不同的样态——八卦是一种样态,五行是一种样态,阴阳也是一种样态。庞朴认为,五行、八卦、阴阳,分别源于不同的占卜形式:五行源于龟卜,八卦源于蓍筮,阴阳源于枚卜。② 不同的占卜形式给出的有限可能性的数目和种类是不同的。枚卜给出了两种可能性——阴、阳,龟卜给出了五种可能性——五行(五方)③,卦卜给出了八种或六十四种可能性——八卦或六十四卦。冯友兰认为,"商代无八卦,商人有卜而无筮。筮法乃周人所创,以替代或补助卜法者。卦及卦爻等于龟卜之兆,卦辞爻辞等于龟卜之繇辞"④。庞朴认为,"周原

---

① 赵敦华. 中西形而上学"同源分流"论[J]. 社会科学战线,2005(3):19.
② 庞朴. 阴阳五行探源[J]. 中国社会科学,1984(3):75.
③ 庞朴. 阴阳五行探源[J]. 中国社会科学,1984(3):79.
④ 冯友兰. 三松堂全集:第2卷[M]. 郑州:河南人民出版社,2001:586.

卜甲中不仅不曾有五行思想,而且,也没有阴阳思想"①。但是,与龟卜、枚卜不同的卦卜,同样是以框定有限可能性的方式把握世界,只不过它给出了不同的可能性——乾、坤、震、艮、离、坎、兑、巽。

五行、八卦、阴阳起源于不同的占卜方法,但它们有一个共同的特点,那就是都框定了事物发展的有限可能性。由于它们表示的都是"有限可能性",因此三者之间的融合也就有了共同的基础。庞朴认为,龟卜、卦卜、枚卜实际上代表了古老中国东方、西方、南方不同部族的文化。战国后期,伴随着社会交往的加强,三种卜筮方法也逐步融合,形成了一种以阴阳、五行为骨架的中国型的文化。② 阴阳五行从字面上看,似乎与八卦关系不大,但事实上,无论是从形成和发展来看,还是从思维模式来看,阴阳五行与八卦都存在着难分难解的关系。

阴阳五行是中华民族把握世界的重要范式。同其他把握世界的范式一样,"阴阳五行"范式既有优点也有缺点。运用"阴阳五行"范式,中国思想中产生了许多有价值的成果,也产生了很多谬见。虽然包含着许多牵强附会的内容,但在特定的历史时期,"阴阳五行"范式却是"对宇宙这个有机整体的一种在当时所能达到的、力求近似的解释"③。评价"阴阳五行"范式,仅仅从其效果或其与科学的关系出发,恐怕是不够的。要在更高的层面反思它,就要看清这一范式的本质。"阴阳五行"范式,本质上是一种以框定世界有限可能性的方式去把握世界的认识范式。只有充分认识框定世界有限可能性的认知方式,才能对"阴阳五行"范式有比较中肯的评价。

"阴阳五行"范式对事物发展有限可能性的框定,有一种"先在性""必然性""无可逃脱性",这对新知的探索有不利的一面。阴阳模型是一个"二分"的认识模型,这个"二分"的认识模型所提供的"最小信息",在很多情况下,可以产生有效的行动。但是,"对地震、日食、水旱、风雹乃至流行时疫,都用同一个'阴阳'来解释,未免过于笼统;它比不加解释几乎没有多大长进。正如包治百病的药方,百病必然都治不好,能够回答一切的方程,必然一切方程都不能回答一样"④。郦全民认为,这样的模型,因为肯定了相互对立的断言均可为真,所以具有无所不包的解释力。这个具有无限解释力的模型,对中国传统知论产生了多方面的影响。第一,它产生的

① 庞朴.阴阳五行探源[J].中国社会科学,1984(3):81.
② 庞朴.阴阳五行探源[J].中国社会科学,1984(3):75.
③ 庞朴.阴阳五行探源[J].中国社会科学,1984(3):98.
④ 庞朴.阴阳五行探源[J].中国社会科学,1984(3):93.

心理满足一定程度上阻碍了人们探求对象内在机理的冲动。第二，这个万能的模型，只是一个解释模型而不是一个验证和预测的模型，因为一切都是可以解释的。这样一来，人们就只能在具体的知行活动中"验证"认知的有效性，而后者使得经验知识获得了相对独立和比较充分的发展。①上述对阴阳模型的评价，同样适用于五行、八卦，因为它们都是以框定事物发展有限可能性的方式来把握世界。

但是，一种延续了几千年的认知范式，必然有其存在的合理性。爱因斯坦认为："西方科学的发展是以两个伟大的成就为基础的：希腊哲学家发明了形式逻辑体系（在欧几里得几何学中），并且（在文艺复兴时期）发现通过系统的实验可能找出因果关系。在我看来，中国的贤哲没有走上这两步，那是用不着惊奇的。作出这些发现是令人惊奇的。"②在爱因斯坦看来，中国传统学术中没有产生他所称道的两项成就，但是，采用"阴阳五行"范式，中国古代的技术发明也产生了诸多成果。"阴阳五行"范式的缺点与其框定有限可能性的认知方式有关，其优点也与其框定有限可能性的认知方式有关。框定有限可能性的认知方式在认识世界、科学发现方面有什么可取之处？要回答这一问题，需结合科学发现的基本环节。科学发现的过程包括一些重要环节，如提出问题、形成假说、验证假说等。从这些环节来看，"阴阳五行"范式有如下优势：

第一，从提出问题的角度看，"阴阳五行"范式以有限可能性把世界统合为一个整体，在这种"整体"的视域下，部分与整体、部分与部分之间的不和谐会被视为"问题"。换言之，人与自然、人与人以及自然现象之间的矛盾和不谐，在"阴阳五行"说的应然视域下，很容易成为引人注目的问题。从科学发现之"提出问题"这一环节来说，"阴阳五行"范式的独特之处是它有可能提出一些在其他范式下"不成问题"的问题。而问题的提出，是人们探索世界的前提与动力。

第二，从提出假说的角度看，"阴阳五行"范式对世界的理解，是在一个（各种可能性）相互关联的体系中的理解。这一相互关联的体系，在不断的历史积累中会变成一个庞杂的系统。基于这一庞杂系统之上的假说，常常是与诸多要素相关联的、超出个体想象力的、超出具体情境限制的假说。这样的假说的提出，有利于新发现、新发明的出现。

第三，从假说验证的角度看，"阴阳五行"范式对各种可能性之间相生相克关系

---

① 郦全民. 中国传统知识生成和传承的认知取向[J]. 河北学刊，2015(3)：12—13.
② ［美］爱因斯坦. 爱因斯坦文集：第 1 卷[M]. 增补本. 北京：商务印书馆，2019：772.

的重视,有利于对事物正相关以及负相关要素的挖掘,这对处于复杂环境中的事物的认知来说,具有重要意义。穆勒把探求因果关系的方法归纳为五种——求同法、求异法、求同求异并用法、共变法、剩余法。其中,求同法、求异法、剩余法等,对事物的"先行状况"、对事物所处的环境条件有较高的要求,所以它们更适合"实验室"式的研究;但是有些方法,如求同求异并用法、共变法,对外部条件的要求没那么高,因而更适于对复杂对象的研究。"阴阳五行"范式的相生相克原则,与后两种方法有异曲同工之妙。例如,在考察药物对疾病的治疗作用的过程中,在很多相关因素无法剔除的情况下,相生相克原则就能够对药物的疗效进行基本的甄别。而在涉及复杂要素的其他领域,如战争、生产、社会治理、工艺制作等领域,借助正、负要素的挖掘,相关假说也能够得到基本的验证。

第四,从知识积累的角度看,"阴阳五行"范式因穷尽了事物发展的所有可能性,所以可称为一个完备的系统,这样的系统有利于经验的整理、知识的积累。

总之,"阴阳五行"范式在提出问题、形成假说、验证假说、积累知识方面有自身的优势。它无须借助实体、本质、共相等范畴也可以实现对现象的归整、对整体的把握、对行动的指引。但是,这一范式有一个明显的缺陷,那就是随着客观事物及人们思想的发展,它的复杂性会不断增加、一致性会不断减弱——这是"阴阳五行"范式以及《周易》的推衍范式日渐式微的重要原因。

《周易》确定性追求的领域、特点、主导方式的澄清,对理解中国传统知论及其认知范式具有重要意义。《周易》被称为六经之首有复杂的原因,不过从确定性追求的角度看,《周易》的重要意义在于其开启了中国传统知论确定性追求的多个方向。对于这些不同的方向,诸子百家各有侧重。道家侧重发展了周易确定性追求的第一条路向,儒家和法家侧重发展了其第二条路向,墨家侧重发展了其第三条路向。与不同的路向选择相对应,先秦哲学确定性追求的立足点也有所不同。

第二节　先秦哲学确定性追求的立足点

在礼崩乐坏,周王室所提倡的"德"不能有效拢住整个社会的背景下,重新探求确定性所在,成为先秦哲学的基本动力。在这一过程中,儒家、墨家、道家、法家对于《周易》探索的确定性追求的三个领域各有侧重。道家的确定性追求主要立足于形上之域,儒家和法家的确定性追求主要立足于伦理政治领域,墨家的确定性追求主要立足于生产制作领域。

一、立足于形上之域的道家的确定性追求

道家在确定性追求上的一个显著特点,是其重视形上之域,侧重于以框定事物发展有限可能性的方式寻求确定性,并将事物存在和发展的有限可能性归约为有、无,进而以"统有无"之"道"为确定性追求的重要目标。

从重视形上之域的角度看,道家与《周易》比较接近。道家与《周易》都特别重视以框定有限可能性的方式追求确定性,这是二者在确定性追求方面的共性。但是,道家与《周易》的确定性追求也存在着明显的差异,这种差异可以看作道家在确定性追求方面对《周易》的一种推进。

《周易》对有限可能性的框定,有一个不容忽视的缺陷,那就是其提供的可能性数量过多,而可能性的数量过多无疑会增加不确定感。知道事物发展的可能性是有限的固然能给人们带来某种确定性与安全感,但是,这种确定性与安全感的大小受制于可能性的数量。通常情况下,可能性越多,确定感越弱;可能性越少,确定感越强。与六十四卦提供的六十四种可能性相比,面对八卦提供的八种可能性,人们的确定感可能会强一些。但是,即便是八种可能性,也会给我们带来很大的不确定感。道家如果想在确定性追求的这一路径上有所推进,就不能回避一个重要工作,那就是缩减有限可能性的数量。

以框定有限可能性的方式追求确定性,是中国巫史传统中确定性追求的重要方式,《周易》将这种方式体系化与精致化了。就此而言,道家对《周易》确定性追求方向的肯定,是对中国文化中比较"原始"的确定性追求方向的延续。这构成了中国哲学确定性追求的一个重要而基本的方向。当然,道家的确定性追求,并不是对"原始"的简单回归,而是一种"螺旋式的上升"。这种上升具有如下特点:第一,将复杂可能性的数量缩减、归约为有与无,并且以道联结有、无;第二,强化了无的积极意义,凸显了有的消极意义,并且以道齐平有、无;第三,将确定性追求的重心进一步向天、自然的方向倾斜。

(一)将复杂可能性归约为有与无,并且以道联结有、无

在确定性追求上,道家一个引人注目的特点,是把事物发展的复杂可能性归约为两种。《周易》所关注的事物发展的八种、六十四种可能性,在老庄那里被归约为两种对立的可能性——有与无,这两种可能性不是孤立的,而是互相联结的,联结

它们的就是道。

　　"道"是道家思想的核心概念。道的原初含义是路。老子对道进行了某种哲学抽象,但这种抽象并不像许多人认为的那样远离其路的原义。事实上,老子之道的基本含义仍是路径,不过这一路径不像具体的道路那样可见可触而已。任何路径都是两点之间的联结者,老子所谓的"道"或者"常道"也不例外。那么老子的道(常道)联结了什么? 联结了有与无。老子所谓"道",是"众妙之门",是一切事物的发展变化必须遵循的路径,是一条"玄之又玄"的路径。在《老子》中,"玄"是有与无共同的名称,有是一"玄",无也是一"玄"。有与无"同出而异名,同谓之玄"。(《老子》第一章)如果玄是有与无的统称,那么"玄之又玄"的路径应该就是从这一"玄"到那一"玄"的路径,也就是从无到有或从有到无的路径。事实上,无论是老子之道,还是庄子之道,都是有与无的联结者。老子之道是有、无之间周行的路径,庄子之道是联结有、无的枢纽。①

　　道是联结有、无的路径,那么什么是老子所谓的"有"与"无"? 从道家哲学的立场来看,有、无是对事物发展的两种对立可能性的概括。这两种可能性,类似于"正""负"概念所表示的两种可能性。把诸多可能性归约为有与无,归约为对立的双方,离不开对事物的否定方面的发现与肯定,离不开对"否定""否定词"的发现或发明。赵汀阳认为:"一旦发明了否定词,就开启了可能性的概念,而只有在意识拥有多种可能性的条件下,意识才开始有了自由思想的能力,才能提出需要反思和值得犹豫的'问题',才能制造出可供选择的不同答案。"②在否定词出现之前,人们是否意识不到事物的多种可能性,我们不敢断言,但是,在否定词被发现之前,人们很难把诸多可能性归约为对立的两种可能性,则是可以肯定的。道家对诸多可能性的二元归约,与无的发现与阐发密不可分。

　　有与无是两种什么样的可能性? "有""无"两个概念,是抽象度极高的范畴。对于这样的范畴,很难以"属"加"种差"的方法去定义。澄清这类范畴,通常要借助矛盾或对立范畴之间的对比。例如,我们要理解"心",须借助其与非"心"之物的对比;要理解"天",须借助其与非"天"之"人"的对比。同样,要理解老子所谓的"有"与"无",也须通过与其对立面的比较,通过有与无的异和同去理解。

　　有与无有其同的一面,同在何处? 老子认为,有与无"同出而异名,同谓之

---

　　①　详见后文。
　　②　赵汀阳.第一个哲学词汇[J].哲学研究,2016(10):101.

玄"——它们来源相同,都可以称为"玄"。但是,仅仅局限于此,我们对有、无之"同"的认识还不够深刻。老子对有、无的界定是:"无,名天地之始;有,名万物之母。"(《老子》第一章)要理解这句话,首先必须确定这句话主要是讲有、无之同还是讲有、无之异。如果这句话主要是讲有、无之异,那我们就要极尽所能地去辨析"天地"与"万物"的区别,以及"始"与"母"的区别;如果这句话主要是讲有、无之同,那么我们就无须纠结于"天地"与"万物"的区别,也无须纠结于"始"与"母"的区别,而是要侧重从共性的角度去理解它们。上述两种理解中,占上风的是偏重有、无之异的思路,这一思路的关键是区分"天地"与"万物"、"始"与"母"。但是,在几千年的解《老子》史上,如何区分"天地"与"万物",如何区分"始"与"母",众说纷纭。那么,可不可以转换一下思路,把这一句理解为是讨论有、无之同的一个论断?如果采用这种思路,我们就无须致力于"天地"与"万物"、"始"与"母"的微小差异的辨析,就可以把注意力转到"天地"与"万物"、"始"与"母"的共性,把它们看作相类似的概念。这样一来,"无,名天地之始;有,名万物之母"前后两句的差异,就主要是修辞的差异:两个相同的句式,用近乎同义的语词,表达了相近的意思。这个相近的意思是:有与无都是事物(天地、万物)变化的一个起点(始、母)。如果采用这样一种理解,那么有与无之同就可以归纳为:其一,二者来源相同;其二,二者都可以称为"玄";其三,二者都可以是事物变化的一个起点。

有、无不仅有同的一面,也有异的一面,异在何处?有、无之异,主要表现在其功能、状态上。老子认为,"常无,欲以观其妙;常有,欲以观其徼"(《老子》第一章)。从功能上看,有、无的作用都是用来把握"道":无的作用主要是用来考察"道"的微妙的一面,有的作用是用来考察"道"的昭明的一面。从状态上看,有、无都是事物发展的起点,然而却是状态不同的起点——一个微妙、一个昭明。有与无,是事物的两种对立的状态或属性,同时也是两种对立的可能性。《老子》中所涉及的福与祸、平与坡、高与下、音与声,《庄子》中所涉及的彼与此、生与死、大与小、成与毁、可与否、是与非、爱与憎、美与丑、贵与贱等,都是有、无两种对立可能性的具体表现。如果以福为有,那么祸是无福,也就是无;如果以祸为有,那么福是无祸,也就是无。这种意义上的无,一方面可以理解为一个否定词,意为"无之",另一方面也可以理解为一种状态——"无之"的状态。这意味着,对于事物的具体状态的描述来说,它是有还是无,具有一种不确定性。福可以是有(福),也可以是无(祸)。但是,在道家思想尤其是老子思想中,"有"通常是指人们所追逐与期待的可能性,代表了世俗所推崇的事物或价值,如"生活资料、物质财富、文化知识、技术、才能、法令、道德等"①,而"无"常常与这些事物或价值的对立面联系在一起。

将事物发展的诸多可能性归约为有与无,具有多方面的意义:

其一,对事物发展可能性的概括更为精简、抽象。比起风、雨、雷、电、金、木、水、火,甚至相比阴、阳,有、无两种可能性显然更抽象、更具涵盖性。有可以指示诸多的事物状态,无也可以指示诸多的事物状态,所以有与无不是一般的"名",而是"常名"。由于有、无十分抽象,因此老子以"玄"名之。把事物发展的多种可能性归结为有、无两种对立的可能性,从确定性追求的角度看,增强了人们的确定感。《周易》六十四卦(八卦)对事物情况的预测有六十四种(八种)可能性,相对于事物发展近乎无限的可能性来说,六十四种(八种)可能性已经大大缩小了可能性的范围。这种可能性范围的缩小,对人而言,意味着确定性与安全感的增加。但是,对于某一具体事件的预测来说,六十四种(八种)可能性仍然太多——这么多的可能性,足以使人心生茫然、忐忑不安。《老子》以有、无概括事物所有的可能性,实际上是把六十四种可能性缩减为两种对立的可能性,而事物非此即彼的发展方向无疑增加了我们的确定感。

其二,使事物存在和发展的各种可能性之间的关系更为直观。八卦将事物发展的可能性概括为"A_1 或 A_2……或 A_8",六十四卦将事物发展的可能性概括为"A_1 或 A_2……或 A_{64}",众多可能性的存在,使得不同可能性之间的关系变得不那么直观。但是,如果我们以 A 对应有,以非 A 对应无,将有、无两种可能性表示为"A"与"非 A",那么 A 与非 A 两种可能性之间的关系就非常清晰:二者之间是对立的,并且两者相加即穷尽了事物发展的所有可能性。以有、无去考察世界,世界的整体性、矛盾性很容易得到直观的呈现。

其三,使不同可能性之间的"道路"变得明晰、恒常。如果将事物发展的诸多可能性概括为有、无两种对立的可能性,那么不同可能性之间的"道路"就不再是八种或者六十四种可能性之间的网状"道路",而是有、无之间的线性"道路"。这条"道路",是任何变化都不能摆脱的"道路",是一切事物变化的必经之路—— 一切变化都是从有到无,或者从无到有。我们也许不能确定 A 会发展到 A_1 或 A_2……或 A_8……或 A_{64},但是我们却能够确定 A 一定会变成非 A。这样一来,很多不确定感就消失了。有、无之间的"道",不是"天"的不可捉摸的意志,也不取决于我们的好

---

① 赵馥洁. 老子"道"的价值意蕴[J]. 中国哲学史,1993(3):15.

恶,它不可更改、方向明确、万世不易,展示的是一种无可置疑的确定性。

总之,道家在确定性追求上的一项重要工作,是把事物发展的可能性归约为有与无,并以"道"联结有、无。经过这种归约,人们对复杂世界的把握变得更为便捷简单,而这种便捷简单增强了人们的确定性与安全感。

(二)强调无的积极意义,凸显有的消极意义,以道齐平有、无

把事物发展的诸多可能性归约为有、无两种可能性固然减少了人们的不确定感,但是,这种对可能性的归约还不能给人们带来足够的安乐。"否定词"揭示了相反的可能性,但也制造了分歧、冲突和斗争。"否定词的分叉之声必定引起一种能够化解冲突的回声,否则,意识将无法负担不断互相否定的可能性而导致思想的意义消散。"[1]有、无虽然将事物发展的可能性简化了,但也以极端的方式呈现了世界的对立。

通常情况下,人们对 A 与非 A 两种可能性中的一种是有偏好的。就此而言,即便知道 A 必然向非 A 转化,非 A 必然向 A 转化,人们仍有可能焦虑于其所希望的可能性能否实现。有、无两种对立可能性中的一种,也许是对人不利的可能性,是人们极力要回避的可能性。这样一种可能性的存在本身,即足以使人们心生忐忑、坐卧不安。例如,生与死是两种对立的可能性,即便我们知道生、死的转化是一种必然,但好生恶死的倾向仍会使大部分人避死求生。从这个意义上说,联结有、无的"道"虽然给我们带来确定性,但并没有带来足够的安全感。要增强人们的安全感,就必须消除上述焦虑,而化解这种焦虑的重要途径是消解有、无的对立,削弱人们对有或无的偏好。

在消解有、无两种可能性的对立方面,道家在两个方向上做出了努力:其一,强调无的积极意义;其二,凸显有的消极意义。这两种努力指向的是齐平有、无。

首先,道家强调了无的积极意义。无是一类可能性的总称,在老庄那里,与无相联系的通常是虚、静、慈、柔、弱等事物状态,对于这类状态的积极意义,道家进行了深度挖掘。老子认为,虚、静有积极的意义:"虚而不屈"(《老子》第五章),"静为躁君"(《老子》第二十六章);慈、俭也有积极的意义:"慈故能勇,俭故能广","夫慈,以战则胜,以守则固。天将救之,以慈卫之"(《老子》第六十七章);柔、弱也有积极的意义:"柔弱者生之徒"(《老子》第七十六章),"天下之至柔,驰骋天下之至坚"(《老子》第四十三章)。另外,老子对与无相关的其他可能性,如不武、不怒、不与、

---

① 赵汀阳.第一个哲学词汇[J].哲学研究,2016(10):109.

不言、不争、不敢等,都有正面的肯定;对无为、无执、无知、无欲、无心、无誉的积极意义,也多有阐发。王博认为,道家是中国文化和思想中"虚无"意义的发现者。虚无可以成就万有,可以顺应万物,可以使人们对世界、对自身、对权力有不同于以往的新理解。①

道家为什么会强调无的积极意义?对这一问题的经典回答是,道家重道,而道即无,所以道家重无。这一回答的一个重要前提是"道即无"。但是,"道即无"不是人们一致同意的观点。在道与有、无的关系上,有三种典型意见:一是认为道是有,二是认为道是无,三是认为道是有、无的统一。我们把有、无视为事物发展的不同可能性,把道视为联结有、无的"路径",实际上就把道与无区分开了。这样一来,上述论证的重要前提——"道即无"就是我们无法承认的。而抽掉了这一前提,道家重无的上述论证就很难成立了。所以,要理解道家之重无,就必须另觅理由。如果我们把无视为事物发展的一种状态、一种基本的可能性,那么道家重无的实质,实际上是强化了无这种可能性的正面的、积极的意义。为什么要强调无的正面的、积极的意义?因为在世俗的眼中,无常常与对人不利的可能性联系在一起。人们出于趋利避害、趋福避祸的意向,总是排斥无而攫取有。但是,由于人力有限,因此,很多时候,人们所希望的没能实现,而人们所极力避免的则变成了现实。道家强调无的积极意义,是试图让人们认识到,无不仅没那么糟糕,它甚至有可取之处。

从确定性追求的角度来看,无的意义挖掘的重要作用是扭转人们对与无相关的可能性,如虚、静、慈、柔、弱等的排斥。在道家看来,即便最终得到实现的是无这种可能性,也没什么好焦虑的,因为无之境地,是一种失无可失的境地,是一种只能向有发展的境地。

其次,道家凸显了有的消极意义。在强调无的积极意义的同时,道家对有的正面意义进行了消解。其具体表现是,对人们所推崇的各种有,如生活资料、物质财富、文化知识、技术、才能、法令、道德等,进行了全方位的批判。老子认为,"智"可能会妨碍民利;"仁义"可能会妨碍孝慈;巧、利可能会导致贼盗;"美"可能会导致不美;"善"可能会导致不善。在世俗眼中,有价值的东西越多越好,老子则认为,"多"也有不好的一面,"多则惑"(《老子》第二十二章);在世俗眼中,对人有利的事物发展程度越高越好,老子则认为,"物壮则老"(《老子》第三十章);在世俗眼中,好的东西的强大是好事,老子则认为,"兵强则不胜,木强则兵"(《老子》第七十六章)。

---

① 王博.虚无的伟大意义:道和德的另外一个方向[J].中国道教,2017(3):22－24.

　　道家之所以要凸显有的消极意义,是因为有常常联系着人们所期望的一切,而对有的期待不一定都能变为现实。通常情况下,人们的期待越高,愿望落空时就会越失落。这意味着,对有的期待是人们的不确定感、不安全感的一个重要来源。道家对有的积极意义的削减降低了人们对有这种可能性的期待,同时降低了人们可能会产生的失落感,降低了人们在期待的可能性没有变成现实之前的不安感。

　　从确定性追求的角度看,强调无的积极意义与凸显有的消极意义有一致的目标,那就是增强人们的确定性与安全感。对无的积极意义的强调与对有的消极意义的凸显,所循的路径是相同的,那就是道。无如何具有积极意义? 经由道;有如何具有消极意义? 经由道。"道法自然",所以有、无两种可能性的转化是自然而然的。世人都对有(生活资料、物质财富、文化知识、技术、才能、法令、道德)抱着憧憬和希望,但道家认为,处于无的状态并没有人们想象的那么糟糕,这种状态甚至还是一种不错的状态,因为沿着自然之道,无只有一个发展方向,那就是向人们所期望的有转化。而一旦处于有的状态,那么沿着自然之道,它也只有一个发展方向,那就是朝人们不期望的无转化。既然如此,在事物发展的两种可能性实现之前,我们就没有必要患得患失,因为两种可能性都存在有利与不利的方面;而在两种可能性实现之后,我们也没有必要大悲大喜,因为哪一种可能性都不是最糟糕的,当然也不是最好的。

　　在强化无的积极意义、凸显有的消极意义的过程中,道家给人以强调事物之"反"的印象,很多学者由此认为,道家的方法主要是否定性方法、负的方法。对道家方法的这一方向的阐发,产生了很多有新意的见解。但是,在承认道家重视否定性方法的同时,我们也要注意以下几点:

　　其一,道家之否定并不是一味的否定。道家一方面对世俗追求的价值、对有有诸多否定,但另一方面,道家对无的价值也有很多肯定。如果我们因为道家对有的否定而将其方法称为否定性方法的话,我们同样可以因其对无的肯定而将其方法称为肯定性方法。事实上,道家对有的否定并非完全的否定,它只是指出了有的消极的一面,而对有的积极的一面仍有肯定与保留。没有这种肯定与保留,道家对无的积极意义的阐发就会失去标准,道家的主张也会陷入自相矛盾的境地。

　　其二,道家不是为反而反,其反不是无方向的,也不是一个恶循环。这一点庄子在批评惠施时已经明确指出。道家的反指向的是道——它不是反有归无,也不是反无归有,而是指向有、无中间的道。看不到这一点,对道家思想的理解就容易陷入无根的循环论,就容易陷入"重有"或"重无"的一点论。

其三,道家重视否定性方法,并不意味着道家思想是怀疑主义、相对主义、不可知论。否定性方法、负的方法的提出,确实有见于道家对有的意义的消解,但是,如果忽视道家对无的积极意义的强化,人们就会看不清道家思想的趋向,看不清道家的立足点,从而得出道家思想是相对主义、怀疑论的结论。从致力于消解有与无的差异、齐平有无来看,道家的基本倾向是向有、无"之间"靠拢,向道靠拢。这种倾向的初衷,从确定性追求的角度看,是因为削平了对立可能性的高下之别后,无论事物将来如何发展,无论哪一种可能性得到实现,我们只要立于道上,就可处之泰然、无忧无患,就可以获得一种确定性与逍遥之感。

(三)确定性追求的重心进一步向天、自然倾斜

周初的统治者将确定性追求的重心落实于德,这一点也影响了儒家和道家。但是,在礼崩乐坏的情况下,儒家和道家不得不对原有的"德"观念进行了一番改造,经儒家与道家改造过的"德",不仅与周初统治者所倡导的"德"有所不同,而且二者之间也存在着差别。与孔子推崇仁德不同,老子所推崇的德是玄德。玄德的根据是道,这个道是"天道"之道,是"道法自然"之道。这意味着,道家确定性追求的重心,比起儒家,更倾向于天与自然。要理解这一点,首先要理解老子所谓"玄德"的含义及其与道的关系。

什么是老子所谓"玄德"? 要回答这一问题,先要理解玄德之"玄"。而要确定玄德之"玄"的意思,首先应明确其词性。对玄德之"玄"的词性,人们有几种不同的看法:

(1)玄德之"玄"是形容词。把玄德之"玄"看成形容词,就要回答这样一个问题:"玄"形容了什么? 主张"玄"是形容词的人,通常认为"玄"形容了事物幽暗难言、深不可测的状态。在这样一种理解下,玄德就是一种幽暗难言、深不可测之德。

(2)玄德之"玄"是名词。把玄德之"玄"看成名词,就要回答这样一个问题:"玄"指称了什么? 有人认为,玄是"漩涡"之名。[①] 有人认为,玄是"黑色"之名。也有人认为,玄是"水"之名。与"玄"的不同所指相应,玄德可以是漩涡之德,可以是黑德,也可以是水德。[②]

(3)玄德之"玄"是动词。把玄德之"玄"看成动词,就要回答这样一个问题:"玄"是一种什么样的"动作"? 曹峰认为,"玄之又玄"的一个可能的理解是"损之又

①　庞朴. 庞朴文集:第 1 卷[M]. 济南:山东大学出版社,2005:129.
②　尚永亮,朱春洁.《老子》"玄"与"玄德"新释[J]. 复旦学报,2020(1):40.

损"(不断减损、否定)。① 这样一来,"玄"与"损"就建立起一种对应关系。当然,曹峰认为,玄德之"玄",似乎不应理解为"损",但是,如果我们坚持概念内涵的确定性,强调玄之又玄之"玄"与玄德之"玄"的一贯,那么玄德也可以是一种"损"德。

从"玄"在汉语中的实际运用来看,它可以是形容词,也可以是名词,甚至可以是动词。与之相应,"玄"也有幽暗难言、深不可测、黑色、水,甚至"损"等含义。如果《老子》没有对"玄"作进一步界定,那么我们说玄德是幽暗难言、深不可测之德或者是黑德、水德、"损之又损"之德等,均有自然语言的根据。然而不容忽视的是,《老子》一书对"玄"的界定是有推进的。在这种情况下,考察玄德的内涵,首先应关注"玄"的新含义。相比新含义,"玄"的日常语言含义虽有参考价值,但对老子玄德内涵的准确揭示而言,这些含义只能居于次要地位。

《老子》对"玄"的理解有何推进? 这种推进的突出表现,是《老子》把有与无统称为"玄"。"玄"是《老子》第一章的重要概念,重要传世本中的"此两者[,]同出而异名,同谓之玄"的表述,可以视为《老子》对"玄"的一个新界定。② 《老子》把"此两者"命名为"玄",所以要确切理解"玄"的含义,就必须明确"此两者"究竟所指。"此两者"指的是什么? 有人认为是有与无,有人认为是有名与无名,有人认为是有欲与无欲,有人认为是始与母,有人认为是妙与徼。从重要传世本的"同出而异名"及帛书本的"异名同谓"来看,"此两者"与"名"密切相关,甚至就是两个"名"。如果"此两者"是两个"名",那么"此两者"之前的"无名[,]天地之始,有名[,]万物之母"一句,无论是以有、无断句,还是以有名、无名断句,"此两者"都应该是指有与无这两个"名"。把有与无这两个"名"统称为"玄",是《老子》对"玄"的日常语义的推进。

既然《老子》提出了对"玄"的新理解——"玄"是有与无的统称,那么这种新理解就应普遍体现于"玄"字的诸多运用中。《老子》中很多地方使用了"玄"字,除了"玄德",老子还提到了"玄牝""玄览""玄通""玄同"等。如果我们能够证明,"玄牝""玄览""玄通""玄同"中的"玄"均可以理解为有、无的统称,那么,《老子》第一章对"玄"的新理解就能得到进一步的确证。

首先,"玄牝"可以理解为有、无兼具的母体。"玄牝"出现于《老子》第六章。关于"玄牝",《老子》的言说是:"谷神不死,是谓玄牝,玄牝之门,是谓天地根。绵绵若

---

① 曹峰."玄之又玄之"和"损之又损之"——北大汉简《老子》研究的一个问题[J]. 中国哲学史,2013(3):15.

② 帛书本《老子》与北大汉简《老子》此句为"两者同出,异名同谓",这两个版本没有肯定两者"同谓之玄",但很多论者认为,这里的"同谓",即"同谓之玄"。

存,用之不勤。"这里的"玄牝"是与"谷神"相应的。谷神之"谷",是中空的空间,是山谷之谷,其虚空可以与无相应。而谷神之"神",是神妙的作用,是一种有。这种有,"绵绵若存,用之不勤"。谷神一方面是无(空),另一方面也是有(有作用)。如果谷神是有与无的合体,那么与谷神相对应的"玄牝"也应是兼含有、无的母体,这样一来,"玄牝"之"玄"就可以理解为有、无统一之"玄"。

其次,"玄览"可以理解为能够通览有、无的镜子。"玄览"出现于《老子》第十章。有人主张"玄览"之"览"应为"鉴",帛书本《老子》也印证了这一理解。"鉴"既可以作名词使用,也可以作动词使用,我们倾向于认为玄鉴之"鉴"是名词"镜子"的意思。如果"玄览"(玄鉴)是一面镜子,那么它应该是一面很好的镜子,好在何处?好在能够充分看清有与无。通行的解释常常把"涤除玄览,能无疵乎"一句与精神修养联系在一起,理解为"洁净心灵使其无瑕疵"。但是,以下理由也许会支持这样一种看法:"涤除玄览,能无疵乎"应该是与身体的整理而不是与精神的修养有关。其一,"洁净心灵使其无瑕疵"这一理解,与其后三句的语言风格不协调。"涤除玄览,能无疵乎"后面三句为"爱民治国,能无知乎""天门开阖,能无雌乎""明白四达,能无为乎"。这三句的共同点是,每一句的前半句与后半句,表达的都是相互冲突的意思。由这三句推断,"涤除玄览,能无疵乎"前半句与后半句表达的意思也应是有冲突的,但"洁净心灵使其无瑕疵"这一理解却无从呈现这种冲突。其二,"洁净心灵使其无瑕疵"这种理解与帛书本《老子》不恰。"涤除玄览"之"涤除",人们多解为洗涤、修除,并将其与"玄览"看成并列关系。但是,"涤除玄览"之"涤",在帛书本《老子》甲乙本中都作"修"。修有修整之意,如果我们把"涤"看成"修""修整",那么"涤除玄览"就可以解为"修整但不用玄览",意思是"修整而不用很好的镜子"。这里的修整,应是人的仪容的修整,而不是抽象的心灵的修养。这样一来,"涤除玄览,能无疵乎"全句的意思就应该是:修整仪容而不用很好的镜子,能做到仪容整洁吗?只有采取这样一种理解,"涤除玄览"与"能无疵乎"之间才能呈现出一种对立,才能与其后诸句的语言风格保持一致。如果这种理解能够成立,那么,玄览的意思就很简单,它就是明亮到能够看清有(疵)与无(疵)的镜子,而"玄览"之"玄",则可以理解为有、无统一之"玄"。

再次,"玄通"可以理解为有、无之通。"玄通"出现于《老子》第十五章:"古之善为士者,微妙玄通,深不可识。夫唯不可识,故强为之容。豫兮若冬涉川,犹兮若畏四邻,俨兮其若容,涣兮若冰之将释,敦兮其若朴,旷兮其若谷,混兮其若浊。孰能浊以之徐清?孰能安以久动之徐生?保此道者不欲盈,夫唯不盈,故能蔽不新成。"

这里对"为士者"的描述,似乎是偏于无的,但是,仅有无并不足以为士,停留于朴、浊的状态,不能成为"为士者",要成为"为士者",必须能够"浊以之徐清",必须能够"安以久动之徐生"。也就是说,为士者的"玄通"(郭店楚墓竹简本《老子》作"玄达"),不能停留于无,它必须进一步走向有,完成有、无的统一。就此而言,"玄通"即有、无之通,而"玄通"之"玄"则可以理解为有、无统一之玄。

最后,"玄同"可以理解为有、无之同。"玄同"出现于《老子》第五十六章:"知者不言,言者不知。塞其兑,闭其门,挫其锐,解其分,和其光,同其尘,是谓玄同。故不可得而亲,不可得而疏;不可得而利,不可得而害;不可得而贵,不可得而贱,故为天下贵。"这里描述的是对立事物以及对立状态的"和光同尘"。"玄同"是亲、疏之同,利、害之同,贵、贱之同。在《老子》中,对立事物及对立状态可以归结为有与无,这样一来,"玄同"也就是有、无之同,而"玄同"之"玄"则可以理解为有、无统一之玄。

从上述对"玄"的用法的具体分析来看,《老子》所谓"玄牝""玄览""玄通""玄同"中的"玄",与《老子》第一章中"玄"的内涵是一致的,它们都是有、无的统称。明白了《老子》所谓"玄"的含义,我们对玄德的理解就可以形成一种假说:玄德应是一种兼通有、无之德。

如果玄德之"玄"是有、无的统称,道德之"道"是有、无之间周行的路径,那么,近道之玄德也应与有、无密切相关。玄德与有、无是什么关系?从《老子》对玄德的界定——"生而不有,为而不恃,长而不宰,是谓玄德"——来看,玄德应是兼通有、无之德。

"玄德"一词,在《老子》第十章、第五十一章、第六十五章均有提及。尽管玄德出现的语境不同,但不同语境中的玄德有一个共同特点,那就是兼通对立面,而这些对立面之对立可以统归于有与无的对立。这样一来,兼通对立面,实际上也就是兼通有、无。

《老子》最初提及"玄德"是在第十章,准确理解第十章,是理解玄德的关键。河上公本《老子》此章的表述是:"载营魄抱一,能无离。专气致柔,能婴儿。涤除玄览,能无疵。爱民治国,能无为。天门开阖,能为雌。明白四达,能无知。生之、畜之。生而不有,为而不恃,长而不宰,是谓玄德。"[1]相比其他版本,河上公本《老子》的这种表述方式,更能体现第十章的语言风格。如前所述,《老子》第十章倾向于展

---

① 刘笑敢. 老子古今[M]. 北京:中国社会科学出版社,2009:187.

示对立事物之并存——"涤除玄览"与"无疵"是对立且并存的。"爱民治国"与"无为"、"天门开阖"与"为雌"、"明白四达"与"无知",也均是对立且并存的。如果我们能够进一步表明"载营魄抱一"与"无离"、"专气致柔"与"婴儿"也是对立且并存的关系,那么玄德就应与对立面之统一有关。

对于"载营魄抱一,能无离。专气致柔,能婴儿"两句,通行的解释多强调其"顺成"而不是"相逆"。如果从相逆、对立的角度去考察这两句,我们就会获得一种不同于通行解释的新理解。

对于"载营魄抱一,能无离"一句,通行的解释是:能使体魄与精气合一不离开。这种解释很难呈现前半句与后半句的对立。帛书乙本《老子》此句作"戴营袙抱一",傅奕本《老子》将"抱"写作"襄"。"袙"有帐子的意思,"襄"有"袍子"的意思,由此,我们可作一推测,那就是这一句最初可能与"穿衣"有关。如果我们把这句话理解为"将营帐一类的东西当袍子穿在身上",那么它与后面的"能无离"就形成了一种对立—— 一般而言,把营帐穿在身上是不可能服帖的,但是,我们可以期望有玄德的人,兼备二者,做到这种匪夷所思的事。

对于"专气致柔,能婴儿"一句,通行的解释是:守气又柔弱,能够像婴儿那样。这种解释也很难呈现前半句与后半句的对立。如果从相逆的角度去理解这一句,那么"专气致柔"与"能婴儿"应是对立冲突的——"专气致柔"是人的"有意识"的行为,这种有意识的行为很难像婴儿那样自然而然。但是,我们可以期望有玄德的人能兼备二者,做到这种匪夷所思的事。

如果上述理解能够成立,那么通观第十章,玄德就应该是一种兼具有与无、统一对立面的德。而此章最后对玄德的"生而不有,为而不恃,长而不宰"的概括,进一步印证了这一点:玄德是能把对立的"生"与"不有"、"为"与"不恃"、"长"与"不宰"统一起来的德,是包容对立面的、兼通有无之德。

除了第十章,玄德还出现在《老子》第五十一章中。该章的不同版本多有"生而不有,为而不恃,长而不宰,是谓玄德"的内容,但在该内容之前、在"道生之,德畜之"一句之后,不同版本之间却有差异。河上公本该处为"长之育之,成之熟之,养之覆之";傅奕本为"长之育之,亭之毒之,蓋之覆之";王弼本为"长之、育之、亭之、毒之、养之、覆之"。而上述版本与帛书本《老子》也不完全一致。帛书本《老子》该处为"道生之,畜之,长之,遂之,亭之,毒之,养之,覆□"。上述差异,从一个侧面表明,人们对该处文字的理解发生了困难。这种困难在很大程度上源于人们多从"生"之一面理解"道"与"德"的作用。但是,从"生"的角度理解"亭之""毒之""覆之",非常牵强。如果我们换一种思路,以帛书本该句为底本,采用傅奕本的表述,把"养之"理解为"盖之",那么该句的文字就可以调整为"道生之,畜之,长之,遂之,亭之,毒之,盖之,覆之"。如果我们进一步以"害"解"盖",那么道的作用就可以分为两截:生之、畜之、长之、遂之是正面的作用,亭之、毒之、盖之、覆之是负面的作用。正面的作用可以归为"有之",负面的作用可以归为"无之"。这样一种理解,与道是有、无之间周行的路径保持了一致。从"道统有无"来看,"生"这一从无到有的过程,所循的路径是道;"亡"这一从有到无的过程,所循的路径也是道。这意味着,"生"与"杀"都是道的作用。如果道兼具生、杀双重作用,那么近道的玄德理应也有生、杀两面,就此而言,把玄德归为"生德"是有片面性的。玄德兼通有、无或者说兼通生、杀这一点,在《老子》的"失德而后仁""天地不仁"等论断中已有所显现;在推崇老子的法家的生杀、赏罚之术中,在推崇黄老的汉家之王霸相杂的制度中,这一点都有所印证。

　　除第十章、第五十一章外,玄德还出现于《老子》第六十五章:"古之善为道者,非以明民,将以愚之。民之难治,以其智多。故以智治国,国之贼;不以智治国,国之福。知此两者,亦稽式。常知稽式,是谓玄德。"《老子》认为,有玄德的治国者,能常知稽式(法式、模则),而这个稽式是与对"两"的合理处置联系在一起的。任继愈认为,这里的"两",是"用智"与"不用智"二者。[①] 有玄德的人治国,不是单纯地用智,还要有不用智的一面。两者之中,以智治国是常识,难得的是知道以智治国的反面——以智治国之祸、不以智治国之福。上位者能够兼知"以智治国"与"不以智治国",就是知稽式。而能知稽式的治国者,可以说是具备了玄德的治国者。兼通以智治国与不以智治国,是玄德在治国上的特殊表现,而玄德的一般表现是兼通有、无并取乎其间的道。

　　《老子》一书中,除了玄德,还论及了"常德""孔德""上德""广德""建德"等。要准确理解玄德,不能绕开玄德与上述诸德的关系。研究者们普遍认为,"常德""孔德""上德""广德""建德",本质上就是玄德,只不过从不同侧面强调了玄德的"常""孔""上""广""建"等特点。为什么玄德具有上述特点?因为它是兼通有、无之德。

　　首先,玄德之所以是常德,是因为它兼通有、无。老子所谓"道"是有、无之间周行的路径,是一切变化都不能逃脱的路径,所以是"常道"。而玄德是兼通有、无的近道之德,因为近道,所以玄德有道所有之"常"。《老子》第二十八章认为,常德是

———————
　　① 任继愈.老子绎读[M].北京:国家图书馆出版社,2015:146.

与"知雄守雌""知白守黑""知荣守辱"联系在一起的。在这一章的理解上,许多论者强调常德的守雌、守黑、守辱,但是,没有知雄的守雌、没有知白的守黑、没有知荣的守辱,应该算不上常德。玄德之"常",源于其兼顾对立双方,兼顾有、无两面。

其次,玄德之所以是孔德,是因为它兼通有、无。孔德之"孔",源于它的"惟道是从"。孔德所从之道,是统有、无之道,它惚兮恍兮,窈兮冥兮,有"无"之一面,但它不是单纯的"无",还有"有"的一面——有象、有物、有精、有信。(《老子》第二十一章)"孔德"从道,所以它兼通有无、包容对立,而包容对立面之德是具有最大包容性的德,是"深矣,远矣"的"孔"德。(《老子》第六十五章)

最后,玄德之所以是上德、广德、建德,是因为它兼通有、无。上德之所以为上德,一方面是因为它有"不上"的一面——"上德若谷"(《老子》第四十一章),另一方面是因为它有"不德"的一面——"上德不德,是以有德"(《老子》第三十八章);广德之所以为广德,是因为其有"不广"的一面,"广德若不足"(《老子》第四十一章);建德之所以为建德,是因为它有"不建"的一面——"建德若偷"(《老子》第四十一章)。"上德若谷""广德若不足""建德若偷"看起来与常识相悖,但基于老子对玄德的理解,这些论断毫不奇怪,因为玄德就是兼通有、无之德。相比一般意义上的"德",它的高明之处就在于它的"与物反"(与世俗经验相反),在于它的包容对立、兼通有无。

综上所述,道家所谓"玄德",是兼通有、无之德,是联结有、无的道的具体表现,因此道家重玄德的本质在于重"道"、重"天",重视形上之域。

老子之重玄德,意在"天道",而孔子或儒家之重仁德,意在"人"的主体性。从道家之重玄德来看,道家的确定性追求更为重视"天"的一面而不是"人"的一面,由于强调自然而不是人为,因此道家对伦理政治领域以及生产制作领域的确定性追求没有那么重视。

在伦理政治领域,道家因强调"人法地,地法天,天法道,道法自然"(《老子》第二十五章)而对"人为"持批判态度。老子认为,圣人应"处无为之事"(《老子》第二章)。庄子及其后学认为,"至人无为"(《庄子·知北游》)。道家自然无为的观点,贯彻于伦理政治领域,必然会降低这一领域在确定性追求中的意义。

在生产制作领域,道家强调对自然的顺应,而任何一种物质生产活动实际上都是以人力加于自然之上的活动,所以道家基于其哲学,自然不会热衷于通过生产制作活动来寻求确定性。这一点,从老庄的社会理想中即可见一斑。老子把小国寡民视为理想的社会状态,《庄子》的理想世界是"万物群生,连属其乡;禽兽成群,草木遂长"的世界,是"禽兽可系羁而游,鸟鹊之巢可攀援而窥"的世界,是人们"同与禽兽居,族与万物并,恶乎知君子小人"的世界。(《庄子·马蹄》)在这样的世界中,生产以及扩大再生产不会是人们关注的重点。

强调自然无为,就不会重视生产工艺、生产工具的使用与改进。老子对理想社会的描述是:"小国寡民,使有什伯之器而不用;使民重死而不远徙。虽有舟舆,无所乘之;虽有甲兵,无所陈之;使民复结绳而用之。甘其食,美其服,安其居,乐其俗。邻国相望,鸡犬之声相闻,民至老死不相往来。"(《老子》第八十章)在这样的社会中,器具不仅无从显现其重要性,甚至是可有可无的。《庄子·天地》中曾讲述,子贡在汉阴见到一位浇菜园的老丈,其浇水的方式极其费力,于是子贡向他推荐一种省力的机械。而老丈回答说,他知道有这种机械,但不愿使用。因为"有机械者必有机事,有机事者必有机心。机心存于胸中,则纯白不备;纯白不备,则神生不定;神生不定者,道之所不载也"(《庄子·天地》)。在道家看来,机巧是违背"自然"的,致力于机巧,会妨碍人们对道的体认以及对确定性与安全感的寻求,因为"巧者劳而知者忧"(《庄子·列御寇》)。

强调自然无为,就会淡化"欲""利"的地位。道家强调要知足、无欲。要"见素抱朴,少思寡欲"(《老子》第十九章)。这一方面是因为"欲"能带来灾祸:"咎莫憯于欲得,祸莫大于不知足。"(《老子》第四十六章)另一方面是因为"欲"会乱人心,心乱就不能静,不能静则无法与道为一。"夫物芸芸,各复归其根。归根曰静,是谓复命。"(《老子》第十六章)利与欲是联系在一起的,强调"无欲",必然不会重视利。老子认为要"绝巧弃利";《庄子》认为"圣人不从事于务,不就利,不违害。"(《庄子·齐物论》)在道家看来,欲、利对于确定性的追求来说是无益的,相应地,满足欲、利的生产也没那么重要。对人来说,重要的是使人处于"不受强制,不受束缚,自然而然,自由自在的存在状态"①。有论者认为,道家所追求的社会是"建立在极低劣的生产水平,极贫困的物质条件和极简陋的生活方式基础上的自然、朴素、平等、自由、安宁的社会"②。这意味着,对道家而言,确定性的追求与生产制作领域没大干系。

总之,在确定性的追求上,道家的选择具有一种独特性。首先,道家重视形上之域中的确定性追求,这与儒家、墨家形成了鲜明对照。其次,虽然道家和《周易》

---

① 赵馥洁. 老子"道"的价值意蕴[J]. 中国哲学史,1993(3):14.
② 赵馥洁. 中国传统哲学价值论[M]. 西安:陕西人民出版社,1991:240-241.

都重视以框定有限可能性的方式把握世界,但前者不同于后者的是,道家将有限可能性归约为两种——有与无,并且通过强化无的积极意义、凸显有的消极意义使二者齐平,从而消解了有、无两种可能性的对峙给人们带来的不确定感。再次,虽然道家思想与古希腊哲学都重视沉思领域的确定性追求,但二者存在明显的差异。古希腊哲学的确定性追求,表现出对始基的浓厚兴趣。"这种确定性在本体论上表现为寻找某种元素,对这种元素的确定和把握主要依靠不断的抽象和提炼,而对于这种元素是否具有作为世界的本原、始基、根据和动力的品格的确定,在一定程度上主要取决于其是否'纯粹'和'绝对',进一步说就是看其抽象水平及高度能否经得起后人的推敲,是否达至纯粹的'共相'。"①相比之下,道家的落脚点却不在共相,而在对立可能性之间的关系上。道不是一物,也不是最高的共相,它是有、无两种对立可能性之间的路径。把确定性的追求聚焦于道,对中国哲学与传统知论产生了深远影响,中国哲学对矛盾关系的重视、对辩证思维的重视,与道家的确定性追求有着密不可分的关系。

二、立足于伦理实践的儒家的确定性追求

春秋战国时期,面对礼崩乐坏以及各国争斗的社会现实,各家各派在确定性追求的路径选择上表现出不同的倾向和特点。道家主要是立足于理论沉思的领域,以把事物发展的可能性归约为有、无的方式追求确定性,这种确定性追求方式体现出重"天"倾向。而儒家的确定性追求主要立足于伦理实践领域,侧重从人的行为态度出发寻求确定性,这种确定性追求方式体现出重"人"的倾向。

儒家在确定性追求上有一个显著特点,那就是它强化了《周易》的从人的行为态度中寻求确定性的方向,强调了人之"德"的重要性,立足于伦理实践寻求确定性与安全感。

要理解儒家的确定性追求,首先要理解儒家的忧患意识源自何处。儒家的忧患意识,主要不是源自自然资源的匮乏,也不是源自人与自然的冲突,而是源自社会的失序。在儒家看来,礼崩乐坏,社会失序,是不确定性的重要来源。儒家的这种体认影响了其确定性追求的方向。与其他学派不同,儒家的确定性追求主要不是诉诸天、命,也不是诉诸生产制作活动,而是诉诸人的伦理实践活动。

---

①　章忠民.确定性的寻求与本质主义的兴衰[J].哲学研究,2013(1):81.

（一）确定性追求的重心由天、命向人、力倾斜

儒家思想与《周易》及周初思想的一个重要不同，是其确定性追求的重心进一步由天向人转移——从天道、天命转向人力可控的因素，如行为、态度、品德等，这种确定性追求重心的转移，被我们称为确定性追求由"天"向"人"的转移，或者说由"命"向"力"的转移。周人重"德"，与重"天"、重"命"相比，重"德"显然是对"人"的地位作用的提升。而孔子将"德"的重心进一步放到"仁"上，这是其不同于周初思想之处。这种转变，是确定性追求由天而人的进一步下移，因为"为仁由己"。在这种转移中，儒家的确定性追求进一步凸显出重"人"的倾向。

在传统哲学中，"天人之辨"与"力命之争"是非常重要的议题，以往人们多从天道观与人道观的角度考察这些问题。但是，从认识论的角度看，"天人之辨"与"力命之争"折射的是人们确定性追求方向的差异。

儒家的确定性追求，是在天-人系统中展开的。这一系统包含两极：一极是天、命，另一极是人、力。在天与人、力与命的关系问题上，儒家没有完全否认天、命的作用，但是，相比周初以及之前的思想，儒家思想的天平明显地更倾向于人、力带来的确定性而不是天、命带来的确定性。

在孔子思想中，"天""命"是与"人""力"相对的概念。孔子谈及"天"时，常常伴随着一种无可奈何的情绪。"天生德于予，桓魋其如予何？"（《论语·述而》）"获罪于天，无所祷也。"（《论语·八佾》）"天之将丧斯文也，后死者不得与于斯文也；天之未丧斯文也，匡人其如予何？"（《论语·子罕》）孔子所谓的"命"，往往指客观条件所造成的人力难以更改的必然性。"道之将行也与，命也；道之将废也与，命也。公伯寮其如命何！"（《论语·宪问》）对于人力无可奈何的天、命，孔子的态度是敬而远之。在孔子那里，天、命是人力发挥作用的背景，而不是其确定性追求的重点。它代表着某种极限，在达到这个极限之前，在获得命的确定性之前，人的努力是首先要考虑的因素。"吾十有五而志于学，三十而立，四十而不惑，五十而知天命，六十而耳顺，七十而从心所欲，不逾矩。"（《论语·为政》）天、命在人、力的起点或终点处，人无须在这上面花太多的心思，以发愤忘食、乐以忘忧的态度撑开人力之所能达到的极致就可以了。"在人、力所及之外，余下来的一点才是天命。"① 天、命也许是目标，也许是限制，但不是确定性追求的入手处。确定性追求始于人、力，始于"志于学"。孔子的确定性追求，主要不是系于"天"，而是系于"人"；不是系于"命"，

---

① 冯友兰.三松堂全集：第 11 卷［M］.郑州：河南人民出版社，2001：476.

而是系于"力"。孔子之诲人不倦、热心于政事、奔走于各国而不是坐等天命,即其确定性追求之重"人"、重"力"的一个佐证。

孔子对人、力的重视,在孟子那里得到了延续和发展。孟子认为,"莫之为而为者,天也;莫之致而至者,命也"(《孟子·万章上》)。孟子对天、命的理解,联系着"性",但他强调性、命有别。"口之于味也,目之于色也,耳之于声也,鼻之于臭也,四肢之于安佚也,性也,有命焉,君子不谓性也。仁之于父子也,义之于君臣也,礼之于宾主也,知之于贤者也,圣人之于天道也,命也,有性焉,君子不谓命也。"(《孟子·尽心下》)对于这段话,人们有不同的理解。但总体来看,孟子认为,性与命密切相关,但也有明显的区别。大体而言,强调性的时候,通常意味着人、力是能够有所作为的;而强调命的时候,人力作为的空间就很小甚至没有了。孟子并没有完全否认命的作用,但他对性与命的区分以及对性的重视,表明了其对人、力的作用的重视。"尽其心者,知其性也。知其性,则知天矣。存其心,养其性,所以事天也。夭寿不贰,修身以俟之,所以立命也。"(《孟子·尽心上》)在孟子看来,人们首先要做的是尽心、知性,知天、知命就是水到渠成的事。例如,人之有死,是人力无可奈何的,人不能不死,死是人之命。但是,不死于岩墙之下,不死于桎梏,则是人力可及的,同时也是我们首先应予以关注的。孟子认为,人应该致力于其力所能及的事。"求则得之,舍则失之,是求有益于得也,求在我者也。求之有道,得之有命,是求无益于得也,求在外者也。"(《孟子·尽心上》)在"求在我者"与"求在外者"之间,孟子明显倾向于"求在我者"。"求在我者"是人、力可控的,而"求在外者"是人、力不可控的。也就是说,孟子虽承认有不可更改的命,但这不是其确定性追求的重点,孟子确定性追求的落脚点不在于事物不可更改的方面,而在于人、力可加于其上的方面。

荀子在天-人、力-命关系上,有着与孔、孟大体相同的倾向,那就是都重视人、力的作用。荀子认为,"天行有常,不为尧存,不为桀亡"(《荀子·天论》)。这意味着"天行之常"具有一种刚性,单纯依赖天,理想的可能性不一定能实现,因为"天"不以人的好恶为转移。"天不为人之恶寒也辍冬,地不为人之恶辽远也辍广。"(《荀子·天论》)荀子认为,对于天的不以人的意志为转移的一面,没有必要花费过多的时间与精力。"大天而思之""从天而颂之""望时而待之""因物而多之""思物而物之"没什么太大的意义,我们应该做的是"物畜而制之""制天命而用之""应时而使之""骋能而化之""理物而勿失"(《荀子·天论》)。也就是说,人应该诉诸自身的行动,致力于自己能改变的方面,要以人力影响事物的发展方向。"天有其时,地有其财,人有其治,夫是之谓能参。舍其所以参,而愿其所参,则惑矣。"(《荀子·天论》)在荀子看来,天提供了事物发展的多种可能性,其中,有有利于人的可能性,也有不利于人的可能性。无所作为而接受天所给予的可能性,是不可取的。人应该积极行动,发挥自身的作用,争取有利可能性的实现。"强本而节用,则天不能贫;养备而动时,则天不能病;修道而不贰,则天不能祸。故水旱不能使之饥,寒暑不能使之疾,袄怪不能使之凶。本荒而用侈,则天不能使之富;养略而动罕,则天不能使之全;背道而妄行,则天不能使之吉。故水旱未至而饥,寒暑未薄而疾,袄怪未至而凶。受时与治世同,而殃祸与治世异,不可以怨天,其道然也。"(《荀子·天论》)荀子认为,人采取积极合理的行动,有利的可能性就可能实现;人不采取行动或行动不合理,有利的可能性就很难实现。在荀子那里,儒家在确定性追求上对人的能动性的强调,达到了一个前所未有的高度。

先秦时期,儒家在确定性追求上对人、力的重视,奠定了儒家确定性追求的基调。宋明理学以及现代新儒家在重视人、力上与先秦儒家可以说是一脉相承。杜维明认为,儒家对人、力的强调,与其对现实世界的批判态度有关。儒家并不认同现实的世界,其理想世界与现实世界有很大的差距,这意味着现实向理想的转化需要很大的力量。[①] 所以要实现这种转化,就必须肯定人、力的作用。儒家为什么要追求一种与现实世界有很大差距的理想世界?如果我们究其本源,就会发现,这一理想联系着儒家的安全感与确定性追求。孔子对周礼的推崇、孟子对王道之治的向往、荀子对礼法的重视,都联系着与社会秩序相关的确定性与安全感寻求,而能够带来确定性与安全感的社会秩序的建立,不能离开人、力的作用。所以儒家对人、力作用的肯定,从根本上说,关系着其确定性追求的方向选择。但是,人、力作用的发挥要有一个基点,儒家选择的基点是"仁"。

(二)以"仁"为基点寻求确定性与安全感

儒家在确定性追求上向人、力的倾斜,反映出儒家对人的主体性的重视。人的主体性可以表现在诸多领域,如政治领域、伦理领域、生产领域等。儒家所强调的主体性不是均衡地表现于各个领域,其重视的是人的主体性在伦理领域中的表现。

儒家确定性追求的外在目标是社会的由乱而治。要使社会由乱而治,就必须阐明社会失序的根本原因。礼崩乐坏是与春秋战国时期人与人、国与国的纷争联系在一起的。这些纷争无疑会涉及利益的追逐、财富的掠夺,但儒家认为,经济因

---

① 杜维明.儒家心性之学的当代意义[J].开放时代,2011(4):118.

素并不是社会失序的根本原因。生产的扩大、财富的增加,不一定能消除纷争,不一定能带来良好的社会秩序,不一定能带来确定性与安全感。相比经济,儒家更关注政治领域中的确定性追求,然而政治领域是一个复杂的领域,涉及诸多难以控制的因素,孔子、孟子、荀子都曾试图以儒家学说改变社会政治,但均未获得现实的成功。既然不能以直接参与政治的方式影响政治,那就要寻找其他途径,这个途径在儒家那里就是道德教化、伦理实践。

儒家的确定性追求是沿着周人重德的路径向前推进的。儒家倾向于认为,良好的社会秩序基于人们良好的道德修养。孔子的政治目标是恢复周礼——"复礼",而其入手点在"克己"。"克己复礼"从社会方面来看,是社会秩序的重建或者恢复;从个体方面来看,是人们获得安身立命之处,是忧患意识的解除、安乐感的呈现。在儒家看来,"德"是为政之本。对上位者而言,"为政以德,譬如北辰,居其所而众星共之"(《论语・为政》);对普通百姓而言,"其为人也孝弟,而好犯上者,鲜矣;不好犯上,而好作乱者,未之有也"(《论语・学而》)。所以,无论是上位者还是普通百姓,只要致力于自己的道德修养,某种意义上就可以说是"为政"。有人问孔子为什么不参与政治,孔子回答说:"《书》云:'孝乎惟孝,友于兄弟,施于有政。'是亦为政,奚其为为政?"(《论语・为政》)在孔子看来,道德修养从根本上说,也是一种参与政治的行为。因为政治的目标,不过是形成一种良好的社会秩序,而良好社会秩序的基础在伦理道德领域。"道之以德,齐之以礼"就是理想的政治。孔子的这一主张为后世儒者所继承,《大学》的修身、齐家、治国、平天下体现的也是这一思路。

强调"德"是为政的根本,并非始于孔子。立足于伦理道德领域寻求合理的政治秩序,是周初即形成的一种传统。与《易经》相比,周初的确定性追求发生了一些改变,这种改变的一个突出表现,是人们更加重视从人的行为态度,尤其是从"德"中寻找确定性。周初确定性追求的这种变化,与当时的社会状况以及这种状况对统治者心理的影响有很大的关系。周之克殷,是一个小邦取代大邦并对其进行统治的过程,这一过程存在着巨大的风险,存在着种种不确定性。这些不确定性的消解,单靠卜筮提供的可能性预测是不够的,单靠经验和直觉也是不够的,因为这是一个"革命"的过程,是一个与"天命"抗争的过程。拿什么来挑战沉重的"天命",一个可能的选项是人的行为态度的合理性。这种合理性在周初被归于"德"。周人对自身统治的忧患意识的克服,是通过强化《周易》对人的行为态度的重视、通过强调"德"实现的。这种转变,在《尚书》的文字中多有流露:"我不可不监(鉴)于有夏,亦不可不监(鉴)于有殷。我不敢知曰,有夏服天命,惟有历年,我不敢知曰,不其延。

惟不敬厥德,乃早坠厥命。我不敢知曰,有殷受天命,惟有历年;我不敢知曰,不其延。惟不敬厥德,乃早坠命。"(《周书·召诰》)"皇天无亲,惟德是辅。民心无常,惟惠之怀。"(《周书·蔡仲之命》)面对周初统治中存在的诸多不确定性,周人唯一能确定或者说愿意相信的,是"不敬厥德,乃早坠命",是"皇天无亲,惟德是辅"。相比之下,《易经》对"德"的重视,显然还没达到这样一种高度。这种转变的契机,是周初的政治状况所造成的统治者战战兢兢、如履薄冰的心态。萧萐父认为,"朝乾夕惕、居安思危、自强不息的思想,主要是周初统治集团的精神趋向和政治心理"①。

在确定性追求上,孔子沿着周人重德的倾向,继续前行。对于《周易》,孔子说,"《易》,我后其祝卜矣,我观其德义耳也。……赞而不达于数,则其为之巫。数而不达于德,则其为之史。……吾求其德而已。吾与史、巫同涂(途)而殊归者也"(《马王堆帛书·要》)。这表明,孔子之重《易》,与巫、史不同,其关注的重点是"德"。《周易》强调,人的恰当的行为可以趋吉避凶。既然如此,我们可以作出这样的推论:如果我们一直秉持那些趋吉避凶的行为态度,如谨慎、谦虚、仁慈等,那么无论占卜得到哪一种卦象(有限可能性的具体呈现),事情都不会因为我们自身的原因而变得更糟糕。至于那些人的行为态度无法影响的事情,归之于天命承受即可。这也许就是孔子由《易》而得到的体认。基于这样一种体认,不仅占卜得到哪一种结果不那么重要,甚至占卜与否也无关紧要。荀子就有"善为《易》者不占"的表述。(《荀子·大略》)对儒家而言,"恃其吉而委其凶于无可奈何之数,其占也不如弗占"②。

但是,只是从"占"转向"德",简单地延续周人重德的传统,并不能解决礼崩乐坏的问题,因为礼崩乐坏本身恰恰是从周人重德的文化中产生出来的一种对立现象。这种吊诡的现象,从一个侧面表明,周人所提倡的"德"已不能很好地维护周礼。要兼顾"德"与"周礼",就必须对二者之一进行改造。孔子解决这一问题的方式是以"仁"涵容"德",通过对"德"的改造来维护周礼。从确定性追求的角度看,"以仁涵德"产生了一些值得注意的变化:

其一,"以仁涵德"能够进一步凸显人在确定性追求中的自主性。从重"天命"到重"德",人的主体地位已得到很大提升,但周初所谓的"德"与"天命"的关系还十分密切。以"德"配"天"表明,周初之重德,并没有无视或取消"天命"。尽管"天命"表现自

---

① 萧萐父.周易与早期阴阳家言.//陈鼓应.《易传·系辞》所受老子思想的影响——兼论《易传》乃道家系统之作[J].哲学研究,1989(1):52.

② 王夫之.船山全书:第1册[M].长沙:岳麓书社,2011:607.

身的途径转换为"天听自我民听""天视自我民视",但对统治者而言,天命仍是一种具有外在强制性的强大存在。而"以仁涵德"后,"仁"与"天命"的距离被拉大,"仁"与人的自主性的关联却更密切了。在孔子那里,人之为"仁"是能够自主的——"为仁由己"。(《论语·颜渊》)而且,人之为"仁",也不会出现能力不够的问题。孔子认为,"有能一日用其力于仁矣乎?我未见力不足者"(《论语·里仁》)。这种对人的道德自主性与道德能力的肯定,在孟子那里进一步表现为对良知良能的肯定。在孟子看来,行仁是"为长者折枝"一类的事情,而不是"挟泰山以超北海"一类的事情。不行仁不是"不能",而是"不为"。只要愿意行仁,没有能力不够的问题,因为它所倚重的是良知良能,而良知良能是人人都有的。"人之所不学而能者,其良能也;所不虑而知者,其良知也。"(《孟子·尽心上》)而荀子对人之行仁的自主性的肯定,集中表现在其对作为神明之主的"心"的作用的肯定上。"心者,形之君也,而神明之主也,出令而无所受令。自禁也,自使也,自夺也,自取也,自行也,自止也。故口可劫而使墨云,形可劫而使诎申,心不可劫而使易意,是之则受,非之则辞。"(《荀子·解蔽》)总之,儒家之"仁"所展现的对人的自主性的强调要超过西周之"德"。

其二,"以仁涵德"扩大了确定性追求的主体的数量。孔子之前,由于"德"与"天命"关系密切,因此,有"德"之人,主要是指上位者,"德"主要是与上位者的合法地位相关的品德。而"以仁涵德"后,能行仁、能够具备仁德的群体范围无疑扩大了。因为即便不是上位者,人也可以行仁。原本大人、小人的区分,主要是依据出身、地位,但在孔子那里,大人、小人是可以依据仁与不仁进行区分的。这意味着,普通人也可以有仁德,也可以行仁。这样一来,从道德领域入手的确定性追求,就成为大多数人可以实践的了。

其三,"以仁涵德"可以更好地维护能够带来确定性的社会秩序——合"礼"的社会秩序。

首先,它使合"礼"的社会秩序获得了某种历史根据。"仁"据说是东夷民族的风俗。远古时代,风俗是维护社会秩序的重要力量,以"仁"而不是"德"为"礼"的根据,某种意义上是诉诸一种更原始、更持久的力量来维护"礼"。

其次,它使合"礼"的社会秩序有了更切近常人的情感基础。"仁"的一个重要内涵是"爱人",情感是"仁"的重要维度。孔子"释礼归仁",使得繁复的"礼"的合理性,随时都能借助人们当下即可发生的情感得到论证:"郊社之礼,所以仁鬼神也;尝禘之礼,所以仁昭穆也;馈奠之礼,所以仁死丧也;射乡之礼,所以仁乡党也;食飨之礼,所以仁宾客也。"(《礼记·仲尼燕居》)如果仁是值得肯定的情感,那么基于仁的"礼"的合理性就得到了有力的支持。

从政治层面看,"以仁涵德"体现了维护周礼的意向,而周礼的维护进一步指向确定性与安全感的寻求。这意味着,"仁"不仅与社会政治有关,而且与个体心理有关。李泽厚认为,"孔子用'仁'解'礼',本来是为了'复礼',然而其结果却使手段高于目的,被孔子所发掘所强调的'仁'——人性心理原则,反而成了更本质的东西"①。

总之,儒家的确定性追求,最后的立足点是"仁"。立足于伦理领域、强调人在道德领域的自主性,这与中国文化演进的大方向是一致的。"从前轴心时代到轴心时代,中国文化演进的突出特色是人文性和人间性,从而,它的理性更多的是人文的、实践的理性,其理性化主要是人文实践的理性化,这在春秋时代更为明显。"②孔子将确定性追求立足于"仁",是中国文化的人文、实践方向演进的一个合乎逻辑的结果,因为就主体性的呈现来说,道德领域是最能彰显人的主体性的领域之一。在这一领域,人是能求仁得仁、完全自主的;在这一领域,种种由外部条件带来的不确定性都不能撼动人的道德自主性。"我欲仁,斯仁至矣。"(《论语·述而》)

(三)强化了中国传统知论确定性追求的一个重要方向

儒家的确定性追求,与西方传统哲学相比,表现出重伦理实践的特点。这一特点,对中国传统知论的确定性追求发生了深远影响,强化了中国哲学确定性追求的一个重要方向。

在理论沉思、伦理政治实践、生产制作三个领域中,儒家强调立足于伦理实践寻求确定性。而在伦理实践中,儒家主要从"仁"入手,展开其确定性追求,这使得儒家的确定性追求具有了明显不同于西方传统哲学的特点。古希腊哲学确定性追求的重点,在沉思领域的理智活动上而不在实践活动(伦理政治活动)以及生产制作活动上,因为"实践活动有一个内在而不能排除的显著特征,那就是与它俱在的不确定性"③。而在近现代,当确定性追求的方向由形而上学转向其他领域以后,西方哲学所重视的更多的是生产制作领域而非伦理政治实践领域。所以,无论是古代还是现代,伦理政治实践在西方哲学的确定性追求中,都没有占据最为重要的地位,这与儒家对伦理领域的重视形成了鲜明对照:西方的确定性追求有一个由重视理论沉思转而重视生产制作与实验科学的过程,而儒家的确定性追求则一贯地强

---

① 李泽厚.中国古代思想史论[M].北京:人民出版社,1985:22.
② 陈来.古代宗教与伦理[M].北京:北京大学出版社,2017:14.
③ [美]杜威.确定性的寻求——关于知行关系的研究[M].傅统先,译.上海:上海人民出版社,2004:4.

调伦理领域的重要性。中国哲学之重伦理，中国传统知论之重道德认识，与儒家确定性追求的这一特点有着密不可分的关系。

　　总之，儒家的确定性追求，无论是相比西方还是相比中国哲学的其他流派，都有其独特之处。相比西方传统哲学，儒家更重视伦理领域的确定性追求；相比《周易》与道家，儒家在"天与人"以及"力与命"之间，更重视人、力；而相比墨家，儒家所强调的人、力，主要不是作用于生产制作领域，而是作用于伦理领域；相比法家，儒家在伦理与政治两个领域中，认为更为基本的是伦理领域而不是政治领域。

三、立足于政治实践的法家的确定性追求

　　在《周易》探索的确定性追求的三个重要领域中，与道家重视形上之域不同，儒家和法家更重视实践领域。不过，在伦理实践与政治实践两个领域中，儒家更强调伦理实践，而法家更重视政治实践。法家不完全排斥生产制作领域以及形上之域的确定性追求，但其立足点在政治实践领域。

　　（一）承认人、力在生产制作领域中的作用

　　在确定性追求上，以韩非为代表的法家比较重视"气力"的作用。韩非认为，不同时代有不同的问题。上古时期，经济方面是"人民少而财有余"，社会关系方面是"民不争"；中古时期，"天下大水，而鲧禹决渎"，人与自然环境的矛盾比较突出；近古时期，"桀纣暴乱，而汤武征伐"，人与人之间的矛盾比较突出。（《韩非子·五蠹》）由于不同时代面对的问题不同，因此国家的当务之急以及解决问题的方法路径也应该不同。在韩非看来，"道德"能解决上古问题，"智谋"能解决中古问题，但这些办法却解决不了当世的问题：偃王行仁义却没能避免灭国的命运，说明仁义道德解决不了当时人与人、国与国的冲突问题；子贡辩智无双却无法阻止齐国攻鲁，说明智谋也解决不了当时人与人、国与国的冲突问题。人与人、国与国的冲突靠什么解决？韩非认为要靠"气力"。"上古竞于道德，中世逐于智谋，当今争于气力。"（《韩非子·五蠹》）

　　气力既然是解决问题的关键，那么就要努力积攒气力。气力从何而来？首先来自生产制作领域。韩非认为，人与人、国与国的纷争，根本原因在于"人民众而货财寡"。为什么人民众而货财寡？因为人口增长的速度大于财富增长的速度。"今人有五子不为多，子又有五子，大父未死而有二十五孙。是以人民众而货财寡，事力劳而供养薄，故民争，虽倍赏累罚而不免于乱。"（《韩非子·五蠹》）人越来越多，

货财的增长却跟不上人口的增长,这样一来,人与人、国与国的纷争就难以避免。要解决人与人、国与国的纷争,一方面要增加生产,从根本上消除造成纷争的原因;另一方面,如果纷争无可避免,就要有能力通过对抗解决纷争。而无论是增加生产还是增强对抗能力,都离不开气力的增长。

就重视物质生产而言,法家与墨家有相似之处。但法家之重物质生产与墨家之重物质生产,有明显的不同。

第一,法家与墨家对物质生产目的理解有所不同。总体而言,墨家之重生产,目的首先是"民利";而法家之重生产,目的首先是国之气力的增长。这与二者直面的问题不同有很大的关系。墨家要求"兴天下之利",这个天下之利,指向的是百姓的丰衣足食、免于征战。而法家要处理的主要是在国与国的对抗中如何胜出的问题,所以法家对物质生产的强调最终往往落实在国富兵强上。"凡为国之急者……民事农则田垦。田垦,则粟多。粟多,则国富。国富者兵强,兵强者战胜,战胜者地广。"(《管子·治国》)"民农则朴,朴则易用,易用则边境安、主位尊。民农则重,重则少私议,少私议则公法立、力专一。…… 民舍本而事末则不令,不令则不可以守,不可以战。"(《吕氏春秋·上农》)在法家看来,农业生产是国之气力的基础,而国之气力最重要的表现是其"战力"。

第二,法家与墨家关注的重点生产领域有所不同。在生产方面,法家更重视农业,而墨家更重视手工业。墨家当然也不会无视农业,但由于墨家成员多为工肆之人,多出身于小生产者,因此他们十分关注手工业生产。而在法家看来,手工业和其他一些行业没那么重要。法家比较强调耕战的重要性,认为除种粮和打仗外的一切行业都只是"末作"。①

第三,法家与墨家所重之"民"有所不同。与重视农业生产相应,法家更重视"农人"的作用;与重视手工业相应,墨家更重视"能工巧匠"的作用。在重视农业生产的法家看来,能工巧匠或"技艺之士"不仅凭自身技艺逃避农战,而且通过对他者的不良影响妨碍农战。这种妨碍一方面表现为"技艺之士"提供了一种躲避农战的反面示范——"农战之民百人,而有技艺者一人焉,百人者皆怠于农战矣"(《商君书·农战》),另一方面表现为"技艺之士"常常挤占农人之利。"其商工之民,修治苦窳之器,聚弗靡之财,蓄积待时,而侔农夫之利。"(《韩非子·五蠹》)所以法家所重视的"民",不是墨家所推崇的能工巧匠,而是赴险殉诚的死节之民,是寡闻从令

---

① 白奚.墨学中绝与传统文化的走向[J].哲学研究,1996(12):71.

的全法之民,是力作而食的生利之民,是嘉厚纯粹的整谷之民,是重命畏事的尊上之民,是挫贼遏奸的明上之民。(《韩非子·六反》)韩非认为,正是这些常常被诬为"失计""朴陋""寡能""愚戆""怯慑""诎诡"的民众,而不是世人称道的能工巧匠,才是耕战的最终依靠力量。

第四,法家与墨家对知识、技术的态度有所不同。法家虽重视物质生产,但并不像墨家那样重视生产知识与生产技术。墨家重视知识技术的作用,是因为知识技术能够提高生产效率,有利于物品数量的增加和种类的丰富。法家既然重视农业生产,按理说也应该重视农业技术的提升以及农业生产效率的提高,但法家对此并没有给予特别关注。这可能有以下几方面的原因:其一,农业生产率的提高,是一个比较缓慢的过程。在各国攻伐频繁的时期,把精力投放在劳动生产效率的提高上并不现实。多耕多种、多投入人力也许是见效更快的方法。其二,农业生产率的提高、农业技术的进步,受客观条件的制约较大。在特定时期、特定条件下,劳动生产率与技术的提高很可能是一件有心无力的事。历史研究表明,从战国初年到汉代之初有一个降温过程。气候变冷对农业生产率的提高无疑形成了某种制约。①其三,法家的农战思想兼容了农家的思想,而在农业经验的总结推广方面,农家已经做得比较充分。农家被认为起于楚地,战国中期,随着楚国的衰弱,农家开始向楚国之外流散。"至《吕氏春秋》成书前后,农家的政治主张大体上已经依附于法家的农战思想,在政治上已很少具有独立的要求;它从自己先学那里所继承的,差不多已仅是重视农业生产,注意总结推广农业技术经验这一方面了。"②由于农家思想被法家消化吸收,当时最高水平的农业技术已进入人们的视野,因此法家不把思想的重心放在农业技术提高上也就不足为奇了。但不重视农业技术,不等于放弃通过其他途径增加农业生产。法家对农业生产的重视,更多的不是表现于技术的提升,而是表现于对农业生产的有效组织。有效的生产组织离不开有效的社会组织。在有效组织社会成员方面,与儒家强调伦理领域的仁德的作用不同,法家更重视政治领域中"法"的作用。

(二)倚重"法"而不是"德"完成有效社会组织

在确定性的追求上,法家固然重视生产制作领域的确定性追求,因为物质生产是气力的重要来源。但是,物质生产的顺利展开离不开有效的社会组织。没有有

① 岳翔宇.气候变化、农业低产与重农理论——以晁错"贵粟论"为中心[J].历史研究,2015(3):49.
② 萧正洪.战国农家源流试探[J].陕西师大学报,1990(3):58.

效的社会组织,国之气力的增长就很难实现。在进行有效社会组织方面,法家在伦理与政治两个领域中,更为重视政治领域,在"德"与"法"之间,更重视"法"的作用。法家的"不务德而务法"(《韩非子·显学》)与儒家之重仁德是截然不同的取向。

儒家在社会组织上重德,是因其认为仁德是仁政的基础。但在法家看来,儒家从仁德到仁政的推论,无论是前提还是结论,都很成问题。其一,法家不承认人有天然的向善之性,认为"名利之所凑,则民道之"(《商君书·算地》)。韩非认为,人"皆挟自为心也"(《韩非子·外储说左上》),人的自然倾向不是争仁义,而是争利益。在法家看来,如果在伦理领域过分相信人性之善、过分相信人的自发性,不对其进行外部限制与引导,那么只会导致社会之"乱"而不会导致社会之"治"。周之重德、孔子的"克己复礼"以及墨家的"背周道而用夏政"在社会治理上的不成功,坚定了法家的人性论主张。其二,法家认为,承认人之逐利的本性,并不意味着社会之"治"无路可循。倘若辅之以必要的手段,人的逐利本性也可以成为社会之"治"的根据。韩非认为,"凡治天下,必因人情。人情者,有好恶,故赏罚可用"(《韩非子·八经》)。《慎子·因循》中说,"人莫不自为,化而使之为我,则莫可得而用矣"。如何"因"人情而"治"呢?就是要用"法"去规范百姓的求利之道,使之与强国利民的目标保持一致。"民之所欲万,而利之所出一。民非一则无以致欲,故作一。作一则力抟,力抟则强……塞私道以穷其志,启一门以致其欲,使民必先行其所要,然后致其所欲,故多力。"(《商君书·说民》)韩非认为,"明主之治国也,适其时事以致财物,论其税赋以均贫富,厚其爵禄以尽贤能,重其刑罚以禁奸邪,使民以力得富,以事致贵,以过受罪,以功致赏,而不念慈惠之赐,此帝王之政也"(《韩非子·六反》)。

法家之"法",是去道德化的法律政令。[①] 在法家那里,"法"比"德"更能带来确定性。

首先,"法"有利于农人与土地的结合,能够增加国之气力。在法家看来,农业生产是最为重要的生产领域,而农业生产离不开土地与人口的有效结合。土地与人口如果不能有效结合,就不能形成现实的生产能力。《墨子》指出,征伐行为是"不义"的,也是"不利"的,因为其牺牲人口换取土地,结果是"人不足而地有余",这无疑会妨碍财富的增长。墨子以否定战争的方式,促使人口与土地结合。法家不否定战争的必要性,但同样强调人口与土地的结合。法家认为,单纯地拥有土地和

---

① 梁治平."礼法"探原[J].清华法学,2015(1):101.

人民而不能进行有效的生产，是没有意义的。"今世主有地方数千里，食不足以待役实仓，而兵为邻敌，臣故为世主患之。夫地大而不垦者与无地同；民众而不用者与无民同。"（《商君书·算地》）"百人农、一人居者王，十人农、一人居者强，半农半居者危。故治国者欲民者之农也。国不农，则与诸侯争权不能自持也，则众力不足也。故诸侯挠其弱，乘其衰，土地侵削而不振，则无及已。"（《商君书·农战》）如何使土地与人口有效结合？法家的策略是设法度，使民归心于农。"圣人知治国之要，故令民归心于农。归心于农。则民朴而可正也。纷纷则易使也。信可以守战也。"（《商君书·农战》）在使民归心于农方面，法家认为，严格的法令比道德劝诫有效。

其次，"法"可以解决由货财不足引发的纷争，能够实现社会之"治"，增强国之气力。在法家看来，"一而固"的法令不避大臣，不遗匹夫，能使"智者弗能辞，勇者弗敢争"，能够"矫上之失，诘下之邪，治乱决缪，绌羡齐非"，能够"厉官威名，退淫殆，止诈伪"。（《韩非子·有度》）"法"让人明白什么能做，什么不能做，做什么会得赏，做什么会受罚。这样一来，人们的行为就有了确定的方向。国家通过"法"来引导民众的行为，就会使气力凝聚，实现强国的目的。法家认为，在引导民众方面，"德"达不到也替代不了"法"的作用。"仁者能仁于人，而不能使人仁，义者能爱于人而不能使人爱，是以知仁义之不足以治天下也。"（《商君书·画策》）韩非认为，"今有不才之子，父母怒之弗为改，乡人谯之弗为动，师长教之弗为变。夫以父母之爱、乡人之行、师长之智，三美加焉，而终不动，其胫毛不改。州部之吏，操官兵，推公法，而求索奸人，然后恐惧，变其节，易其行矣。故父母之爱不足以教子，必待州部之严刑者，民固骄于爱、听于威矣"（《韩非子·五蠹》）。在法家看来，人们总是见到慈爱就骄横，见到权威就服从，所以仁德不是由"乱"而"治"的有效手段。君主要想"誉广"而"名威"，"民治"而"国安"，就要远仁义，去智能，以"法"治国。（《韩非子·说疑》）

有序的社会组织，是确定性与安全感的重要来源。儒家和法家都重视社会组织的作用，但是，在如何有效进行社会组织方面，法家重法而儒家重德。重法与重德都体现了对实践领域的重视，它们都肯定人的能动性，肯定人在确定性追求中的作用。但儒家与法家的区别在于，儒家在确定性追求方面对人的作用的肯定偏于道德领域，肯定人的向善的能动性。而法家在确定性追求方面对人的作用的肯定偏于政治领域，倾向于强调人们逐利的能动性。对法家而言，民之求一己之"利"与君之求一国之"力"可以以"法"为纽带实现某种统一。

（三）以形而上之"道"为"法"的根据

在法家那里，作为确定性追求的立足点的"法"，不仅有形下的功用，而且有形上的根据。这个形上的根据就是"道"。在确定性的追求上，法家重视国之气力的增强。国之气力的增强，离不开物质生产；物质生产的顺利开展，离不开人的有效组织；社会成员的有效组织，离不开"法"，而"法"的形上支撑是"道"。

法家所推崇的"法"治体系，不以儒家所推崇的"德"为根基。但是，摧毁了"德"的根基所造成的真空必须予以弥补，否则"法"治就只有形下的理由而没有形上的根据。有论者认为，"韩非的哲学存在一个根本性的焦虑：将人从各式各样的伦理结构中解脱出来，并还原为他的自然性之后，人的生活境况陷入一种彻底的危机和绝望中。这种焦虑是整体性的，上至君主，下至臣民，无不面临因政治、社会和文化急剧变迁所造成的不确定性和幻灭感"[1]。在法家尤其是韩非那里，克服"德"之缺位带来的不确定性的重要方式，是将"法"治建基于"道"。

在法家的价值系统中，君、法、术、势构成了一个体系。其中，"君主是本位，权势是基础，法制是规范，术数是方法，君权是法术的前提，法术是君权的工具"[2]。而这一体系以及这一体系中的君、法、术、势均应合于"道"。

首先，"君"应合于"道"。法家在确定性追求上对人、力的重视，在生产制作领域表现为重"农"，在政治领域表现为重"君"。在法家那里，君主是与社会治乱直接相关的因素。《管子》把君主的地位看成控制"体"的"心"。《商君书》认为，君主的出现改变了"民道弊"的状况。《韩非子》认为，有巢氏的"构木为巢"，燧人氏的"钻燧取火"，改变了人们在自然中的处境；鲧、禹的治水，把人们从水深火热中解救出来；汤、武的征伐，使人民免于桀、纣的暴政。很多学者批评法家赋予了君主过高的权力，而权力一旦被不恰当地使用，就会导致灾难性的后果。对于"设君主而坏法，则如之何"这一问题，吕思勉认为，"近之持立宪论者，每以是为难。然此乃事实问题，不足以难法家也。何者？最高之权力，必有所归。所归者为君主，固可以不善；所归者为他机关，亦可以为不善"[3]。这是对人们批评法家思想中君权过大的一种回应。事实上，在法家那里，"君"并非不受制约，他应是合于"道"的。韩非认为，"道不同于万物，德不同于阴阳，衡不同于轻重，绳不同于出入，和不同于燥湿，君不同于群臣，凡此六者，道之出也。道无双，故曰一。是故明君贵独道之容"（《韩非

① 李国斌.论韩非对"治术"道德性的探寻[J].现代哲学，2018(3)：139.
② 赵馥洁.论先秦法家的价值体系[J].法律科学，2013(4)：21.
③ 吕思勉.先秦学术概论[M].上海：东方出版中心，1985：97.

子·扬权》)。"道者,万物之始,是非之纪也。是以明君守始以知万物之源,治纪以知善败之端。"(《韩非子·主道》)也就是说,君主要守道,因为守道,君才具有超然的地位;因为守道,君才能发挥其应有的作用。

其次,法、术、势,应合于"道",因为三者的根据在于"道"。

其一,"法"的根据在于"道"。法的"一而固",源于"道"的恒常性。"天地有恒常,万民有恒事,贵贱有恒位,蓄臣有恒道,使民有恒度。"(《黄帝四经·经法》)《管子》认为,"法、礼,道也"(《管子·枢言》),"法者,天下之至道也"(《管子·任法》)。黄老学派认为,"道生法。法者,引得失以绳,而明曲直者(也)。故执道者,生法而弗敢犯(也)。法立而弗敢废(也)"(《黄帝四经·经法》)。

其二,"术"的根据在于"道"。术的特点是"无常操"。术的"无常操"源于道的"无常操"。韩非所谓的"术"有多种含义,不过其重点强调的是君主之术。君主之术是实现"主道"之术,这个术的核心是君主执刑、德二柄以制臣下。"明主之所导制其臣者,二柄而已矣。二柄者,刑德也。何谓刑德?曰:杀戮之谓刑,庆赏之谓德。为人臣者畏诛罚而利庆赏,故人主自用其刑德,则群臣畏其威而归其利矣。"(《韩非子·二柄》)君主之术,是与"不确定性"相关联的。它针对的是不确定势力与不确定危机的防范。[1] "术者,藏之于胸中,以偶众端而潜御群臣者也。"(《韩非子·难三》)术要发挥其作用,不能不具有一种灵活性。但是,这种灵活性,不等于随意性、不受约束性。术的灵活性,要以"道"为根据,它与"道"的"无常操"相对应。韩非认为,"道"是"万理之所稽"。"道者,万物之所然也,万理之所稽也。理者,成物之文也;道者,万物之所以成也。故曰:'道,理之者也。'物有理,不可以相薄;物有理不可以相薄,故理之为物之制。万物各异理,而道尽稽万物之理,故不得不化;不得不化,故无常操。无常操,是以死生气禀焉,万智斟酌焉,万事废兴焉。"(《韩非子·解老》)万物各有其理,而"道"汇合了万物之理,所以"道"不能不随着具体事物的变化而变化。因随物而化,所以"道"没有一成不变的规则,即"无常操"。君之深不可测,君之术之"无常操",源于"道"的"无常操"。

其三,"势"的根据在于"道"。法家重势。什么是势?韩非认为"夫势者,名一而变无数者也"(《韩非子·难势》)。法家所谓"势",有地势、形势、态势之义,不过其较多关注的是政治领域中的势。这样的势,通常与权权、势力关联在一起。韩非认为,明君立功名的一个重要条件是"势位"。"桀为天子,能制天下,非贤也,势重

① 戴木茅.韩非"术"论澄释[J].哲学动态,2016(9):47.

也;尧为匹夫,不能正三家,非不肖也,位卑也。千钧得船则浮,锱铢失船则沉,非千钧轻锱铢重也,有势之与无势也。故短之临高也以位,不肖之制贤也以势。"(《韩非子·功名》)势可以自然形成,也可以人为造成。但是,无论是自然之势还是人造之势,都无法违背"道"。势须是"道可"之势。韩非认为,总有不能具备的势,总有办不到的事情。"乌获轻千钧而重其身,非其身重于千钧也,势不便也。离朱易百步而难眉睫,非百步近而眉睫远也,道不可也。"(《韩非子·观行》)把"势不便"与"道不可"联系在一起,说明势的形成要受"道"的限制,要有"道"的根据。"非天时,虽十尧不能冬生一穗;逆人心,虽贲、育不能尽人力。"(《韩非子·功名》)违背"道"的势是没有的。所以,人要顺势而为,势要顺道而成。

在法家那里,君、法、术、势系统的建立,凸显了人在确定性追求中的积极性、主动性。但是,把君、法、术、势与"道"联系在一起,也反映出法家对"天道"作用的肯定。

法家确定性追求的立足点在社会政治领域,在法。但它同时也表现出对其他思想资源的一种综合。在战国时期尤其是战国末期,法家的确定性追求方式具有举足轻重的影响,这一方面与其契合了当时的社会需要有关,另一方面也与其思想的综合性有关。在确定性追求的三个领域中,法家重视生产制作,但与墨家相比,法家对物质生产的目的、重点领域、主体、手段的理解都有所不同;法家也重视伦理政治领域,但是,与儒家强调伦理领域中的仁德不同,法家侧重政治实践中的法;法家也注意到了形上之域,重视"道"在确定性追求中的作用,但与道家重"道法自然"相比,法家也重视人、力的作用。法家的确定性追求,根源于其特殊的忧患意识,法家的忧患在于国之不"强",其确定性追求的核心目标在于"强国"。法家因重视强国而重气力、重物质生产、重社会组织,因重视社会组织而重法、重道,这使得其确定性追求表现出一种综合天、人的特点。法家确定性追求的综合性,是法家思想影响深远的原因之一,但法家确定性追求的综合性还不够充分,它缺少了"德"这一维度。就此而言,"儒法互补"具有一种必然性。

四、立足于生产制作领域的墨家的确定性追求

在确定性追求的三个领域中,相比道家之重形上之域、儒家与法家之重伦理政治实践领域,墨家比较重视的是生产制作领域,其确定性追求是立足于生产制作领域展开的。立足于形上之域的确定性追求,比较重视天、命的作用;而立足于实践

领域以及生产制作领域的确定性追求,则比较重视人、力的作用。就同样重视人、力的作用而言,墨家与儒家、法家有相近之处,但它们之间也存在着明显的差异。首先,儒家承认命有一定的作用,而墨家则否认命的作用。其次,儒家和法家强调的力最终落实于伦理、政治领域,而墨家强调的力最终落实于生产制作领域。

(一)在确定性追求上否定命而强调力

礼崩乐坏是先秦哲学面对的共同现实,消除礼崩乐坏给社会生活带来的不确定性、不安全感,也是墨家要面对的问题。礼崩乐坏所带来的不确定性,主要是社会失序造成的,所以在确定性追求方面,先秦哲学的一个共同特点是寻求社会之"治",避免社会之"乱"。社会的由乱而治离不开人的参与,所以儒家、墨家、法家在确定性追求上,都重视"人""力"的作用。中国哲学对人、力的重视有历史的根源。"中华民族是以农立国的、血缘关系极强的氏族组织的产儿,在正式的国家机器建立后,血缘关系外衣下的人心凝聚力依然是国家长治久安的基础。所以,重视人事活动和人的能动性就是当时乃至以后中华民族政治生活和哲学理论的主题。"[1]在礼崩乐坏的情况下,对人、力作用的重视也符合现实的需要。

就均重视人、力的作用而言,墨家与儒家有相近之处。但是,墨子创立的墨家学派,某种意义上是作为儒家的对立面出现的,所以墨家与儒家也存在诸多差异。从确定性追求的角度看,墨家与儒家思想的一个重大差异,是儒家承认天命在确定性追求中的作用,而墨家则否认命的作用,提出了"非命"的主张。

在力、命关系问题上,儒家虽重视力,但并没有因此而否认天命的作用。在儒家看来,天命与人力可以以一定的方式并存。而墨家则认为,儒家承认命,同时又强调力,这是自相矛盾的。例如,儒家要求"君子必学"同时又认为有命,这在墨家看来是难以自圆其说的。"教人学而执有命,是犹命人葆而去亓冠也。"(《墨子·公孟》)兼言力、命,就如同叫人包头发而不用帽子,这是叫人做做不到的事。另外,儒家在承认"天命"的前提下提倡"仁",墨家认为,这也是同时肯定力与命,最终会导致矛盾。因为如果承认有命,那么上位者的赏,就是来自"命"的赏,而不是源于"贤"的赏;上位者的罚,就是源于"命"的罚,而不是源于"暴"的罚。如果将赏罚归于"命",人们就有可能"入则不慈孝于亲戚,出则不弟长于乡里,坐处不度,出入无节,男女无辨"(《墨子·非命上》),就有可能"治官府则盗窃,守城则背叛,君有难则不死,出亡则不从"(《墨子·尚贤中》),就有可能"为君则不义,为臣则不忠,为父则

---

① 　康中乾.《易经》认识论发微[J].周易研究,1990(2):70.

不慈,为子则不孝,为兄则不良,为弟则不弟"(《墨子·非命上》)。在墨家看来,"命"与"仁"不能兼得,"执有命者不仁"(《墨子·非命上》)。

墨家认为,力与命是对立的,所以我们只能二取其一。如果认为有命,就不能倡导"仁";如果像儒家那样倡导"仁",就必须"非命"。墨家的选择是取"力"弃"命",主张"非命"。"非命"与"重力"是一体两面的。"天下皆曰其力也,必不能曰我见命焉。"(《墨子·非命中》)墨家认为,仁者应竭其力而非命,"天下贫则从事乎富之,人民寡则从事乎众之,众而乱则从事乎治之。当其于此,亦有力不足,财不赡,智不智,然后已矣。无敢舍余力,隐谋遗利,而不为天下为之者矣"(《墨子·节葬下》)。

墨家之所以重力不重命,是因其认为人类的生存、社会的治乱、个体的荣辱贵贱等都取决于力而不是命。首先,人类的生存取决于力而不是命。在墨家看来,鸟兽等依其自然禀赋,雄不耕稼、雌不纺织即可衣食俱足。但是,人必须劳作,必须运用自身之力才能存活。无论君子还是小人,"赖其力者生,不赖其力者不生"(《墨子·非乐上》)。其次,人类社会的治乱、宁危取决于力而不是命。"今也王公大人之所以蚤朝晏退,听狱治政,终朝均分,而不敢怠倦者,何也?曰:彼以为强必治,不强必乱;强必宁,不强必危,故不敢怠倦。"(《墨子·非命下》)再次,个体的荣辱贵贱、贫富饥饱取决于力而不是命。对卿大夫而言,其荣辱贵贱取决于力而不是命。"卿大夫之所以竭股肱之力,殚其思虑之知,内治官府,外敛关市山林泽梁之利,以实官府而不敢怠倦者,何也?曰:彼以为强必贵,不强必贱;强必荣,不强必辱,故不敢怠倦。"(《墨子·非命下》)对百姓而言,其贫富饥饱也取决于力而不是命。"农夫之所以蚤出暮入,强乎耕稼树艺,多聚菽粟,而不敢怠倦者,何也?曰:彼以为强必富,不强必贫;强必饱,不强必饥,故不敢怠倦。"(《墨子·非命下》)在墨家看来,人所追求的很多东西取决于力而不是命,所以人不能把万事委之于命。只有勉力而行,才能获得有利的结果,避免不利的结果。"君子不强听治,即刑政乱;贱人不强从事,即财用不足。"(《墨子·非乐上》)

既然决定治乱、贵贱、贫富的主要是力而不是命,那么力的提升就成为至关重要的问题。如何提升力?首先,从个体层面看,提升人之力,需要"志强"与"智达"。① 一方面,人力的提升离不开"志强",离不开坚韧的意志力。墨家对"腓无胈,胫无毛,沐甚雨,栉疾风,置万国"、形劳天下的大禹非常赞赏,墨者也"多以裘褐为

① 赵馥洁. 中国传统哲学价值论[M]. 西安:陕西人民出版社,1991:133.

衣,以跂蹻为服,日夜不休,以自苦为极"(《庄子·天下》)。"死不旋踵""言行合""损己而益所为""成人之所急"是墨家推崇的人格。具备这些人格特征的人无疑是有力量的人,而这些人格特征的养成离不开强大的意志力。另一方面,人力的提升离不开"智达"。墨家对认识世界、改造世界的重视,对能工巧匠、技术器具的重视,与其提升力的宗旨是一致的。墨家对"治世"的一个重要期待,就是贤能各显其能,各展其力。其次,从团体层面看,人力的提升离不开团体的凝聚。墨学能在当时成为"显学",与墨家显示出的团体力量有很大关系,而团体力量的凝聚有赖于严密的组织。墨家尚同、尚贤的主张是落实于其团体组织的,落实于团体组织的尚同、尚贤等增强了团体之力。

在力与命的关系上,墨家把力的作用抬高到了取消命的高度,然而墨家在取消命的作用的同时却保留了"天志"。如何理解这一点？ 金景芳认为,"墨子尊天事鬼却非命,恰足以证明命和天、鬼是不相容的。承认了'命'的作用,就不会承认天和鬼的作用"①。肯定"天志"而非"命",看似矛盾,实则是避免了矛盾。"在墨子,既然'天'是全能全知的最高主宰者,那么,如果再承认有所谓'命'左右人世的生死、寿夭、贫富等,那无异于承认还有比'天'更为至高无上的力量与权威的存在,这才是自相矛盾。所以,墨家既主天志,则必然走向非命。"②同时承认天与命固然会产生矛盾,但是,为什么墨子选择天而不是命？ 这与墨家对人力作用的强调有关。因为肯定天的赏善罚暴的能力能激发人的能动性,而肯定命的辖制则会抑制人的能动性。在墨家看来,人所追求的目标能否实现以及实现到什么程度,最终要依赖人力,"天志"发挥的主要是范导作用——人循天而行就会得天赏,人悖天而动就会受天罚。从表面上看,这里的赏罚似乎是源自天,而实质上,赏罚也可以说是由人不由天。

(二)在伦理政治领域强调"兼爱"

墨家重力而非命,但力的提升除了个体"志强"与"智达"、人们"各从事其所能"外,还需要社会合作,而后者离不开良好的社会秩序。

在礼崩乐坏的情况下,重建良好社会秩序的第一步,是搞清楚社会失序的根本原因。墨子认为,社会失序的根本原因是人们对是非善恶的判断失去了统一的标准,对什么是"义"各有各的看法。"一人则一义,二人则二义,十人则十义"是社会

---

① 金景芳.战国四家五子思想论略——儒家孟子、荀子,墨家墨子,道家庄子,法家韩非子[J].吉林大学社会科学学报,1980(1):34.
② 陈乔见.墨家之义道及其伦理精神[J].中原文化研究,2021(2):49.

失序的根本原因。不同的人主张不同的"义",各执己"义"而排斥他"义"的结果,是父子不亲、兄弟不合、百姓不睦,"至有余力,不能以相劳;腐朽余财,不以相分;隐匿良道,不以相教。天下之乱,若禽兽然"(《墨子·尚同上》)。

既然社会失序的原因是人们各执其"义",那么,要使社会从无序到有序,就要"一同天下之义",而"一同天下之义",一方面离不开一定的社会组织,另一方还要确定"义道"的内容。

首先,"一同天下之义"要有一定的社会组织为基础。什么样的社会组织能"一同天下之义"? 墨子的设想是:"选择天下贤良、圣知、辩慧之人,立以为天子,使从事乎一同天下之义。天子既以立矣,以为唯其耳目之请,不能独一同天下之义,是故选择天下赞阅贤良、圣知、辩慧之人,置以为三公,与从事乎一同天下之义。天子三公既已立矣,以为天下博大,山林远土之民,不可得而一也,是故靡分天下,设以为万诸侯国君,使从事乎一同其国之义。国君既已立矣,又以为唯其耳目之请,不能一同其国之义,是故择其国之贤者,置以为左右将军大夫,以远至乎乡里之长,与从事乎一同其国之义。"(《墨子·尚同中》)

其次,"一同天下之义"要确定天下之同"义"的内容。墨家所推崇的"义"与"天志"是一致的,其具体内容即《墨子》中所阐述的种种"义道",如"以义说仁之义道"(兼爱)、"客观义之义道"(兼爱的理由)、"经济生活中之义道"(非攻、节葬、节用、非乐等)、"社会政治之义道"(尚贤、尚同等)、"宇宙之义道"(天与鬼神)、"绝对的义道"(非命)等。[①] 在墨子那里,"义道"是治国家之病的良方。"国家昏乱,则语之尚贤尚同。国家贫,则语之节用、节葬。国家喜音湛湎,则语之非乐、非命。国家淫僻无礼,则语之尊天、事鬼。国家务夺侵凌,则语之兼爱、非攻。"(《墨子·鲁问》)

"义道"针对的是"十人则十义"的社会现实。"一同天下之义"固然可以通过一些外在约束来实现,但如果不深究"十人则十义"的根源,社会的长治久安就难以保证。在墨子看来,"十人则十义"的根本原因,在于人们对"我"与"他"的区别对待,在于"交相别",在于不能"爱人若爱其身",在于不能"兼相爱"。由于不能"兼相爱",因此"子自爱不爱父,故亏父而自利,弟自爱不爱兄,故亏兄而自利,臣自爱不爱君,故亏君而自利";由于不能兼相爱,所以"盗爱其室不爱异室,故窃异室以利其室。贼爱其身不爱人,故贼人以利其身"。(《墨子·兼爱上》)所以,要"一同天下之义",就要提倡兼爱。兼爱之"爱",不能是有差等的爱,因为有差等的爱所造成的区

---

① 唐君毅.中国哲学原论·原道篇[M].北京:中国社会科学出版社,2006:58-86.

别对待,仍有可能妨碍一同天下之义,妨碍"强不执弱,众不劫寡,富不侮贫,贵不傲贱,诈不欺愚"的社会理想的实现。

墨家强调的"兼爱"与儒家强调的"仁"有许多相通之处,它们都重视对人的爱。但是,从确定性追求的角度看,儒家的"仁"有一种"自足性"。在儒家看来,不论处境如何,哪怕颠沛流离,居陋巷,饭疏食,只要不违仁,能行仁,人们就可以获得某种确定性与安全感,"仁"是儒家确定性与安全感的港湾,它不受外在条件的限制。而墨家的"兼爱"则联系着"交相利"。没有"交相利","兼相爱"就会失去物质基础,就会变成一个空洞的口号。"兼相爱"要落实于"交相利",那就意味着富国利民才是墨家最终的安身立命之处。富国利民离不开生产制作。所以,与儒家的确定性追求以"仁"为立足点不同,墨家确定性追求的立足点在生产制作领域。

（三）立足于生产制作领域寻求确定性

墨家认为,社会的由乱而治,离不开"一同天下之义",而要"一同天下之义",需要兼相爱。如何兼相爱? 墨子对这一问题的回答,是围绕着"利"展开的。冯友兰认为,贯穿于《墨子》始终的一个中心思想是"利"的观念。①

墨家所求之同"义",最根本的是兴天下之利。"故古者圣王,明天鬼之所欲,而避天鬼之所憎,以求兴天下(之利,除天下)之害。"(《墨子·尚同中》)在墨子看来,好的政治"上利乎天,中利乎鬼,下利乎人",不好的政治"上不利乎天,中不利乎鬼,下不利乎人"。(《墨子·天志中》)好的政治是兼相爱的政治,而兼相爱离不开"交相利"。没有交相利,兼相爱就会流于空疏。冯契认为,儒家的仁爱,是人道原则与理性原则的统一;墨家的仁爱,则是人道原则与感性原则的统一。② 与感性原则相统一的兼爱,离不开对"利"的肯定。在墨家看来,社会财富的多寡对国家的治乱起着非常关键的作用。官府实而万民富,才能有资材上祭天鬼、外交诸侯、内亲万民、广纳贤人,才能"谋事则得,举事则成,入守则固,出诛则强"(《墨子·尚贤中》)。

利有不同的种类,在各种利中,墨家认为衣食之利最为基本。衣食之财不足,则"上无以供粢盛酒醴,祭祀上帝鬼神,下无以降绥天下贤可之士,外无以应待诸侯之宾客,内无以食饥衣寒,将养老弱"(《墨子·非命上》)。冯友兰认为,墨家所谓"利"的核心内容是"富"与"庶"。③ "富"联系着物质财富的增加,"庶"联系着劳动力的增加。如何兴天下之利? 如何富且庶? 只有增加财富生产和人口生产。在墨家

① 冯友兰.三松堂全集:第8卷[M].郑州:河南人民出版社,2001:198.
② 冯契.中国古代哲学的逻辑发展(上)[M].上海:华东师范大学出版社,1997:108.
③ 冯友兰.三松堂全集:第8卷[M].郑州:河南人民出版社,2001:198.

看来,凡是有利于生产的,就是值得肯定的;凡是不利于生产的,就是应该反对的。墨家反对厚葬,因为其不利于生产。厚葬埋财富于地下,是财富的浪费。墨家反对久丧,因为其妨碍生产的正常进行。久丧使农夫不能耕稼树艺,使百工不能修舟车、为器皿,使妇人不能纺织劳作,使王公大人不能听狱治政。(《墨子·节葬下》)墨家反对"乐",因为撞巨钟,击鸣鼓,弹琴瑟,吹竽笙,无补于万民之利。(《墨子·非乐上》)

在墨家那里,重视"利"与重视生产制作是联系在一起的。而重视生产制作,使墨家在确定性追求上,表现出不同于其他学派的一些特点。

首先,重视生产制作,通常就会重视生产制作的主体,重视劳动者,尤其是各行各业的能工巧匠。墨子在批评王公大人不能选贤任能时说,王公大人"有一牛羊之财,不能杀,必索良宰""有一衣裳之财不能制,必索良工""有一罢马不能治,必索良医"(《墨子·尚贤下》)。这说明王公大人明白一个基本的道理,那就是在生产领域,要重视生产者的才能、技术。但墨子同时认为,王公大人往往"明于小而不明于大",在选拔任用管理者时,他们常常以亲疏、贫富、相貌为据而不是以才能为据。不重视生产者,尤其是有能力的生产者,必然影响"兴天下之利",而不能"兴天下之利"是社会之乱的重要原因。

其次,重视生产制作,通常就会重视知识、技术的作用。与儒家更重伦理道德、精神追求不同,墨家更重科学、技术、物质创造。[①] 从《墨经》的记载来看,墨家在知识、逻辑、技术等方面取得了很多成就,其中有些成就甚至在当时处于世界领先地位。这些成就的取得,与墨家对知识、技术的重视分不开,而对知识、技术的重视联系着其对生产制作的重视。

最后,重视生产制作,通常就会重视生产工具的作用。墨家团体的成员,多为"工肆之人"。对工肆之人而言,工具非常重要。在各种工具中,"规"与"矩"是基本的工具。"轮匠执其规矩,以度天下之方圆。"(《墨子·天志上》)在《墨子》中,规、矩等工具,是能够带来确定性的东西。墨家认为,"天下从事者,不可以无法仪,无法仪而其事能成者无有也。虽至士之为将相者,皆有法,虽至百工从事者,亦皆有法"(《墨子·法仪》)。规、矩、绳、县,是百工的重要工具,"百工为方以矩,为圆以规,直以绳,正以县"(《墨子·法仪》)。这些工具是标准,也是方法,是能够带来确定性的东西。"今夫轮人操其规,将以量度天下之圆与不圆也。曰:中吾规者谓之圆,不中

① 陈炎.杨向奎教授谈墨学研究[J].文史哲,1994(6):67.

吾规者谓之不圆。是故圆与不圆,皆可得而知也。此其故何? 则圆法明也。匠人亦操其矩,将以量度天下之方与不方也。曰:中吾矩者谓之方,不中吾矩者谓之不方。是以方与不方,皆可得而知之。此其故何? 则方法明也。"(《墨子·天志上》)在墨家那里,工具被赋予了极高的地位,它甚至可以和"天志"相提并论。"我有天志,譬若轮人之有规,匠人之有矩。"(《墨子·天志上》)如果"天志"是最高的规范(是"义"之法),那么与"天志"相提并论的工具无疑具有不容忽视的规范性意义,这种规范性对生产制作领域中的确定性追求来说,是不可或缺的。

　　墨家之所以重视通过生产制作来获得确定性与安全感,与其忧患意识有关,这种忧患意识是与其阶级立场联系在一起的。墨家的主体是手工业者,代表的主要是中下层的劳动者,所以其忧患意识也主要是这一阶层的忧患意识。中下层民众的忧患何在? 墨家认为民有三患,"饥者不得食,寒者不得衣,劳者不得息,三者民之巨患也"(《墨子·非乐上》)。不同于儒家的"忧道不忧贫""不患寡而患不均",墨家所忧在于物质产品的不足,即荀子所谓的"忧不足"(《荀子·富国》)。如何解决"不足"的问题? 最直接的方式就是发展物质生产,增加社会财富。

　　生产制作领域在任何时代、任何社会形态中,都是一个重要而基础的领域,就此而言,墨子强调这一领域确定性追求的重要性,无疑有其合理性。但为什么墨子这一主张在先秦时期乃至以后很长的历史时期内,都没有得到足够的重视? 原因可能在于,生产制作领域虽然是重要而基本的领域,但当社会矛盾尖锐化时,人们关注的重点就会转移。《淮南子》认为墨子是"背周道而用夏政",也有人认为墨子的思想受了殷文化的影响。在人类生活早期,改造与适应自然确实是首要的任务。三代以上的伏羲、神农、黄帝等,主要是"发明器物、利济天下、将人类从蒙昧引向文明的发明家,或者说是征服自然、改善人民物质生活条件的经济领袖"[1]。墨家受周之前文化的影响而重视社会公利有其合理性,但是,夏商的灭亡、周代的礼崩乐坏,使得伦理政治领域的实践活动对于确定性与安全感的获得变得日益重要,从这个角度说,墨家确实没有抓住时代问题的关键。当时的社会忧患主要是来自社会秩序方面而不是经济和生产方面,对于这一点,儒家是看得比较清楚的。儒家认为,社会的治乱主要不在于社会财富的多寡,而在于欲与物的平衡,在于使"欲必不穷于物,物必不屈于欲,两者相持而长"(《荀子·礼论》)。而要保持欲与物的平衡,须借助道德礼法。子贡向孔子问政,孔子回答说,"足食。足兵。民信之矣"。子贡

---

[1]　程潮,钱耕森.儒家"内圣外王"及其现代价值[J].学术月刊,1998(8):54.

问,如果一定要去掉一项呢?孔子回答说,去掉兵。子贡又问,如果再要去掉一项呢?孔子回答说,去掉食。因为"自古皆有死,民无信不立"(《论语·颜渊》)。这说明,在孔子心目中,社会领域中最为基础的是道德,而不是物质的东西。荀子认为,墨家没有抓住问题的关键,所以如果采用墨家的方法,不仅不能使社会由"乱"而"治",反而会给社会添乱;不仅不能使社会由"贫"而"富",反而可能使社会更加贫困——若行墨术,"则天下尚俭而弥贫,非斗而日争,劳苦顿萃而愈无功,愀然忧戚非乐而日不和"(《荀子·富国》)。在荀子看来,"富国"本身无可厚非,增加物质生产也有其必要性,但这些都是结果而不是原因,导致国富与生产增加的原因主要不在生产领域而在伦理政治实践领域,"节用以礼,裕民以政"(《荀子·富国》)才是达到上述目的的正确方式。

立足于生产制作领域追求确定性与安全感,是墨家确定性追求的一个显著特点。这一特点使得墨家的确定性追求既不同于西方传统哲学,也不同于中国哲学的其他流派。首先,从中西比较的视野来看,墨家在确定性追求上对生产制作的重视,不同于西方传统哲学的重理论沉思,它表现出的重知识、重技术、重工具的倾向,反倒是与西方近现代哲学比较合拍。其次,与中国哲学的其他流派相比,墨家对生产制作的重视,既不同于道家对形上之域的偏重,也不同于儒家对伦理领域以及法家对政治领域的偏重。尽管生产制作领域的确定性追求在中国历史上长期不受重视,但中西文明史的发展最终证明,这是确定性追求的一个重要领域。

总之,在确定性追求上,先秦哲学对人类活动的三个基本领域各有侧重:道家主要立足于形上之域寻求确定性,儒家主要立足于伦理实践领域寻求确定性,法家主要立足于政治实践领域寻求确定性,墨家主要立足于生产制作领域寻求确定性。然而,各家各派的确定性追求并未止于其立足之处,而是指向了具有贯通性的"道"。也就是说,儒家、墨家、道家、法家确定性追求的起点虽不同,但其终点却有一种一致性,那就是都倾向于从具有一贯性的"道"那里获得确定性与安全感,这一点表现在认识论上,就是中国传统知论多以求知"道"为自己的目标。

第三节 中国传统知论的目标指向——求知"道"

对中国传统哲学而言,各家各派确定性追求立足的领域虽有所不同,但其目标指向却有一种一致性,那就是以贯通所有领域的"一贯之道"为其确定性追求的目标指向。重"道"的中国哲学对认识论的一个重要影响,是中国传统知论也以求知"道"为自己的目标。求知"道"是中国传统知论与西方认识论在目标取向上的一个重要区别,这一区别也是我们理解中国传统知论的重要切入点。

重"道"是中国哲学的一个突出特点。"从战国前期直至清代,'道'都是中国哲学的最高范畴。"①金岳霖认为,"中国思想中最崇高的概念似乎是道。所谓'行道''修道''得道',都是以道为最终的目标"②。"道"之所以能成为中国哲学的最高范畴,是因为"道是宇宙万物赖以依托的终极存在,是中国人建构文化知识的逻辑起点,是支撑价值体系的坚实根基"③。

与中国哲学的重"道"相应,中国传统知论也把求知"道"作为一个重要目标。中国古代哲学重"闻道"④、"求道",而"闻道"与"求道"都是对认识倾向的描述。"'求道'精神不是儒、道、名三家的专利。其他学派如墨家、阴阳家等也都具有……中国传统文化为'求道'精神提供了合适的养料,'求道'精神则为中国文化的进一步发展添入了活力,并且成为中国文化的核心。抓住了'求道'精神,就是抓住了中国哲学的活的灵魂。"⑤

在中国哲学中,各家各派对"道"的内涵的理解虽不尽相通,但他们所谓的"道"具有一些共性。作为中国哲学最高范畴的"道",具有贯通所有"事物"以及"变化"的特点,它常常被视为事物的统一性原理和发展原理的总括。这样的"一贯之道",是中国传统知论的求知对象,无论是先秦哲学还是其后的中国哲学,都以对贯通性的"道"的认识为重要目标。

一、先秦知论之求知"道"

在先秦哲学的生发阶段,道家、儒家、墨家等都比较重视对具有贯通性的"道"的认识,而在先秦哲学的总结阶段,这种重视就更加明显。

贯通性认识的获得,是确定性追求的一个重要目标。对贯通性认识的追求,在《易经》中已有所表现,而先秦哲学最终把这种对贯通性认识的追求落实在了求知

---

①　张岱年. 张岱年全集:第8卷[M]. 石家庄:河北人民出版社,1996:182.
②　金岳霖. 论道[M]. 北京:商务印书馆,1987:16.
③　朱汉民. 道与中国哲学[J]. 湖南大学学报,2002(1):7.
④　张岱年. 张岱年全集:第5卷[M]. 石家庄:河北人民出版社,1996:471.
⑤　周山. 求道:中国的哲学精神[J]. 社会科学,2008(9):123.

"道"上。

（一）道家知论之求知"道"

道家的知论以求知"道"为目标是显而易见的。《老子》重视知"道"，《庄子》也重视知"道"，老庄对知"道"的重视，是道家知论的一个重要标志。

1. 老子知论之求知"道"

《老子》五千言，多处论及知。老子重视的知，对象是什么？是道。"《老子》所刻意追求和把握的认识对象就是'道'，这是没有疑问的。"①

老子对"道"有很多刻画：其一，道具有先在性（先天地生）、恒常性（周行而不殆）、统括性（可以为天下母）。"有物混成，先天地生。寂兮寥兮，独立而不改，周行而不殆，可以为天下母。吾不知其名，字之曰道，强为之名曰大。大曰逝，逝曰远，远曰反。"（《老子》第二十五章）其二，道的地位和作用重要——其地位如万物之宗，其作用用之不竭。"道冲，而用之或不盈，渊兮似万物之宗。挫其锐，解其纷，和其光，同其尘，湛兮似或存。吾不知其谁之子，象帝之先。"（《老子》第四章）其三，道难以感知，是视觉、听觉、触觉难以把握的对象。"视之不见名曰夷，听之不闻名曰希，搏之不得名曰微。此三者不可致诘，故混而为一。"（《老子》第十四章）其四，道有"似有似无"的性质。"道之为物，惟恍惟惚。惚兮恍兮，其中有象；恍兮惚兮，其中有物。窈兮冥兮，其中有精。"（《老子》第二十一章）

道的上述特点，对知"道"之"知"提出了较高要求。老子应对这一问题的策略是用有、无这两个常名去切近道，把道看成有、无之间周行的路径，看成有与无的统一。既然道是有与无的统一，那么知"道"之"知"就涉及对矛盾或对立关系的把握，只见有而不见无，或者只见无而不见有，都不能算是知"道"，这是我们理解老子知论时首先要注意的一点。

在老子那里，知"道"之"知"，是"知有"与"知无"的统一。通常人们所重视的知，是知"有"之知、知 A 之为 A 之知，如知美之为美、知善之为善之类。但老子认为，这样的知，尚不是知"道"之"知"。"天下皆知美之为美，斯恶已。皆知善之为善，斯不善已。"（《老子》第二章）老子对知美之为美、知善之为善一类的"知"不甚以为然，那么他赞许的"知"是什么样的呢？是知 A 与知非 A 相统一的知。老子主张要"知其雄，守其雌""知其白，守其黑""知其荣，守其辱"（《老子》第二十八章）。这里的知，是兼知雌雄的知，是兼知黑白的知，是兼知荣辱的知，是知"道"之"知"。知

---

① 康中乾.《老子》认识论之我见[J]. 哲学研究,1988(9):49.

"道"之"知"是包容有、无两个对立面的知，尤其是包容非 A（无）的知。"天下之至柔，驰骋天下之至坚，无有入无间，吾是以知无为之有益。不言之教，无为之益，天下希及之。"（《老子》第四十三章）

把老子的知"道"之"知"视为"知有"与"知无"的统一，我们就能理解老子知论的很多主张，如"知不知""知足""知止""知和""知常""知者不博"等。

在老子知论中，知"不知"是知道的一个重要维度。老子对知"不知"的重视，与其求知"道"的目标以及把知"道"之"知"视为"知有"与"知无"的统一密切相关。在老子看来，通常意义上的"知"有所不及，而"不知"亦有所及。"不出户，知天下；不窥牖，见天道。其出弥远，其知弥少。是以圣人不行而知，不见而明，不为而成。"（《老子》第四十七章）"塞其兑，闭其门，终身不勤。开其兑，济其事，终身不救。"（《老子》第五十二章）这是试图超越一般意义上的"知"的一种尝试，是对"不知"的某种肯定。《老子》第七十一章说，"知不知，上；不知知，病。夫唯病病，是以不病。圣人不病，以其病病，是以不病"。对此，通行的解释认为，老子在这里是推崇"知不知"而贬低"不知知"，但这也许是一种误解。从老子的哲学立场来看，老子既然肯定知"道"之"知"是知与不知的统一，那么他就应该既肯定"知不知"，也肯定"不知知"。所谓的"推崇"与"贬低"，也许只是世人的肯定与贬低，而世人的肯定与贬低或许正是老子要批评的观点。"圣人不病，以其病病，是以不病"所要阐述的，也许只是"不病"也有赖于"病"，即病也有其价值。同样，"不知知"或者说不知之知也有其价值。在老子那里，知"道"之"知"是"明白四达"与"无知"相统一之知。

在老子知论中，"知足"与"知止"经常被提及。老子对"知足"与"知止"的强调，也与老子知论求知"道"的目标以及把知"道"之"知"视为"知有"与"知无"的统一有关。在老子看来，"知足"与"知止"是近乎知"道"之"知"，因为它看到了"足"的对立面"不足"，以及"止"的对立面"不止"。就"知足"的产生而言，知道有"不足"才会产生"知足"的观念；就知足的后果而言，满足于"不足"才会转向"足"，所以老子说"知足者富"（《老子》第三十三章），"知足不辱"（《老子》第四十四章），"知足之足，常足矣"（《老子》第四十六章）。同样，知道可以继续前行才会产生"知止"的观念，因为包容了对立面，所以"知止"也可以向对立的一面转化。"知止可以不殆"（《老子》第三十二章），"知止不殆，可以长久"（《老子》第四十四章）。

在老子知论中，"知和"与"知常"也是非常重要的观念。老子对"知和""知常"的强调，也与求知"道"的目标以及把知"道"之"知"视为"知有"与"知无"的统一有关。《老子》说："知和曰常，知常曰明"（《老子》第五十五章），而"知和""知常"联系着知"道",老子所谓的"道"是统有、无的"常道"或"恒道"。"夫物芸芸,各复归其根。归根曰静,是谓复命。复命曰常,知常曰明。不知常,妄作,凶。知常容,容乃公,公乃王,王乃天,天乃道,道乃久,没身不殆。"(《老子》第十六章)老子所谓的"知和",从根本上说是知有、无之和,而知有、无之和即知"道"。

在老子知论中,老子不仅讨论了知"道"之"知"的对象,而且讨论了知"道"者。老子认为,"知者不言,言者不知"(《老子》第五十六章),"知者不博,博者不知"(《老子》第八十一章)。这些观点明显与习见不同。习见见知者之言而不见知者之不言,见知者之博而不见知者之不博。老子认为,真正的知者必有不言、不博的一面,必有与"言""博"相对立的"默""约"的一面,这与其强调知"道"之"知"是知"有"与知"无"的统一的观点是一致的。

2.庄子知论之求知"道"

在道家哲学中,庄子的知论也以求知"道"为目标。

在庄子知论中,知"道"之"知"联系着大知与小知的区分。庄子认为,"大知闲闲,小知间间"(《庄子·齐物论》)。这里,所谓的"小知",主要是指知此知彼、知是知非之知;所谓的"大知",则是指和是非、泯彼此之知,是于彼(此)见此(彼)、于是(非)见非(是)之知。

在小知和大知之间,庄子比较推崇大知。"小知不及大知,小年不及大年。"(《庄子·逍遥游》)有论者认为庄子反知,其实,与其说庄子反知,不如说其不满足于小知。"一般人认为道家有反知的态度,譬如庄子的《齐物论》反对相对范围之内的知识,其实庄子是要超越相对以达到绝对,才冲破知识;目的是要上达,并不一定要否定知识。当然他也没有正面仔细地把知识展现开来,所以是消极的态度,而容易令人产生误会。其实严格讲并不妨碍,但要知道这是二个不同的范围。相对的知识也需要,且是可超过可转化的,重点是在可转化上。"①大知之知,是更高层面的知。"古之人,其知有所至矣。恶乎至? 有以为未始有物者至矣,尽矣,不可以加矣。其次以为有物矣,而未始有封也。其次以为有封焉,而未始有是非也。"(《庄子·齐物论》)这样的知,是需要打破各种界限的知。

庄子之所以推崇大知,是因为它是贯通之知。大知的贯通性不仅表现在它能贯通是非、彼此,还表现在它能贯通知与不知、无知。不知或无知通常被人们看作知的对立面,并且常常是被忽视的一面,"闻以有知知者矣,未闻以无知知者也"

① 牟宗三.中国哲学十九讲[M].上海:上海古籍出版社.1997:117.

（《庄子·人间世》）。《庄子》则认为，我们要重新检讨知与不知或无知的关系。在《庄子》中，一方面，人之无知有有益的一面。"夫至德之世，同与禽兽居，族与万物并，恶乎知君子小人哉！同乎无知，其德不离；同乎无欲，是谓素朴；素朴而民性得矣。"（《庄子·马蹄》）另一方面，人之有知也有不利的一面。"夫赫胥氏之时，民居不知所为，行不知所之，含哺而熙，鼓腹而游，民能以此矣。及至圣人，屈折礼乐以匡正天下之形，县跂仁义以慰天下之心，而民乃始踶跂好知，争归于利，不可止也。此亦圣人之过也。"（《庄子·马蹄》）在庄子看来，统合知与无知、知与不知的知，才是比较全面的知。"知止其所不知，至矣。孰知不言之辩，不道之道？若有能知，此之谓天府。"（《庄子·齐物论》）"庸讵知吾所谓知之非不知邪？庸讵知吾所谓不知之非知邪？"（《庄子·齐物论》）在庄子看来，离开不知之知、知之不知，知就不能算是真正的贯通之知，就此而言，王倪的"四问而四不知"（《庄子·应帝王》）不是远离了真知，而是切近了真知。"以其知之所知以养其知之所不知，终其天年而不中道夭者，是知之盛也。"（《庄子·大宗师》）

具有贯通性的大知，是近道之知。在庄子那里，道是联结有、无的枢纽。"彼是莫得其偶，谓之道枢"。（《庄子·齐物论》）有、无通常代表着事物两种相反或对立的可能性，道能成为联结二者的枢纽，说明它有极强的贯通性。要把握这样的道，非大知不能。

由于知"道"之"知"是大知，因此它对认识主体有较高的要求，"唯达者知通为一"（《庄子·齐物论》）。首先，求知"道"者应克服成心。因为成心是是非之别的重要根源。"未成乎心，而有是非，是今日适越而昔至也，是以无有为有。"（《庄子·齐物论》）成心由何而来？由于"束于教"。"井蛙不可以语于海者，拘于虚也；夏虫不可以语于冰者，笃于时也；曲士不可以语于道者，束于教也。"（《庄子·秋水》）在庄子看来，不能克服成心，就不能通有、无，就不能达于大知。其次，求知"道"者应努力成为"真人"，因为有真人而后才有真知。《庄子·大宗师》中对真人有很多描述："不逆寡，不雄成，不谟士""过而弗悔，当而不自得""登高不慄，入水不濡，入火不热"。这样的人，"其寝不梦，其觉无忧，其食不甘，其息深深""不知悦生，不知恶死"，因而没有什么能困扰他。从《庄子》对真人的描述来看，真人似乎是具有一些常人所不具备的、近乎矛盾的属性或能力，这实际上强调的是知"道"者贯通有、无的能力。

总之，从《老子》和《庄子》对知与知者的描述来看，求知贯通性的"道"，应是道家知论的最高目标。

（二）儒家知论之求知"道"

儒家所谓"道"与道家所谓"道"的含义有所不同，但在求知一贯之"道"这一点上，二者却有共同的旨趣。

孔孟所论之"知"，涉及各个领域、各个层面。孔子所谓"知"，涉及知往知来、知故知新、知生知死、知人知己、知礼知乐、知仁知义、知天知命等；孟子所谓"知"，涉及知轻知重、知长知短、知言知类、知是知非、知圣知贤、知德知道等。

儒家所谓"知"，不仅涉及天，而且涉及人；不仅涉及事实，而且涉及价值；不仅涉及物理，而且涉及伦理。但是，其求知的最高目标，不是各个领域的具体的知，而是贯通性的知即知"道"之"知"。孔子自称"吾道一以贯之"（《论语·里仁》），他认为"学"的目标就是知"道"，"学以致其道"（《论语·子张》），"朝闻道，夕死可矣"（《论语·里仁》）。孔子说："吾有知乎哉？无知也。有鄙夫问于我，空空如也。我叩其两端而竭焉。"（《论语·子罕》）"叩其两端"被视为"中庸之道"的一种实践方式。《孟子》中多处言及"道"，其所谓"道"，主要含义是"路径"，孟子常常在"道"之前加上各种限定，如先王之道、圣人之道、尧舜之道、禹之道、仲尼之道、杨墨之道；如古之道、今之道、水之道；如事亲之道、朋友之道、爱兄之道、学问之道，等等。虽然有各种不同的"道"，但孟子赞许的，是具有贯通性的"大道"，"道若大路然"（《孟子·告子下》）。君子所要求的，是能通行于天下的大道。"君子之志于道也，不成章不达。"（《孟子·尽心上》）在孟子看来，只有行天下之大道的人，才算得上"大丈夫"。（《孟子·滕文公下》）对孔子与孟子而言，知的核心目标是知"道"，"读《论语》《孟子》而不知道，所谓'虽多，亦奚以为'"[①]。

儒家知论重视贯通性的"道"的一个重要表现，是其最终形成了一个立足于"仁"的、以"道"为最高范畴并且下贯于礼（法）的范畴体系。孔子的确定性追求，以"仁"为立足点，但儒家的确定性追求没有止于"仁"，而是指向了贯通性的"道"。儒家之"道"的贯通性，不仅表现在其贯通形上、形下，而且表现在其形成了一个道（天）、德（性）、仁、义、礼（法）相贯通的范畴体系。《老子》曾经把先秦思想发展的历程概括为"失道而后德，失德而后仁，失仁而后义，失义而后礼"（《老子》第三十八章），这一概括在一定程度上反映了先秦哲学发展的现实脉络。以这一脉络与儒家思想相对照，我们不难发现，儒家在"道（天）-德（性）-仁-义-礼（法）"这一思想链条的各个环节上，都进行了挖掘。

---

① 朱熹.四书章句集注[M].北京：中华书局，1983：45.

孔子对"道(天)-德(性)-仁-义-礼(法)"这一链条的主要贡献是建构起了"仁""礼"之间的关联,挖掘了"礼"之"仁"的内涵,为礼奠定了"仁"的基础。

孟子对于这一链条的贡献有二:其一,在仁之"上达"方面,孟子打通了"仁""性""天"之间的关联,认为仁是心之四端扩充的结果,而尽心关联着性与天。孟子对性、天的探讨,为仁提供了更高层面的根据;其二,在仁之"下贯"方面,孟子深化了"仁"与"义"的关联。"仁"主爱,"义"主杀。面对诸侯对实行"仁政"的推诿,面对墨家的以"兼爱"言"仁",孟子通过对"义"的强调,回应了现实政治及其他学派对儒家思想的挑战。但是,孟子之"义"所提供的约束,主要是道义上的约束,而不是制度上的约束,就此而言,孟子思想的"下贯"仍不够彻底。

荀子的隆礼重法,可以看作对"仁-义"链条的进一步"下贯"。荀子思想能在后来的政治生活中发挥实质作用,与其将"仁义"下贯于"礼(法)"密切相关。但荀子思想也存在一个问题,那就是其"上达"不够。虽然比起法家的抛却仁义,荀子维持了一种由礼(法)上达仁义的维度,但这种上达却无法更进一步——无法与性、道(天)贯通。荀子的自然天以及人性论与其仁义主张之间缺少内在的一贯性,这是荀子不及孟子之处,也是后世正统派儒家排斥荀子的重要原因。

由孔子到荀子,儒家"道(天)-德(性)-仁-义-礼(法)"的义理规模已经初步确立,但是,这一范畴体系的"道(天)"环节仍比较薄弱,在"道(天)"范畴的挖掘上,汉代儒学、魏晋玄学、宋明理学均有贡献。当然,这种贡献与对佛家、道家思想的吸纳密不可分。至宋明理学,儒家"道(天)-德(性)-仁-义-礼(法)"的范畴体系已较为完善。理学集大成者朱熹的哲学在宋、元、明、清时代能够占据意识形态的主导地位,从一个侧面反映了儒家这一范畴体系的成熟。从确定性追求的角度看,这一体系是立足于仁、以道为最高范畴的上下贯通的体系。它表明儒家所求之"道",实际上是联系着德(性)、仁、义、礼(法)的道。

儒家"道(天)-德(性)-仁-义-礼(法)"的范畴体系是全面而系统的体系。相比之下,道家虽对"道""德"范畴的阐发有贡献,但对仁、义、礼(法)不甚重视;墨家虽将孔子之仁扩展为"兼爱",但"兼爱"在上达方面缺少新的形上根据,在下贯方面缺少现实条件的支撑;法家虽重视"法""道",但忽视了仁、义。儒家范畴体系的全面性、系统性,是其后来成为中国思想主流的重要根据。

把握儒家思想范畴的系统性,是理解儒家所求之"道"的重要前提。儒家的确定性追求以"仁"为基点,这是儒家思想前后一贯的特点。一些学者据此认为儒家哲学乃至中国哲学有"重内"的特点,重视"在心内寻求永久的和平"①,但这只是儒家思想的一个侧面。从儒家之"道"的贯通性来看,儒家不仅有"重内"的一面,而且有向外扩展的一面。对儒家而言,"仁"是确定性追求的立足点,但不是全部。孔子的"克己复礼",孟子的"穷则独善其身,达则兼善天下",荀子的"制天命而用之",表明先秦儒家的确定性追求并没有停留于"仁"。唐、宋、元、明时期,儒家"重内"的一面固然得到了强调②,但其"齐家、治国、平天下"的一面并没有消失。当然,儒家确定性追求的"系统性"并不等于"完备性"。事实上,直至明代,儒家的确定性追求对生产制作领域的重视都是不够的,就此而言,清代学术思想的"唯物"转向、近现代中国对"科学技术"的重视,可以视为儒家所求之"道"的向下贯通和延伸。

(三)墨家知论之求知"道"

除了道家与儒家,墨家也强调对贯通之道的知。在先秦哲学中,墨家比较重视事实领域之知,但它并不以此为限。

墨子学说的提出,与当时人们在知"道"方面的困惑有很大关系。墨家认为,三代圣王既没,则天下失义。"后世之君子,或以厚葬久丧以为仁也,义也,孝子之事也;或以厚葬久丧以为非仁义,非孝子之事也。曰:二子者,言则相非,行即相反,皆曰:'吾上祖述尧舜禹汤文武之道者也。'"(《墨子·节葬下》)在墨家看来,"言相非""行相反"表明人们已经不能确切地知道、知义了。而观念上不知"道"与"义",行动上就难免离"道"离"义",所以知"道"非常必要。墨家认为,王公大人士君子,若要为仁义,若要求为上士,若要为国家百姓谋利,若要合乎圣王之道,就不能不知"道"。

墨家重视的知"道"之"知",是"大知"而不是"小知"。墨家认为天下之乱的重要原因,是士人君子都只明白小道理而不明白大道理。"天下士君子,皆明于小而不明于大。"(《墨子·天志下》)墨家团体中有很多工匠,所以他们对关乎具体事物的"知"比较重视,这也是中国近现代认识论比较重视墨家思想的一个原因。但是,从《墨子》及墨家思想的整体来看,其所谓"知"不限于事实之知而是求"大知"之知。墨家认为,知(智)者"必尊天事鬼,爱人节用,合焉为知矣"(《墨子·公孟》)。"知者之事,必计国家百姓所以治者而为之,必计国家百姓之所以乱者而辟之。然计国家百姓之所以治者何也?上之为政,得下之情则治,不得下之情则乱。何以知其然也？上之为政，得下之情，则是明于民之善非也。若苟明于民之善非也，则得善人而赏之，得暴人而罚之也。善人赏而暴人罚，则国必治。"(《墨子·尚同下》)从《墨子》对知者的描述来看，其所谓的"知"应是大知，它不仅关乎事实，而且关乎价值。

墨家所求知之"道"，是合"义"之道，后人将其称为"义道"。合"义"之道是与价值领域相贯通的道。唐君毅认为，"墨子之根本义理观念，或即在其所谓'义'"①。墨子认为，天志就是欲"义"恶"不义"。"知者之道"就是"顺虑其义，而后为之行"(《墨子·非攻下》)。义的标准是"上中天之利，而中中鬼之利，而下中人之利"(《墨子·非攻下》)。"凡言凡动，利于天鬼百姓者为之；凡言凡动，害于天鬼百姓者舍之；凡言凡动，合于三代圣王尧舜禹汤文武者为之；凡言凡动，合于三代暴王桀纣幽厉者舍之。"(《墨子·贵义》)

墨家所求之合义之道，是重"兼"之道。重"兼"之道是"不偏不党"、贯通天鬼百姓的圣王之道，是古今相通的尧舜禹汤文武之道。"兼"是墨家所推崇的义道的核心。在墨家那里，古与今由兼而通，天与人由兼而吉，社会由兼而治，人与人由兼而和。墨家认为，兼相爱、交相利是圣王之法，是天下之治道。(《墨子·兼爱中》)"兼者圣王之道也，王公大人之所以安也，万民衣食之所以足也。故君子莫若审兼而务行之，为人君必惠，为人臣必忠，为人父必慈，为人子必孝，为人兄必友，为人弟必悌。"(《墨子·兼爱下》)从效果上看，兼是"众人"之道，而不是"寡人"之道。"今天下为政者，其所以寡人之道多。其使民劳，其籍敛厚，民财不足，冻饿死者不可胜数也。且大人惟毋兴师以攻伐邻国，久者终年，速者数月，男女久不相见，此所以寡人之道也。"(《墨子·节用上》)墨家对兼的强调，某种意义上可以视为对"道"的贯通性的强调。

墨家的确定性追求虽立足于生产制作领域，但其知论所求知的最终目标是贯通性的"道"。在墨家那里，义道是确定性与安全感所在。知"道"之圣人，"嘿则思，言则诲，动则事，使三者代御，必为圣人。必去喜去怒，去乐去悲，去爱而用仁义，手足口鼻耳，从事于义"(《墨子·贵义》)。据于义道的圣人，不仅无忧无惧，而且无喜、无怒、无乐、无悲、无爱、无恶，他只要坚定地站在义道上行义即可。

(四)《荀子》《韩非子》《易传》以及阴阳学之求知"道"

在先秦哲学的总结阶段，《荀子》《韩非子》《易传》以及阴阳学说都表现出对求知"道"的兴趣。

---

① 唐君毅.中国哲学原论·原道篇[M].北京：中国社会科学出版社，2006：56.

《荀子》认为,"知者论道而已矣"(《荀子·正名》)。在荀子看来,知者与愚者的一个区别,是前者求知贯通性的"道",所以不会像后者那样限于一偏。"万物为道一偏,一物为万物一偏,愚者为一物一偏,而自以为知道,无知也。"(《荀子·天论》)荀子认为,"象道"与"合道"是辩说的重要目标。"辨说也者,心之象道也。心也者,道之工宰也。道也者,治之经理也。心合于道,说合于心,辞合于说,正名而期,质请而喻。"(《荀子·正名》)这是要求:"在进行辩论时,思维(心)要符合客观规律(道),推理、论证(说)要符合逻辑思维(心),判断(辞)要符合推理的形式(说)并要用正确的名称、概念来表示思想,根据实际情况来加以说明。"①在荀子那里,不仅辩说的目的在"道",而且整个认识的最终目标就是知"道"。

《韩非子》认为,人要"缘道理以从事"(《韩非子·解老》)。缘道理以从事首先要知"道理"。"道""理"二者中,"道"是"万理之所稽",所以它高于"理"。"道者,万物之所然也,万理之所稽也。理者,成物之文也;道者,万物之所以成也。……万物各异理,而道尽稽万物之理,故不得不化。"(《韩非子·解老》)在韩非那里,"道"高于"理"的一个重要理由是"道"具有贯通性。"道者,下周于事,因稽而命,与时生死。参名异事,通一同情。故曰:道不同于万物,德不同于阴阳,衡不同于轻重,绳不同于出入,和不同于燥湿,君不同于群臣。——凡此六者,道之出也。道无双,故曰一。"(《韩非子·扬权》)这意味着,道具有最大的统摄性,而知"道"就是认识的最高目标。

《易传》是对《易经》的解释,它对《易经》内容的理解是:"《易》之为书也,广大悉备,有天道焉,有人道焉,有地道焉。"(《周易·系辞下》)《易传》认为《易经》关注的是道,这个道包括天道、地道、人道。天道、地道、人道是分开来说的道,而统贯性的"道"是一阴一阳之道。"一阴一阳之谓道。"(《周易·系辞上》)《易传》对具有贯通性的"道"非常重视,如果说《老子》是用"一有一无"概括了《易经》呈现的事物运动变化的有限可能性,那么《易传》则是用"一阴一阳"概括了这些可能。《易传》重视对世界的整体性、系统性的把握,这种把握最终落实于一阴一阳之道。"《易》与天地准,故能弥纶天地之道。"(《周易·系辞上》)

在先秦哲学的总结阶段,阴阳五行说也占据重要地位。阴阳五行说的出发点也是寻求对复杂世界的统一认识,其落脚点同样是具有贯通性的"道"。《史记·孟

---

① 冯契. 中国古代哲学的逻辑发展(上)[M]. 上海:华东师范大学出版社,1997:315.

子荀卿列传》说邹衍"其语闳大不经，必先验小物，推而大之，至于无垠"①。这表明邹衍关注小、大之通。阴阳、五行是对事物发展有限可能性的一种归纳，《黄帝内经》说："阴阳者，数之可十，推之可百，数之可千，推之可万，万之大不可胜数，然其要一也"②，这是以阴阳来统摄各种可能性。《素问·举痛论》说："余闻善言天者，必有验于人；善言古者，必有合于今；善言人者，必有厌于已。如此则道不惑而要数极，所谓明也。"③这也是强调，认识应及于通古今、通天人、通人己的"道"。

总之，先秦哲学的认识论多以贯通性的"道"为求知目标。其中，有论者明确以"道"标识这一目标，也有论者虽没有重点强调"道"字，但其知论的目标所向也是具有贯通性的"道理"，而这个贯通性的"道理"也可视为"道"。

二、秦汉至清代知论之求知"道"

秦汉至清代的哲学——从汉代儒学、魏晋玄学到宋明理学再到清代朴学，尽管样态不同，但在重视求知贯通性的"道"这一点上，却存在着共性。

首先，汉代知论所求知的是合天人、通古今的"道"。汉代在知识与技术积累方面取得了很多进步，但从哲学来看，其认识论并不满足于对某个或某些领域的认知，其所求知的是合天人、通古今的"道"。这一点从汉武帝的"三代受命，其符安在；灾异之变，何缘而起"的追问中，在司马迁的"究天人之际，通古今之变，成一家之言"的志向中，均可见一斑。汉儒重视阴阳之道，以阴阳、五行为理解世界的范式，这无疑有黄老道家的影响，但汉儒在阴、阳二者之间更强调"阳"的主导性并将"仁"归于阳，这明显是受到了儒家的影响。就此而言，其所求之"道"，也是通儒家、道家之道，通阴阳与仁义之道。

其次，魏晋时期的知论所求知的是重"无"、重"自然"的道。汉代哲学在天、人之间建立起的紧密关系，受到了汉末"天灾人祸"的很大冲击。魏晋玄学应对这种冲击的方式是使"道"向"无"、向"自然"倾斜，强调"越名教而任自然"，由守"子"（名教）转向守"母"（自然）。王弼在《道德经注》中说："夫载之以大道，镇之以无名，则物无所尚，志无所营。各任其贞事，用其诚，则仁德厚焉，行义正焉，礼敬清焉。舍

---

① 司马迁. 史记：第 3 册[M]. 北京：中华书局，2011：2066.
② 王冰注. 黄帝内经[M]. 张志聪，集注. 北京：光明日报出版社，2015：57.
③ 王冰注. 黄帝内经[M]. 张志聪，集注. 北京：光明日报出版社，2015：275.

其所生,用其成形,役其聪明,仁则尚焉,义则竞焉,礼则争焉。故仁德之厚,非用仁之所能也;行义之正,非用义之所成也;礼敬之清,非用礼之所济也。载之以道,统之以母,故显之而无所尚,彰之而无所竞。用夫无名,故名以笃焉。用夫无形,故形以成焉。守母以存其子,崇本以举其末,则形名俱有而邪不生,大美配天而华不作。故母不可远,本不可失。仁义,母之所生,非可以为母;形器,匠之所成,非可以为匠也。"①向自然之"道"、向"无"的回归,一方面对名教的至上性提出了批评,另一方面也给予了名教某种支撑,是对天道与人道之间紧张关系的一种缓解,但这种缓解仍是在天、人合其道的框架下进行的,其知论所求知的目标仍然是"道",只不过这个道的重心有所偏移而已。

最后,宋明及其后的哲学所求知的是"万物一体"之道。魏晋时期佛学与玄学的互动,使得后者对统有、无的自然之道的解释更趋向于无。但无论是玄学的无,还是佛学的空,在形成良好社会秩序方面都有欠缺,而良好的社会秩序是确定性与安全感的重要来源。要建构良好的社会秩序、满足人的身心安顿的需要,就不能以空、无为"道",而要以有为"道"。这个有,在宋明理学那里就是以天理呈现的"道"。程颐在《明道先生墓表》中说:"周公没,圣人之道不行;孟轲死,圣人之学不传。"②这表明理学家有承孔孟之道之志。承孔孟之道就不能讲"万法皆空"而要讲"有"。有什么?有道理,并且"道理最大"。天理莫之为而为,莫之致而致,不为尧存,不为桀亡,大行不加,穷居不损的本然性,具有一种确定性。在宋儒那里,格物是为了穷理,"修齐治平"是为了践道。

宋明理学之求知"道",首先联系着其对世界生成和存在的不同于佛学的理解,联系着其宇宙论。佛学以十二因缘理解世界的生成与变化,而宋儒提出了与之不同的宇宙论。在宇宙论的建构方面,周敦颐给出了一个以"无极-太极-动静-阴阳-五行-万物"为内容的世界统一原理和发展原理。周敦颐认为,"无极而太极。太极动而生阳,动极而静,静而生阴。静极复动。一动一静,互为其根;分阴分阳,两仪立焉。阳变阴合,而生水、火、木、金、土。五气顺布,四时行焉。五行,一阴阳也;阴阳,一太极也;太极,本无极也"③。"五殊二实,二本则一。是万为一,一实万分。"④虽然在周敦颐的宇宙论中,"空""无"的痕迹还比较重,但其"无极而太极"的宇宙生

① 王弼.王弼集校释[M].楼宇烈,校释.北京:中华书局,1980:95.
② 程颢,程颐.二程集[M].王孝鱼,点校.北京:中华书局,2004:640.
③ 周敦颐.周敦颐集[M].陈克明,点校.北京:中华书局,2009:3—5.
④ 周敦颐.周敦颐集[M].陈克明,点校.北京:中华书局,2009:32.

成论无疑填补了儒学这方面的空白,为宋明理学对世界的整体理解提供了一种框架。后学认为,无极是道,太极是道,无极而太极也是道。由这样的"道",万物就有了存在的统一性和合理性。

　　宋明理学以及其后的中国传统哲学,无论是重理、重气,还是重心性、重器物,其知论的最终目标都是求知万物一体之"道"。程颐在《颜子所好何学论》中说:"颜子所独好者,何学也? 学以至圣人之道也。"①朱熹认为,"圣贤千言万语,只是教人明天理,灭人欲。天理明,自不消讲学"②。然而与玄学及佛学相比,宋明及其后的中国哲学之求知"道"的一个显著特点,是其重视由"下"而"上",当然"下"的落脚点不同,其求知"道"的路径也有所不同。

　　其一,即理以求知"道"。"道""理"二者中,人们通常认为"道"更具有统摄性,因为"道"统括"理",是万理之总稽。虽然宋明理学的"天理"是近乎"道"的概念,但其对"理"的强调还是有深意的。"理"原指玉之纹理,玉的纹理是"内在"于玉的,这意味着"理"与"物"的关系更为密切。陈赟认为,"先秦哲学是以'道'为中心语词的人文,而宋明哲学则是以'理'为中心语词的人文。从先秦到宋明,中国哲学的转换表现为基本语词的变迁,这就是道的理化现象"③。道的理化,体现的是求知"道"的入手点的"下移"。由于"万物一体",因此这种下移并不妨碍其指向具有统摄性的"道"。"天地之间,有理有气。理也者,形而上之道也,生物之本也。"④就此而言,由求知理,即可通达于形而上之道。张载对这一过程有更详细的说明:"须是穷理,便能尽得己之性,则推类又尽人之性;既尽得人之性,须是并万物之性一齐尽得,如此然后至于天道也。"⑤

　　其二,即气以求知"道"。张载由"气化"言道:"由气化,有道之名。"⑥"张载所谓'道'就是指自然界的和谐的秩序,也就是气化的过程。离开了如野马、氤氲的气,就无所谓'和谐的秩序',无所谓'道'。"⑦王廷相认为,"愚谓天地未生,只有元

---

①　程颢,程颐. 二程集[M]. 王孝鱼,点校. 北京:中华书局,2004:577.

②　朱熹. 朱子全书:第14册[M]. 朱杰人,等主编. 上海:上海古籍出版社. 合肥:安徽教育出版社,2002:367.

③　陈赟. 道的理化与知行之辨——中国哲学从先秦到宋明的演变[J]. 华东师范大学学报,2002(4):23.

④　朱熹. 朱子全书:第23册[M]. 朱杰人,等主编. 上海:上海古籍出版社,合肥:安徽教育出版社,2002:2755.

⑤　程颢,程颐. 二程集[M]. 王孝鱼,点校. 北京:中华书局,2004:115.

⑥　张载. 张载集[M]. 章锡琛,点校. 北京:中华书局,1978:9.

⑦　冯契. 中国古代哲学的逻辑发展(下)[M]. 上海:华东师范大学出版社,1997:49.

气,元气具,则造化人物之道理即此而在,故元气之上无物、无道、无理"①。王夫之也认为,理、道要依托气,"气外更无虚托孤立之理"②。"阴阳具于太虚氤氲之中,其一阴一阳,或动或静,相与摩荡,乘其时位以著其功能,五行万物之融结流止、飞潜动植,各自成其条理而不妄,则物有物之道,人有人之道,鬼神有鬼神之道,而知之必明,处之必当,皆循此以为当然之则,于此言之则谓之道。"③戴震认为,"道,犹行也;气化流行,生生不息,是故谓之道。……阴阳五行,道之实体也"④。与"气论"被视为宋明理学的重要一支相应,即气求道也是求知"道"的一条重要路径。

其三,即心、性以求知"道"。程颢认为,"道即性也。若道外寻性,性外寻道,便不是。圣贤论天德,盖谓自家元是天然完全自足之物,若无所污坏,即当直而行之;若小有污坏,即敬以治之,使复如旧。所以能使如旧者,盖为自家本质元是完足之物"⑤。程颢反对性外寻道,这意味着求知"道"只能从"性"入手。邵雍也认为,性是天道的具体化。"性者道之形体也……心者性之郭廓也。"⑥在宋明理学中,无论是程朱的"性即理"还是陆王的"心即理",都表现出对由心、性而达于理、道的重视。王阳明认为,"性一而已:自其形体也谓之天,主宰也谓之帝,流行也谓之命,赋于人也谓之性,主于身也谓之心。心之发也,遇父便谓之孝,遇君便谓之忠,自此以往,名至于无穷,只一性而已。犹人一而已:对父谓之子,对子谓之父,自此以往,至于无穷,只一人而已。人只要在性上用功,看得一性字分明,即万理灿然"⑦。这是即心性以求道的一种非常具体的表述。

其四,即物以求知"道"。宋明理学认为"物"是天道流行的产物,所以即物以求知"道"是一种可行的路径。朱熹认为,"天道流行,造化发育,凡有声色象貌而盈于天地之间者,皆物也"⑧。物既然是天道流行的产物,那么经由物,我们就可以窥见天道,这是宋明理学重视"格物致知"的一个重要原因。程颐认为,穷理离不开格物。"今日格一件,明日又格一件,积习既多,然后脱然自有贯通处"⑨。朱熹认为,

① 王廷相. 王廷相集:第3册[M]. 王孝鱼,点校. 北京:中华书局,2009:841.
② 王夫之. 船山全书:第6册[M]. 长沙:岳麓书社,2011:1054.
③ 王夫之. 船山全书:第12册[M]. 长沙:岳麓书社,2011:32-33.
④ 戴震. 戴震集[M]. 上海:上海古籍出版社,2009:287.
⑤ 程颢,程颐. 二程集[M]. 王孝鱼,点校. 北京:中华书局,2004:1.
⑥ 邵雍. 邵雍集[M]. 郭彧,点校,北京:中华书局,2010:179-180.
⑦ 王守仁. 王阳明全集[M]. 吴光,等编校. 上海:上海古籍出版社,1992:15.
⑧ 朱熹. 朱子全书:第6册[M]. 朱杰人,等主编. 上海:上海古籍出版社. 合肥:安徽教育出版社,2002:526.
⑨ 程颢,程颐. 二程集[M]. 王孝鱼,点校. 北京:中华书局,2004:188.

"所谓致知在格物者，言欲致吾之知，在即物而穷其理也。盖人心之灵莫不有知，而天下之物莫不有理。惟于理有未穷，故其知有不尽也。是以《大学》始教，必使学者即凡天下之物，莫不因其已知之理而益穷之，以求至乎其极。至于用力之久，而一旦豁然贯通焉，则众物之表里精粗无不到，而吾心之全体大用无不明矣"①。叶适认为，即物以求知"道"是知"道"的重要路径，因为离"物"无"道"。"物之所在，道则在焉。物有止，道无止也。非知道者不能该物，非知物者不能至道，道虽广大，理备事足，而终归之于物，不使散流。"②

传统哲学中所谓"物"，是一个外延较大的概念，"有声色象貌而盈于天地之间者"不可胜数，在乾嘉学派那里，字、词、典章制度、名物、数度、历律等都是可以通"道"之"物"。③ 除了通常所说的物以外，传统哲学中的"物"也可以指"事"甚至指人。

广义的物涵括事，所以即物以求知"道"可以是即事以求知"道"。程颐认为，"穷理亦多端，或读书，讲明义理；或论古今人物，别其是非；或应事接物而处其当，皆穷理也"④。陈亮认为，"天下岂有道外之事哉……夫道，非出于形气之表，而常行于事物之间者也"⑤。读书讲论是事，洒扫应对也是事；治国安邦是事，农耕谋生也是事。王阳明认为，"四民异业而同道"——都有益于生人之道。⑥ 有论者认为，宋明以降，"君子谋道不谋食"的观念有所改变，"治生"之事与"道"的关系变得更加密切。⑦ 即事可以知"道"抬高了"事"以及"行事""践履"的地位。

广义的物不仅涵括事，而且涵括人，所以即物以求知"道"也可以是即人以求知"道"。周敦颐认为，除无极、太极外，人也可以称为一极——"人极"。"惟人也，得其秀而最灵。形既生矣，神发知矣。五性感动，而善恶分，万事出矣。圣人定之以中正仁义（自注：圣人之道，仁义中正而已矣），而主静（自注：无欲故静），立人极焉。"⑧二程认

① 朱熹.朱子全书：第6册[M].朱杰人，等主编.上海：上海古籍出版社.合肥：安徽教育出版社，2002：20.
② 叶适.习学记言序目[M].北京：中华书局，2009：702.
③ 吴根友.在"求是"中"求道"——"后戴震时代"与段玉裁的学术定位[J].陕西师范大学学报，2011（1）：60.
④ 程颢，程颐.二程集[M].王孝鱼，点校.北京：中华书局，2004：188.
⑤ 陈亮.陈亮集[M].邓广铭，点校.北京：中华书局，1987：100.
⑥ 王守仁.王阳明全集[M].吴光，等编校.上海：上海古籍出版社，1992：941.
⑦ 胡发贵.从"谋道"到"谋食"——论宋明之际儒家价值观念的迁移[J].中州学刊，2003（5）：158.
⑧ 周敦颐.周敦颐集[M].陈克明，点校.北京：中华书局，2009：6.

为,"学者不必远求,近取诸身,只明人理,敬而已矣,便是约处"①。李贽也强调即人求道,认为"道之在人,犹水之在地也。人之求道,犹之掘地而求水也。然则水无不在地,人无不载道也审矣"②。即人以求知"道"是一条具有中国特色的知"道"路径,它与中国传统哲学宗教观念淡薄以及重视"工夫"都有密切的关系。

中国传统哲学普遍认为,理、气、心、性、物都不离于道。这意味着,从理、气、心、性、物入手都可以求知"道"。各家各派的入手点也许不同,但其知论的目标指向都是知"道"。

求知"道"是中国传统知论与西方认识论,尤其是近代以来的西方认识论的一个根本差异。中国传统知论所要求"知"的,是一以贯之之"道",它贯通天与人、古与今、事实与价值。"作为中国哲学的核心范畴,道既指天道,也指人道。天道作为宇宙、自然的法则,属'必然',人道作为理想、规范,则表现为'当然'。以道为视域,世界'是什么'和人应当'做什么',世界'怎么样'与人应当'如何做'等问题,内在地关联在一起。"③在中国哲学中,一以贯之之"道",是万事万物所不得不由、不得不依、不得不归的道。就不得不由、不得不依、不得不归而言,道确实能给人以确定性和安全感。因此人们的情感常常以役于这样的道为安,人们的思想也常常以达于这样的道为得。④

与中国传统知论求知贯通各个领域的"道"不同,西方主流的认识论尤其是近现代认识论,常常把认识论局限于研究实证科学知识之所以可能的条件。它要求客观,因而常常排斥人、排斥价值。这样的认识论常常被称为"狭义认识论"。冯契认为,狭义认识论重点关注的是"感觉能否给予客观实在"以及"科学知识何以可能"的问题,而对其他问题则有所忽视。⑤狭义认识论通过对知识或者说科学知识进行严格限定而限定了"知"的对象。维也纳学派的代表人物石里克在《普通认识论》中专门列了一节讨论"知识不是什么"。石里克认为,"所有的科学,为了向我们提供知识(有的提供得多些,有的提供得少些),都尽力创造一个旨在捕捉事实系统的巨大的判断之网。但是第一个也是最重要的条件就是组成判断结构的每一个成分都要一义地配列于事实结构中的一个成分,否则全部事业就成了毫无意义的了。

① 程颢,程颐.二程集[M].王孝鱼,点校.北京:中华书局,2004:20.
② 李贽.李贽全集注:第6册[M].张建业,主编.北京:社会科学文献出版社,2010:459.
③ 杨国荣.道与中国哲学[J].云南大学学报,2010(6):40.
④ 金岳霖.论道[M].北京:商务印书馆,1987:16.
⑤ 冯契.中国古代哲学的逻辑发展(上)[M].上海:华东师范大学出版社,1997:42—42.

如果这个条件得到满足，那么判断就是真的"①。在石里克看来，与事实的符号标记系统关联在一起的知识要求客观、要求"人"的远离。"认知的本质绝对地要求实际从事认知活动的人必须使自己远离事物，达到远在事物之上的一个高度，从这个高度他才得以观察到它们同其他事物的关系。谁要是接近事物，参与事物活动的方法和运作，他就是在从事生命活动而不是从事认知活动；对他来说，事物展示的是其价值方面，而不是其本质。"②

　　看不到中国传统知论与西方认识论尤其是近现代认识论在求知对象上的上述差异，就很难把握中国传统知论的特殊性，也就很难对中国传统知论有中肯的评价。"中国传统哲学认识论不发达"一类见解的产生就与忽视中国传统知论求知"道"的目标有很大关系。"从西方哲学的视角来看，中国哲学似乎拙于认识论。这是因为西方哲学的核心关注是真理认知，而中国哲学传统则更关注知'道'。"③张岱年认为，"中国知论之问题，大体可分为三，即知之性质与起源，知之可能与限度，及真知表准与谬误"④。张岱年对认识论问题进行归纳的时候，没有把"知"之对象问题看成一个问题，这也是当时的学者们比较一致的看法。然而，恰恰是在认识"什么"的问题上，中国传统知论与西方近现代认识论有着很大的差异，而这一差异是二者其他差异的重要源头。

---

①　[德]石里克.普通认识论[M].李步楼，译.北京：商务印书馆，2005：106.
②　[德]石里克.普通认识论[M].李步楼，译.北京：商务印书馆，2005：106－107.
③　倪培民.知"道"——中国哲学中的功夫认识论[J].钱爽，译.文史哲，2019(4)：94.
④　张岱年.张岱年全集：第2卷[M].石家庄：河北人民出版社，1996：552.

第 三 章

中国传统知论求知之"道"

知"道"是中国传统知论的求知目标,但各家各派对"道"的理解却不尽相同。在"道"的理解上,影响较大的是儒家与道家。儒家和道家都认为道有"本然"和"应然"两方面的意蕴,但比较而言,道家更重视道的本然的一面,而儒家更重视道的应然的一面。在道家那里,道是有限可能性(有、无)之间本然的路径或枢纽;在儒家那里,道是万物并育而不相害的应然的路径。

第一节　本然之道:有限可能性之间的路径或枢纽

道家重视道的本然的一面,无论是老子所谓"道"还是庄子所谓"道",都主要是本然(实然)之道,是世界运行的本然的道路,是有限可能性之间的路径或枢纽。老子与庄子都借助有与无两种可能性来刻画道:在老子那里,道是有、无之间周行的路径;在庄子那里,道是联结有、无的枢纽。

一、老子之道:有、无之间周行的路径

几千年来,人们对老子之道的内涵进行了无数阐释,得出了许多不同的结论。

究竟什么是老子所谓"道"？我们的主张是：老子之道，是有、无之间周行的路径。①
这一论断的得出，基于对《老子》第一章的不同于以往的新理解：第一，"有"与"无"
是两个常名，它们是揭示"常道"的概念工具，与"常道"不是同一层次的概念；第二，
"玄之又玄"的"玄"，不是形容词或动词，而是名词，是事物"有""无"两种状态或两
种可能性的统称。"玄之又玄"的意思是"从无到有"或"从有到无"。对老子之"道"
以及《老子》第一章的上述理解，会产生如下结果：其一，老子之道的内涵更确定；其
二，《老子》第一章的概念更明确、义理更贯通；其三，《老子》研究中的很多问题会迎
刃而解。

"道"是中国哲学中最重要同时也是最复杂的概念之一。要准确把握中国哲学
之"道"，不仅需要对"道"之意谓的"横"的罗列，还需要对"道"之意谓的"纵"的考
察。而对"道"之意谓的"纵"的考察，需要回溯老子之道。

理解老子之道，不能离开对《老子》第一章的阐释。然而人们对《老子》第一章
的理解存在着诸多分歧。这些分歧既表现在断句、文本上，也表现在逻辑、义理上。
近年来，基于出土文献的老子研究有很大进展，但就《老子》第一章来说，基于其自
身逻辑义理的理解，仍有可推进的空间。

（一）对《老子》第一章及老子之道的新理解：方法与结论

对《老子》第一章及老子之道的不同理解，与方法论的选择密切相关。从方法
论角度来说，我们对《老子》第一章及老子之道的理解，主要基于如下考虑：

第一，以一种"去蔽"的自觉理解《老子》第一章及老子之道。《老子》的流传与
传播既久且广，在不同的时空产生了诸多解释版本。对于这些解释版本，我们一方
面要肯定其思想生发的积极意义，另一方面要注意区分《老子》的思想与人们对《老
子》思想的解释。换言之，在涉及老子思想本身时，我们应有一种"去蔽"的自觉，即
对后来附加于其上的东西保持警惕——不仅要警惕"反向格义"的影响，而且要警
惕后世各种解释（包括早期解释）的影响。

第二，契合时代背景理解《老子》第一章及老子之道。这种契合至少有两方面
的要求。首先，不能过高估计老子之道的抽象性。历史地看，《老子》是第一次有意
识地、自觉地对"道"这一概念进行理论提升，这决定了其出发点原则上应是"道"的
最普通、最常用的意义，同时也决定了作为"道"的提升结果的"常道"，与"道"的本

---

① 　相关内容可参见：刘静芳. 老子之道：有、无之间周行的路径——中国哲学之"道"的源头审视[J]. 河北学刊，2021(1).

义仍可能存在意象关联。其次,不应低估《老子》的智慧和思维水平。冯友兰认为,《老子》的思辨能力是很强的。① 如果我们承认先秦时期儒家、墨家、名家等的思想已达到了较高的逻辑思维水平,那么我们就应该能够合理地推定,在正常情况下,《老子》的思维应合乎基本的逻辑要求。

第三,注重从义理贯通的角度去理解《老子》第一章及老子之道。如果我们肯定《老子》的思维合乎基本的逻辑要求,那么就应承认其义理是贯通的。相应地,《老子》第一章,作为一个涉及核心概念的重要章节,其逻辑和义理应该经得起推敲。基于这种认知,我们应坚持如下两个原则:首先,在不同文本、不同解释发生冲突时,要以义理的贯通为重要依据。其次,在将逻辑不清、文意不明之类的问题归于《老子》第一章时,一定要慎之又慎。

基于上述方法论原则,我们在吸纳前辈及时贤诸多洞见的基础上,强调以下几点:其一,老子之道("常道"),既不是后世所理解的"无",也不是后世所理解的"有",而是有、无之间周行的路径;其二,"有"与"无"是两个常名,是阐释"常道"的概念工具,它们与"道"不是一个层次的概念;其三,"玄之又玄"中的"玄",不是形容词,也不是动词,而是名词,它是有、无的统称。"玄之又玄"的含义应是从这一"玄"到那一"玄",即"从无到有"或"从有到无"。

上述论断的得出,基于对《老子》第一章的如下断句②:

道可道,非常道。

名可名,非常名。

无,名天地之始;有,名万物之母。

故常无,欲以观其妙;常有,欲以观其徼。

此两者,同出而异名,同谓之玄。

玄之又玄,众妙之门。

在这种断句之下,我们尝试这样一种理解:

可以行走的"道",不是常道。

可以名状别物的"名",不是常名。

"无"这个名,用来指称天地之始;"有"这个名,用来指称万物之母。

"无"和"有"这两个名,不是通常用来"名状别物"的名,而是常名。使用常名

---

① 冯友兰.三松堂全集:第8卷[M].郑州:河南人民出版社,2001:290.

② 这种断句是今本《老子》的断句。从逻辑上看,这种断句比其他版本的断句更具一贯性。

"无",是为了考察道的微妙的一面;使用常名"有",是为了考察道的昭明的一面。

无和有,来源相同而名称不同,它们都可以称为"玄"。

从这一"玄"到那一"玄"(或者说从无到有、从有到无),不是两地之间可以行走的具体道路,然而却是一切变化的门径,这个门径就是常道。

(二)新理解的理由

面对人们对《老子》第一章及老子之道的诸多解释,上述新理解只能说是一种假说。对于这一假说,我们针对既有理解中的重要分歧,逐句提出一些辩护的理由。

"道可道,非常道"——可以行走的"道",不是"常道"。

在这一句的理解上,最值得注意的分歧是对"道可道"的两种理解:其一,把"道可道"理解为可以言说的道理;其二,把"道可道"理解为可行之路。两种意见中,较为通行的是第一种,我们采取第二种理解。但第二种理解中的"行",仍可以有多种解释,如行走、践行、遵行等。我们采用其最具体的含义——"行走"。这样一来,"道可道"中的第一个"道"是路的意思,第二个"道"是行走的意思,"道可道"就是可以行走于其上的道路的意思。这种理解,比起将"道可道"解释为"可由之道""可从之道""可践行之道"来说,是一种更为具体和原初的理解。

之所以把"道可道"理解为"可以行走于其上的道路",是因为,《老子》在这里的意图很明显,就是使"常道"与人们惯常所理解的"道"形成一种对比,进而阐释"常道"之不同。这样一种出发点,决定了"道可道"中,无论是作为名词的第一个"道",还是作为动词的第二个"道",都应是其本义或最普通的意义。而名词"道"的本义是路,相应地,动词"道"的本义是走路。而"道可道",也就是可以行走的具体道路。尽管在先秦时期,"天道""人道"中的"道"已在某种程度上开始远离"道"的本义,但无论如何,老子是第一个对"道"这一概念进行自觉抽象的人,这种抽象的起点,理应是"道"的最原初、最普通的意义。基于上述考虑,我们不赞成把"道可道"理解为可以言说的道理,因为"道"的"言说"之义,并不是其最原初的意义。庞朴认为,"言说"之义的"道"离开源头已经颇有一段时间和路程了。"作谈说用的道,已经是第三层引申义,即道路——引导——谈说。"① 人们之所以多采用"道"的"言说"一义,一方面可能是受到了后来的解释者的影响,另一方面也可能是受到了"名可名"的影响。如果是受到了"名可名"的影响,那么解释者很有可能把"道可道,非常道"与

---

① 庞朴. 解牛之解[J]. 学术月刊,1994(3):12.

"名可名,非常名"两句话放在了同一层次上。但是,我们后面的分析将表明,"名可名,非常名",是对"道可道,非常道"的一种转折,而不是对其内涵的相近表达。

"道可道,非常道"中提出了"常道"的概念,这表明《老子》想赋予"道"一种新意义。这一新意义的重心是"常",或者说"恒常"。但是,《老子》不是通过另立概念的方式,而是通过给"道"加一"常"("恒")的限定来实现其目的,说明"常道"与"路"仍有关联——它不是从甲地到乙地的具体的路径,也不是人们可以"踩踏"于其上的路径,但它仍有可能是某种"路径",而且这种路径带有一种恒常性。

"道可道,非常道"既然提出了一个新概念——"常道",那么,行文的合理推进就理应是紧接着对作为新概念的"常道"进行说明。但"道可道,非常道"的下一句却是"名可名,非常名"。这两句,尽管结构相同,但后一句却不是对前一句句意的强调或重复,而是对前一句的转折。这种转折的目的何在? 在于借助常名来阐释"常道"。

"名可名,非常名"——可以名状别物的名,不是常名。

对"名可名,非常名"一句的理解,最大的问题出在常名上。有人认为常名是"道"之名,有人认为常名是"无名"。但在《老子》第一章中,这类理解无论是在逻辑上还是在文义上,都不顺畅。蒋锡昌认为,"常名"是《老子》一书中所用之名,老子提出"常名"的目的,在于强调其所用之名与普通意义上的名有所不同。[1] 但是,这样一种理解并没有从根本上解决问题。因为人们仍会追问:常名与普通意义上的名究竟有什么不同?

要回答这一问题,关键在于理解此句中的"名可名"之"名"。基于理解"道可道"之"道"的思路,对于"名可名"之"名",我们也应从其最普通的意义入手。"名可名"中的第一个"名"是名词,第二个"名"是动词。作为名词的"名",最普通的意义是名称、名字。作为动词的"名",最普通的意义是"命名"。一般情况下,名称或命名的意义何在呢?《说文解字》认为,"名,自命也。从口从夕。夕者,冥也。冥不相见,故以口自名"。这表明,名的功能是使被命名的对象在"昏暗"中明晰起来。刘熙在《释名·释言语》中,把这一层意思说得更明白,"名,明也,名实使分明也",而王弼把"名"与"形"相联系,或许也是有见于此。在日常语言中,我们之所以为"人"命名,称其为张三、李四等,主要目的是区别"不同"的人;我们之所以为"物"命名,称其为山川、河流等,主要目的是对其进行摹状区分。这意味着,普通意义上的名,

---

① 李若晖. 老子集注汇考:第 1 卷[M]. 上海:上海辞书出版社,2015:165.

其主要作用是"名状别物"。既然普通意义上的名的作用主要是名状别物，那么与普通的名相区别的常名，就有可能指那些难以名状别物的名，例如有、无。有、无这样的名，在"名状别物"方面是有欠缺的，但它们有一个重要作用，那就是可以涵括"很多"事物或状况。例如，"有"这一名称，虽不能区分张三、李四、山川、河流，但张三、李四、山川、河流却都可以被囊括于"有"，就此而言，"有"可以说是一个恒常的名。

明了了常名与普通的名的区别，我们会自然而然地追问：老子心目中，究竟哪些名属于常名？这些常名所指的对象是什么？老子对这类问题的回答是：

"无，名天地之始；有，名万物之母。"其中，"无"这个名，用来指称天地之始；"有"这个名，用来指称万物之母。

在这一句的理解上，最明显的分歧在于断句。当然，断句不同，理解也会有所不同。这一句主要有两种断句方式：第一种是"无名，天地之始；有名，万物之母"；第二种是"无，名天地之始；有，名万物之母"。我们采用的是第二种断句。第二种断句遇到的一个重要反驳，是其出现得较晚。但我们认为，出现得早的理解以及与其相应的断句，并不能确保其合于《老子》的原意。第二种断句遇到的另一个反驳是，"无名"作为《老子》的重要概念，是一个专名。但是，仅就《老子》文本本身来看，"无名"是一个专名的证据并不充分。把《老子》中出现的"无名"，如"道常无名""道隐无名"中的"无名"，拆解开来理解为"无"与"名"，并不会产生义理不通的问题。

以有、无断句的主要理由是，"道""有""无"是《老子》的核心概念，而《老子》第一章是集中阐释这三个概念及其关系的章节，这就意味着，有与无在《老子》第一章中应有所界定。如果以无名、有名断句，并且认为无名与有名各自不可分割，那么这一章就没有直接揭示有、无所指的句子，这不符合该章的主旨。而以有、无断句，既符合第一章的主旨，也与《老子》的整体思想相合，更重要的是，它与上文提出的常名问题相契合。《老子》既然提出了常名，那么原则上就要对常名（恒名）有所阐释，而通行的对《老子》第一章的解释多对常名不予深究，恐未合《老子》原意。以有、无断句，意味着有与无是名，那么一个很自然的问题就是：有与无是普通意义上的名还是常名？按照前面对名与常名的区分，按照行文的自然逻辑，有与无这两个名理应是常名。但究竟二者是不是常名，还要进一步看有、无这两个名的所指。《老子》认为，无这个名，指的是天地之始；有这个名，指的是万物之母。从有、无的所指来看，我们可以进一步确证我们之前的推断，那就是，有和无应是两个常名。常名与普通意义上的名的区别在于，它很难名状别物。由于无所指的"天地之始"

是不可名状的,因此无不是普通的名,只能是常名;由于有所指的"万物之母"也不是可以进行区分的,因此有也不是普通意义上的名,只能是常名。

以上分析表明,以有、无断句,进而把有、无看成两个常名,具有一定的合理性。但这里仍存在一个问题,那就是,既然常名难以名状别物,《老子》为什么还要设立有、无这样的常名呢? 接下去一句,《老子》对这一问题给予了明确回答:

"故常无,欲以观其妙;常有,欲以观其徼。"其中,无和有这两个名,不是通常用来名状别物的名,而是常名。使用常名"无"是为了考察道的微妙的一面,使用常名"有"是为了考察道的昭明的一面。

这一句主要有两种断句:第一种断句是"故常无欲,以观其妙;常有欲,以观其徼";第二种断句是"故常无,欲以观其妙;常有,欲以观其徼"。我们采用第二种断句。第二种断句遇到的一个重要反驳是,它缺少出土文献以及早期理解的支持。但是,对于早期文本和早期理解,我们应持辩证的态度。通常情况下,我们会认定,一个文本的出现与该文本的流传、解释之间,其时间间隔越短,理解歧出的可能性就越小。但是,可能性小不等于没有可能性。如果同时代的人的相互理解都可能出现问题的话,那么我们也不能确定无疑地认为,早期出现的版本或理解一定是正本或正解。廖名春认为,当文本与《老子》的内在逻辑发生矛盾时,应优先考虑《老子》的内在逻辑。[①]

按照《老子》第一章的内在逻辑,如果前面讨论的是常名问题,那么这里通常也应是对这一问题的引申。这样一来,有欲、无欲的断句和解释就可能是一种歧出。如果我们仍一贯地考察常名问题,那么对这一句顺理成章的解释应是:使用常名"无"是为了考察道的微妙的一面,使用常名"有"是为了考察道的昭明的一面。这样一种理解,不仅逻辑上与上文提出有、无两个常名相连贯,而且在下文中,"此两者"也不会产生所指究竟为何的问题。

确定了有和无是两个常名,并且这两个常名的作用是指称对象的不同方面,我们对对象("常道")的把握仍不够全面——我们只是知道了其有微妙和昭明的两面,但对象("常道")与这两面的关系还不清楚。所以,《老子》接下去继续借助有、无这两个常名,为对象("常道")的最终阐释进行铺垫:

"此两者,同出而异名,同谓之玄。"其中,"无"和"有",来源相同而名称不同,它们都可以称为"玄"。

---

① 廖名春.《老子》首章新释[J].哲学研究,2011(9):41.

　　在这一句的理解上,主要的分歧在于对"此两者"以及对于"玄"的不同理解。首先,"此两者"的所指,有人认为是有与无,有人认为是有名与无名,有人认为是有欲与无欲,有人认为是始与母,有人认为是妙与徼,等等。我们认为,"此两者",从上下文来看,应该指作为常名的有与无,这一点可以从"同出而异名"得到一定的确证。其次,对于"同谓之玄"的"玄",人们多侧重从其内涵——幽暗、幽深、混沌不分、不可分别等——的角度去理解,在这种理解下,玄容易被当成形容词来使用。但我们认为,这里的玄主要是名词的用法,它是一个命名、一个名称。庞朴认为,玄的本义应是水的漩涡。① 这样的玄,是可以作为名词来使用的,它是有与无的统称。事实上,《老子》中的玄,如"玄德""玄同"等的"玄",都可以理解为有与无的统称。

　　把"玄"这一名称加于有、无,说有与无是玄,意欲何为? 我们认为,首先,这是对有、无的常名性质的进一步肯定。常名的特点是难以名状别物,而玄也有不可分别、幽暗、混沌的意思,所以把有、无称为"玄",合乎有、无的常名属性。其次,这是为说明常道进行的一个铺垫。常道是什么? 是"玄之又玄"的"众妙之门"。

　　"玄之又玄,众妙之门"——从这一"玄"到那一"玄"(或者说从无到有、从有到无),不是两地之间可以行走的具体道路,然而却是一切变化的门径,这个门径就是"常道"。

　　对这一句的理解,论者间的一个分歧在于对玄的词性的把握。有论者把玄看成形容词②,理解为幽深之状。也有论者把"玄之又玄"与"损之又损"结合起来理解,把玄看成动词,认为玄有减损或否定之义。"'玄之又玄之'中的'玄'也应该读为动词,'玄'同样应该理解为减损或否定,'之'是'玄'所减损或否定的对象。"③我们这里仍是一贯地把玄看作名词,把它看成对有、无的一个通称。这样一来,对"玄之又玄"的最合理的解释,应是"从此玄到彼玄"。具体来说,就是"从无到有"或"从有到无"。"从无到有"或"从有到无",涉及路径问题,这就与"道"的本义联系起来了。而接下去《老子》说,这是"众妙之门",是一切变化的门径或路径,这个"众妙之门"无疑就是常道。

　　到此为止,第一章最初所关注的常道的内涵,就借助常名有与无得到了明确的揭示:常道是一种路径,这一路径一端连着有(常名"有"的所指),一端连着无(常名

---

① 庞朴. 庞朴文集:第 1 卷[M]. 济南:山东大学出版社,2005:129.
② 王中江. 汉简《老子》中的"异文"和"义旨"示例及考辨[J]. 湖北大学学报,2014(1):62.
③ 曹峰. "玄之又玄之"和"损之又损之":北大汉简《老子》研究的一个问题[J]. 中国哲学史,2013(3):15.

"无"的所指),是包含有与无,并且连接有与无的路径或门径,是有、无之间周行的路径。它之所以是常道,是因为它仍没有完全摆脱道路、路径的意象,也不是此地与彼地之间千差万别的路径,而是有与无之间视之不见、听之不闻、博之不得的恒常的路径,是一切事物变化无不遵循的"从无到有"或"从有到无"的路径。

(三)新理解对有争议问题的尝试性解答

对《老子》第一章及老子之道的上述理解,尽管有一些根据,但总体而言,它仍是一种假说。这一假说的合理性还需要其解释力的支持。下面,我们基于对《老子》第一章及老子之道的新理解,对《老子》研究中一些有争议的问题作一些尝试性的解答。

问题一:《老子》第一章,是否有一个明晰的逻辑结构?

对《老子》第一章众说纷纭的理解表明,人们对此是持不同意见的。我们对这一问题的回答是,《老子》第一章有一个明晰的逻辑结构:《老子》第一章开篇就以作为"路"的"道"为参照,提出了常道问题。之后,它并未直接界定何为"常道",而是进行了一个转折——去寻找阐释"常道"的工具,这个工具就是常名。提出"常名"这一概念后,《老子》转而界定了"有""无"两个概念,这并不突兀,因为有和无正是其用来揭示常道的两个常名。在规定了有、无两个常名的所指,指明了这两个常名的不同功用之后,《老子》把有和无通称为"玄",最后,以两玄互动所形成的路径来揭示本章最初提到的常道的内涵。综上所述,《老子》第一章的总体结构可以表示为:常道→常名→有、无两个常名→有(玄)、无(玄)的互动路径→常道。

问题二:《老子》第一章的核心概念是否清晰?

人们之所以不断地重解《老子》第一章,一个重要原因是对其概念的理解存在着很大的分歧。这种分歧的存在很容易引出这样一种结论,即《老子》第一章中的概念不够清晰。我们认为,如果基于最普通的意义去理解道与名,那么《老子》第一章所涉及的重要概念及这些概念间的关系,都是比较明晰的:常名,指难以名状别物之名;作为常名的无,指天地之始;作为常名的有,指万物之母;玄是有、无两个常名的通称;道是可以踩踏于其上的具体道路;常道是有、无(所指)之间周行的路径。

问题三:老子之道与有、无是什么关系?

基于我们的理解,首先,道不等于无。无指"天地之始",它只是道的一个方面。其次,道也不等于有。有指"万物之母",它也只是道的一个方面。道不等于无,也不等于有,它是有、无的统一。"道统有无"是很多论者所持的观点。但是,道如何统有、无?很多人却语焉不详。张岱年认为,"有与无皆谓之玄,玄之又玄即道,有无同出于道。道一方面是无,一方面也是有"①。这一论述与我们的观点接近,但其细节不够明晰。要对老子之道有更为确切的理解,必须指明道、有、无三者结合的方式。我们认为,道是有、无(包含有、无)之间周行的路径。关于有、无之间的周行,很多学者做过探讨。施昌东、潘富恩认为,无—有—无之间是周行的,这一周行路径更具体的表述是:无—象—物—天地—万物—无。但他们不是把这一周行的路径本身看成道,而是把道等同于无。② 王博认为,"道的循环运动其实就是从无物到有物,再由有物复归到无物的过程"③。他形象地将这一循环运动用一个两极分别为"有(惚)"和"无(恍)"的圆圈来表示。王博基于对"恍"与"惚"的独到分析得出了上述结论,而我们对《老子》第一章的新理解进一步印证了这一结论。

问题四:为什么对"不可言说"的"道",《老子》有诸多言说?

我们的回答是,这一困惑的产生源于对"道可道,非常道"的以下理解:"可以用言词表达的道,就不是常道。"④但是,如果我们把"道可道,非常道"理解为"可以行走的'道',不是'常道'",上述困惑的重要预设就被抽掉了。按照我们的理解,"道"之不可言说,并不是《老子》的强主张。结合《老子》的其他章节,我们至多只能承认,普通意义上的名在把握"道"上有其局限性。但《老子》通过对常名的挖掘,一定程度上化解了"名"与"道"的紧张。

问题五:为什么《老子》提出常名后,没有进一步分析、阐释它?

曹峰认为,《老子》研究史上,人们似乎从未重视过常名问题,"查阅古典文献,也完全不见'常名'或'恒名'的用例"⑤。那么,老子是否提出常名后,就置而不论了呢?按照我们对《老子》第一章的理解,《老子》在第一章中提出常名后,并没有转移论题、将其搁置。相反,在第一章中,只有第一句和最后一句直接讨论"常道"——第一句提出常道问题,最后一句回答常道是什么。除了这两句,《老子》第一章所讨论的都是常名(有、无)问题。当然,《老子》的其他章节并未出现"常名"字样,但这并不等于说其他章节没有涉及常名问题。根据《老子》第一章对常名(难以名状别物之名)的理解,老子所说的常名应该不限于有与无。"视之不见名曰夷;听之不闻名曰希;博之不得名曰微"(《老子》第十四章)中的"夷""希""微",从难以名状别物

①　张岱年. 张岱年全集:第5卷[M]. 石家庄:河北人民出版社,1996:245.
②　施昌东,潘富恩. 论老子"道"的学说[J]. 文史哲,1962(4):19.
③　王博. 老子哲学中"道"和"有"、"无"的关系试探[J]. 哲学研究,1991(8):42.
④　陈鼓应. 老子今注今译[M]. 北京:商务印书馆,2003:77.
⑤　曹峰.《老子》首章与"名"相关问题的重新审视——以北大汉简《老子》的问世为契机[J]. 哲学研究,2011(4):59.

的角度看,都可以说是常名。

问题六:如何看待《老子》第二章中的"有无相生"、《老子》第四十章的"天下万物生于有,有生于无"、郭店楚墓竹简中"天下之物生于有,生于无"之间看似不一致的关系?

按照我们的理解,道是有、无之间周行的路径。在承认道的"周行"的前提下,"有无相生"是一个自然而然的结论。而从道的"周行"的角度看,"天下万物生于有,有生于无",只是强调了道的一个方面,那就是"从无到有"这一面。之所以强调这一面,是因为这里讨论的是万物之"生",如果讨论的是万物之"亡",那就可能涉及大道周行的"从有到无"的一面。另外,郭店楚墓竹简《老子》甲本中,与"天下万物生于有,有生于无"相对应的文字是"天下之物生于有,生于无"。一些学者推测这里漏了一个"有"字——原文应为"天下之物生于有,[有]生于无",另一些学者则反对这种观点。然而基于我们对"周行"之道的理解,无论加不加"有"字,这一句都是可以理解的。在一个以有、无为两极的周行路径上,说"天下之物生于有",通;说"天下之物生于无",通;说"天下万物生于有,有生于无",也通。也就是说,基于道之"周行",上述说法都能成立,它们彼此之间并不构成矛盾。

问题七:如何理解道之"生"?

《老子》第四十二章有"道生一,一生二,二生三,三生万物"的提法,第五十一章有"道生之"的提法。这说明,《老子》认为,道能"生"。道如何"生"? 有人侧重从生成论的角度考察道之"生",有人侧重从本体论的角度考察道之"生"。我们把道理解为周行的路径,就必须回答这样一个问题:"周行的路径"如何能"生"? 庞朴认为,道之"生",应该是"化生"①。周行之道之所以能"生",是因为它提供了"化生"的基本条件。首先,化生(如蛋生鸡之"生")常常联系着事物的"从无到有"以及"从有到无"的过程。如果没有"从无到有"或者"从有到无"的路径,换言之,如果没有周行之道,人们就无法想象"化生"。其次,化生离不开时空的绵延,而道的"周行而不殆",在某种意义上打开了时空的维度。张岱年认为,老子把"道"视为"域"中四"大"[道、天、地、王(人)]之一,表明道联系着"空间";其"道乃久"的论断,表明道联系着"时间"。② 道的周行不殆,决定了与道相联系的时空具有绵延性,这是化生的又一重要条件。总之,"周行之道"之所以能"生",一方面是因为它提供了有、无转

---

① 庞朴.庞朴文集:第4卷[M].济南:山东大学出版社,2005:331.

② 张岱年.张岱年全集:第5卷[M].石家庄:河北人民出版社,1996:244.

换的化生路径,另一方面是因为它保证了时空的绵延,从而为化生提供了时空方面的前提。

"道"是中国哲学的重要概念,同时也是一个含义复杂的概念。从"横"的角度看,人们对中国哲学之"道"的意谓,有各种论列:有论者认为道是"精气",有论者认为道是"万理之所稽",有论者认为道是"有",有论者认为道是"无",有论者认为道是"共相",有论者认为道是"本体",有论者认为道是"总规律",有论者认为道是境界,等等。但是,从"纵"的角度看,所有这些理解都不可能完全脱离老子之道。那么,这些理解与老子之道是什么关系? 我们认为,这些对道的理解,某种意义上可以说是对老子之道的引申,但这些引申并不等于老子之道本身。老子之道,本身并不复杂,甚至可以说是"大道至简"。它"甚易知""甚易行"(《老子》第七十章),因为大道不过是有、无之间周行的路径,只要观其复,就能择定立场、把握先机。但为什么"天下莫能知,莫能行"呢? 一个重要的原因是人们过于看重"有"以至于轻视了"无"。《老子》之所以给人以重"无"的印象,一方面是因为有、无之间的路径本身无形无象,另一方面是因为要阐明大道的"周行",就必须对人们重"有"的倾向进行纠偏,就必须不断重申"无"的重要性。但强调"无"的最终目的,是凸显"道"是有、无之间周行的路径,而不是论证道即"无"。老子之道,究竟所指是有、无之间周行的路径,是世界运行的本然路径,这是后来诸种对"道"的理解的原初意象。只有意识到这一点,我们才能对中国哲学之"道"的原点有清晰的认识,才能对之后发展出来的"道"的各种意谓形成一种历史的理解。

二、庄子之道:联结有、无的枢纽

庄子与老子都重视"道",这是后人将二者的思想同归于道家的重要原因。要理解庄子之道,就不能离开其与老子之道的比较。庄子与老子的思想有许多相通之处,但也存在着不容忽视的差异。这些差异的根源,多与二者对道的不同理解有关。但是,在把握老子、庄子之道的差异上,研究者遇到了很大的困难。这是因为,老子与庄子对道的言说,不是典型的概念式言说,而是具有"象思维"特点的隐喻式言说。这意味着,我们也许只能通过老子、庄子关于道的隐喻——姑且称之为"道喻",去理解老子、庄子之道及老子、庄子思想的差异。[①]

---

① 相关内容可参见:刘静芳.从"道喻"看老、庄之异[J].中国哲学史,2021(4).

（一）庄子不同于老子的"道喻"

《老子》与《庄子》中都有一些对道的言说。但是，仅从概念的角度来看，这些言说并不足以区分老子、庄子之道。《庄子》对道的经典论述是："夫道，有情有信，无为无形；可传而不可受，可得而不可见；自本自根，未有天地，自古以固存；神鬼神帝，生天生地；在太极之先而不为高，在六极之下而不为深，先天地生而不为久，长于上古而不为老。"（《庄子·大宗师》）这些关于道的论断，在《老子》第二十一章、第三十五章、第四十一章、第二十五章以及第四章中，都有相似提法。[①] 这意味着，我们很难从概念入手区分庄子之道与老子之道。

难以在概念层面区分老子、庄子之道的一个结果是，很多学者放弃了对二者进行区分，将老子、庄子之道合而论之。冯友兰在 20 世纪 30 年代的《中国哲学史》中就说："庄学之哲学，与《老子》不同，但其所谓'道''德'，则与《老子》同。"[②] 在《中国哲学史新编》中，冯友兰仍强调老子、庄子之道的一致性，认为《庄子》"发挥了有、无异名同谓那个说法的意义。庄周没有用异名同谓这四个字，但是他有那样的意思"[③]。

如果我们采用冯友兰的策略，放弃区分庄子之道与老子之道，同时又认为庄子思想与老子思想是有差别的，那么一个自然而然的结论就是：庄子思想与老子思想的差异，与他们所谓的"道"没大干系——因为二者之道是相同或相似的。这样一来，我们在谈论两者思想之异的时候，就无法诉诸其最核心的观念——道。而离开了道，人们对老子、庄子思想差异的理解就容易失去统领与依托。

如果我们不采用冯友兰的策略，把老子、庄子思想之异归因于两者之道的差异，那就要克服前述困难，找出一条不倚重概念思维来把握老子、庄子之道的路径。这条路径是否存在？美国学者乔治·莱考夫与马克·约翰逊认为，"我们思想和行为所依据的概念系统本身是以隐喻为基础的"[④]。近年来，一些学者强调，中国传统思维的特点不是概念思维，而是"象思维"。老子与庄子的思维都带有"象思维"的特点。[⑤] 上述主张，为我们提示了一条把握老子、庄子之异的可能路径，那就是从老

---

① 李存山.庄子思想中的道、一、气——比照郭店楚简《老子》和《太一生水》[J].中国哲学史.2001(4)：35.

② 冯友兰.三松堂全集：第 2 卷[M].郑州：河南人民出版社，2001：451.

③ 冯友兰.三松堂全集：第 8 卷[M].郑州：河南人民出版社，2001：359.

④ ［美］乔治·莱考夫，马克·约翰逊.我们赖以生存的隐喻[M].何文忠，译.杭州：浙江大学出版社，2013：1.

⑤ 王树人，喻柏林.论"象"与"象思维"[J].中国社会科学，1998(4)：44—48.

子、庄子之道的"象",从老子、庄子关于道的隐喻出发,来理解其各自所谓的"道"。就《老子》与《庄子》来看,老子、庄子之道确实有不同的"象",这种"象"以他们对道的不同比喻呈现。

老子与庄子的"道喻"各是什么? 简言之,老子以路喻道,其"道喻"是"道路"。老子所谓"道",形象地说,是有、无之间周行的路径。这个路径,类似于一个圆环;庄子以"门枢"喻道,其"道喻"是"道枢"。庄子所谓"道",形象地说,是联结有、无的枢纽。这个枢纽,类似于圆环的圆心。当然,老子、庄子所谓"道",都是无形无象的,严格来说,圆环、圆心之"象",来自"道喻"而不是道本身。

老子之道,是对具体道路的抽象,其原始意象是"道路"之"道"。经过哲学抽象后的老子之道或者说常道,已不再是两地之间具体的道路,但它仍是两玄(有与无)之间的道路。这个抽象的道路看不见、摸不着、无形无象,但可以被想象为有、无之间循环周行的圆环状路径。

庄子之道,从意象上说,与老子之道有关联。有学者认为,庄子之道"始终没有脱离其作为道路与方法的原初意象"①。但是,除了相关联的一面,庄子之道与老子之道也有意象上的差别。与路相联系的道,有"路径"之象,也有"联结者"之象。在老子那里,道兼有两种意象。而在庄子那里,由于"道枢"之喻的引入,道的"路径"之象淡化了,而"联结者"之象得到了凸显。换言之,老子、庄子之道的意象差异,与"道枢"之喻的引入密切相关。

道枢之喻出于《庄子·齐物论》,其完整表述是:"彼是莫得其偶,谓之道枢。枢始得其环中,以应无穷。是亦一无穷,非亦一无穷也。故曰莫若以明。以指喻指之非指,不若以非指喻指之非指也;以马喻马之非马,不若以非马喻马之非马也。"对这段文字,人们有不同的解释。我们可以尝试如下理解:"彼"与"是"如果能消除对峙、达到统一的话,那是因为道起了枢纽的作用。就像不同状态的门都在门枢这个中心汇合一样,道也把不同的事物状态(性质)统合在一起而使自身成为一个中心。这样一来,借助道,我们就能应对无穷的情况。"是"联系着"非","非"又联系着"是",所以"是"后面有"是"与"非"的无穷连续;"非"联系着"是","是"又联系着"非",所以"非"后面有"是"与"非"的无穷连续。既然如此,用"是"来说明事物与用"非"来说明事物,就没有太大的差别,因为二者都是"是-非"链条上的一个环节。为简便起见,我们索性站在"是"与"非"之间的枢纽(道枢)上,不要费力地去指"是"

---

① 徐克谦.作为道路与方法的庄子之"道"[J].中国哲学史,2000(4):66.

为"非"——不要用"指"来说明"指之非指",而应像人们惯常所做的那样,用"非指"来说明"指之非指";不要用"马"来说明"马之非马",而应像人们惯常所做的那样,用"非马"来说明"马之非马"。

庄子的以"是"说"是",以"非"说"非",似乎回到了世俗的观点,而实际情况并非如此。庄子的主张可以说是普通人的观点与名家观点的某种综合。普通人看到了是与非的对立,但把这种对立凝固化;名家看到了是与非的流转,进而以"是"说"非",以"非"说"是"。庄子肯定名家的主张有其合理性,但他知"返",他"返"而对世俗的观点有所肯定,但这个肯定是站在是与非"之间"的肯定,是站在"道枢"上的肯定。这种肯定不是僵化的,也不是无限循环的。在庄子看来,是与非是联系在一起的,说是的时候,已联系着非,说非的时候,已联系着是;说有的时候,已联系着无,说无的时候,已联系着有。这个联系者是什么?是"道枢"。如果我们从俯视的角度看一扇门(假设它可以 360 度旋转),门枢就是一个"圆心"——无论门以何种角度开合,其一端都联结着门枢。门枢可以把任何一种状态的"门"都联结在一起,道则能够把任何一种对立面都联结在一起。庞朴认为:"要使'彼此莫得其偶',就得站在枢纽上。'枢始得其环中,以应无穷。'彼和此,长和幼总是在变化,跟着跑就没完没了,不若站在圆心,让它们在四周去跑。"①显然,在庞朴看来,庄子的"道枢"之喻,是把道看成了"圆心",看成了一个"点",这个点是联结各种对立面的枢纽。

(二)"道枢"之喻与"道路"之喻带来的差异

"道枢"之喻与"道路"之喻有什么差别?从道都是有、无的联结者来看②,二者没有太大的差别。但是,从联结有、无的方式来看,"道枢"之喻与"道路"之喻是有差别的。这种差别在于,圆环状的"道路"以"线"联结有、无,圆心状的"道枢"以"点"联结有、无。换言之,有、无、道的关系,在老子那里形象地呈现为"无-有",在庄子那里形象地呈现为"无·有"。"线"与"点"有什么区别?区别在于,"线"是与时间、空间的想象密不可分的,而"点"的时空特征则不明显。也就是说,是以圆环喻"道"还是以圆心喻"道",影响人们对道的空间与时间的想象。老子、庄子之道都是无形无象的,所以我们很难说其具有空间性、时间性。但只要把道想象成线状的路径,相伴的关于路径"两端"的想象、由"此端"到"彼端"的想象,就难以摆脱时间

---

① 庞朴. 庞朴文集:第 1 卷[M]. 济南:山东大学出版社,2005:147−148.

② 高利民认为,"庄子之道是一种居间性的存在,具体来说是有无'之间'所呈现的一种时境、时机与时势"。参见:高利民. 有无"之间"——庄子道论的一种解读[J]. 内蒙古师范大学学报,2008(4):66. 实际上,不仅庄子之道在有、无之间,老子之道也在有、无之间。老子之道与庄子之道都是有与无的联结者。

性与空间性。张岱年认为,老子之道是联系着空间的,因为老子把道视为"域"中四"大"之一。老子之道也不是与时间无涉的,因为老子有"道乃久"的论断。[①]

有没有相关的时间、空间想象,是老子、庄子"道喻"的根本差别。这一差别,就其本身来看,也许算不上多么重大。但是,这一差别所延伸出的影响却不容忽视。因为老子、庄子思想的重大差异,大多与此有关。

1. "道喻"之异影响了老子、庄子对有、无关系的理解

在老子那里,有、无尽管可以互相转化,但有与无是二非一,二者的差异性不容忽视。而在庄子那里,无、有常常是一体的、合二为一的。这一差别的产生,可以从老子、庄子不同的"道喻"得到解释。

根据"道路"之喻,在老子那里,有与无的关系可以刻画为"无-有";根据"道枢"之喻,在庄子那里,有与无的关系可以刻画为"无·有"。由于"线"(一)伴随着时空间隔,因此,在老子那里,无、有常常联系着事物的两种状态、两个阶段;由于"点"(·)没有时空间隔,因此,在庄子那里,无、有并存,难以分割。"无·有"中的"·"的功能,类似于逻辑学中的"合取",表示一种并存关系。这样一来,中间没有时、空间隔的"无·有"甚至可以直接表示为"无有"。"无有"在《老子》中很少出现,其出现时,含义是"没有"。而在《庄子》中,"无有"连用的频率很高,且"无有"连用时,其意义与《老子》也有所不同。这种不同,反映出庄子对有、无关系的理解已经发生了变化。

老子之道与有、无是什么关系? 有人认为老子之道是无,有人认为老子之道是有,有人认为老子之道是有与无的统一。三种观点看似不同,但它们依赖一个共同的基础,那就是有、无是在时空上有区别的状态或阶段。抽离了这一基础,上述三种观点就不会产生。而这一基础实际上是"道路"之喻的"线象"所奠定的。在"有-无"的想象中,有与无是相分离、有差异的。如果有、无一体,没有差异,说老子之道是无不是有,就是没有意义的;同样,说老子之道是有不是无,也是没有意义的;当然,说老子之道是有、无的统一,还是没有意义的,因为"统一"以"差异"为前提。

与老子不同,庄子以"门枢"喻道,"道枢"之喻将有、无的关系变成"无·有",这样一来,有、无的时空间隔就消失了。有、无的时空间隔消失后,有与无的先后、轻重问题也随之消失了,二者本就是一体的——谈有必须联系无,谈无必须联系有。对庄子而言,道不可能是单纯的无,也不可能是单纯的有,因为道、无、有是三位一

---

①　张岱年.张岱年全集:第 5 卷[M].石家庄:河北人民出版社,1996:244.

体的。如果我们把有、无想象成关系者，把道想象成关系，那么作为关系者的有、无
是始终处于关系中的，而作为关系的道也不能离开有、无这两个关系者单独存在。
就此而言，把庄子之道理解为与有相对的无是不恰当的，把其理解为与无相对的有
也是不恰当的，庄子之道与无、有不可分割。在庄子哲学中，更为接近道的不是无，
也不是有，而是"无有"，这一点在《庄子》中有很多证据：

第一，《庄子·天地》中说："泰初有无，无有无名；一之所起，有一而未形。"有学
者将其解释为："宇宙始原是'无'，没有'有'，也没有名称；[道的活动]呈现混一的
状态，混一的状态还没有成形体。"①这样一种理解，以"道是无"为前提。如果不预
先设定"道是无"，那么我们可以尝试对这段话进行不同的理解。泰初是有与无的
统一，原因有二：其一，它"有"无——它的"有"，是联系着"无"的有，因为它有的是
"无"；它的"无"，是联系着"有"的无，因为"无"是泰初的一种"有"。其二，"无"是
"有"名字的，它的名字就是"无"，所以泰初是无、有兼具的。② 泰初之无，不是单纯
的无；泰初之有，也不是单纯的有，泰初是有、无混一的状态，这种混一的状态还没
有成形。

第二，《庄子·知北游》中有光曜向"无有"问道的对话。按照《庄子》的风格，
"无有"这个名字应该是有深义的。名叫"无有"的人，显然是得道之人。"无有"不
叫"无"，也不叫"有"，说明"无有"在庄子思想中应该具有更重要的地位。《知北游》
中谈道："光曜问乎无有曰：'夫子有乎？其无有乎？'光曜不得问，而孰视其状貌，窅
然空然，终日视之而不见，听之而不闻，搏之而不得也。光曜曰：'至矣，其孰能至此
乎！予能有无矣，而未能无无也，及为无有矣。何以至此哉！'"对于光曜的感叹，一
种理解是："我能达到'无'的境界，却还不能达到'无无'的境界，等到要达到'无无'
的境界又不免为'有'境了，怎能达到这种境界呢？"③这种理解，显然没有将"无无"
看成"有"。如果我们把庄子之道理解为联结有、无的枢纽，那么得道的状态，一方
面可以说是"非有非无"，另一方面也可以理解为有、无兼具。以此为据来考察光曜
不能达于道的原因，是他执着于"无"，而不能将"无"与其对立面"有"联系起来，做
到无、有兼具。上述光曜的感叹似乎应该理解为：我能达到"无"的境界，却不能"无

① 陈鼓应.庄子今注今译(中)[M].北京：中华书局，1983：311.
② "无有无名"通常有两种解释：(1)无有"无"名，即没有"无"的名称。(2)无"有"无"名"，即没有"有"也
没有"名"。参见：陈鼓应.庄子今注今译(中)[M].北京：中华书局，1983：310.我们把这句理解为"无"有名称，
它的名称即是"无"。
③ 陈鼓应.庄子今注今译(中)[M].北京：中华书局，1983：583.

无"(从无进到有)，因而达不到"无有"兼具的境界。怎样能达到这种境界呢？

第三，《庄子·庚桑楚》中说："有乎生，有乎死，有乎出，有乎入，入出而无见其形，是谓天门。天门者，无有也，万物出乎无有。有不能以有为有，必出乎无有，而无有一无有。圣人藏乎是。"庞朴认为，这里的"天门"是指"无有"。"这个无有不同于有，如果是有，它便不能生万有了；无有也不同于无，它'有乎'万物的生死出入。"①在庞朴看来，庄子与老子的一个重要不同是：老子重视"无"，但尚不能无"无"，而庄子肯定"无无"，"无其无，仿佛是比无还无，其实逃无必入有，它又回复到了有"②。按照庞朴的理解，具有根本性的不是有，也不是无，而是"无有"，这是非常有见地的。但是，庞朴把"无有一无有"理解为"无有"不能固执于其自身，还要包括自身的否定，即"无有"一无有，这是我们所不赞同的。

首先，从前后语境来看，"无有一无有"这一句的主词应是"无"。为什么这么说？因为它的上一句——"有不能以有为有，必出乎无有"——的主词是"有"，那么相应地，这句之后以"而"带出的转折句，其主词理应是"无"而不是"无有"。这样一来"无有一无有"实际上是对"无"的一个断定。在这种理解之下，第一句的意思是："有"离不开"无有"，因为它出乎"无有"。第二句的意思是："无"也离不开"无有"，因为它有(包含)一个"无有"。这两句合而言之，是要说明："有"与"无"各自都离不开"无有"，即"无有"具有根本性。其次，如果按照庞朴的理解，把"无有一无有"看成"无有"对自身的否定，那么这种否定就会循环下去，成为一个无穷，这就会导致"不返"。但庄子对无限循环是持否定态度的，他反对逐物不返。那么庄子思想止于何处呢？止于"无有"。如果要追本溯源的话，"无有"就是终点，而其能成为终点，根源在于道、无、有的关系是"无·有"。在"道枢"("·")的时空之"象"消失后，道、无、有是三位一体的，止于道与止于"无有"没有本质的差别。

2."道喻"之异影响了老子、庄子对道、物关系的理解

在老子那里，道更多的是在物之"外"的、物之变化所循的路径；而在庄子那里，道更多的是"内"在于物的、物之存在的根据。这一差别的产生，也可以从老子、庄子不同的"道喻"得到解释。

在道与物的关系上，庄子与老子有明显的差别。陈鼓应认为，老子之前的思想家多关注人伦物理，而老子则将视野从"物"的世界提升到了"道"的领域。③ 与老子

① 庞朴. 道家辩证法论纲(上)[J]. 学术月刊,1986(12):6.
② 庞朴. 道家辩证法论纲(上)[J]. 学术月刊,1986(12):6.
③ 陈鼓应. 论道与物关系问题——中国哲学史上的一条主线(上)[J]. 哲学动态,2005(7):55.

相比,庄子不仅关注道,而且重视物。在道与物的关系上,老子更重视道。庄子虽也重视道,然而却抬升了物的地位。何以如此? 有论者认为,这是因为,老子之道在物之"上",而庄子之道在物之"内"。为什么由老子而庄子,道与物的关系发生了从"道在物外"向"道在物内"的转化? 要回答这一问题,须回到老子与庄子不同的"道喻"。

老子以"道路"喻道,这样一来,道所联结的有、无两个端点,实际上代表了"物"的不同状态。由于两种状态有时空意象的分离,因此我们对这两种状态可以进行由此及彼的想象,如由弱变强、由祸而福等。如果将弱、强等看成不同阶段的"物"的状态,那么道就是物由一种状态变化至另一种状态所循的路径。道与物的关系,就如同人所走的道路与"人"的关系一样。在这样一种理解下,老子之道与"物"的关系,确实具有某种外在性。但是,在庄子的"道枢"之喻中,道的"线"的意象被"点"的意象取代,其结果是,基于"线"的时空联想、基于"线"的由此及彼的意象消失了。"路径"不见了,事物状态的"先""后"差异就消失了,而有与无两个端点也就合二为一了。在老子那里,由弱而强是有过程的,而在庄子那里,弱和强之间的过程消失,二者合而为一,"俱在"一物。有、无两种状态被压缩进一物的结果是,道由在物之外的、物之所循的路径,变成了在物之内的、联结物的不同属性的枢纽。换言之,道由在物之"上"变成了在物之"内",由"物之所循"变成了"物之所据"。

道由外在于物而进入物之内,造成的影响之一,是物的地位因道而提高。在老子那里,有、无代表着物的不同状态,道是联结两种状态的路径;在庄子那里,有、无主要是事物的两种属性,道是联结两种属性的枢纽。在庄子看来,任何事物都包含对立的属性,所以任何事物内部都有道。由于物包含道于自身,因此,物的地位在庄子那里是比较高的。这一点不仅不同于老子,而且与后世将无对应于道、将有对应于物,进而强调无与道、贬低有与物的做法形成了鲜明对照。

道由外在于物而进入物之内,造成的影响之二,是道与理的关联受到重视。《老子》重道,但未涉及道与理的关系。而《庄子》则多涉及理以及理、道关系。如《庄子·养生主》中有"依乎天理,批大郤,导大窾,因其固然"的说法;《庄子·秋水》中有"知道者必达于理"的说法;《庄子·知北游》中有"万物有成理而不说"的说法;《庄子·则阳》中有"万物殊理,道不私"的说法。理的本意是玉的纹理,它最初是事物内部的纹理。就具体的物而言,纹理是物的不同部分之间的分际,同时也是不同部分的联结者。理的联结作用类似于道,不过道不形于外,而作为纹理的理通常会外显。在老子那里,道是外在于物的,所以它与事物的纹理没什么关联。而在庄子那里,道隐入事物内部,这样一来,作为不同属性联结者的道与作为不同部分联结者的理,很容易发生共振。就此而言,老子与庄子对理的关注度的差异,从根本上说,也是与其"道喻"相关的。道与理的关联,对中国哲学的后续发展产生了深远影响。

3."道喻"之异影响了老子、庄子的立场选择、价值判断

从立场选择上看,老子可以说是以无为立足点。而庄子则以有、无之间的道为立足点。这一差别的产生,可以从老子、庄子不同的"道喻"得到解释。

老子与庄子都重道,但老子常给人以重无的印象。从哲学上看,老子的理论本身具有统一有、无的圆融的一面:"天地之间,其犹橐籥乎? 虚而不屈,动而愈出。多言数穷,不如守中。"(《老子》第五章)但是,在现实中,作为周王室的史官,老子必须顺应社会或上位者的要求,提出自己的治世方略。社会或上位者的要求是什么? 是要求拥有种种"有"。而老子认为,获得"有"的最稳妥的立场是站在"无"的一端。"无"为什么是一个稳妥的、万无一失的立场? 因为在"道路"之喻中,"无-有"之中的"道路",为"无"向"有"的转化提供了路径,并且这一路径的方向是唯一的,只要是立足于"无",那么所有的变化都是朝向"有"的变化。所以立足于"无",某种意义上就是立于"不败之地",就会获得一种确定性与安全感。

但是,老子重"无"的立场选择,有一个前提,那就是道的"道路"之喻所提供的时空间隔。如果"道路"之喻带来的时空间隔消失,"无"经由"道"向"有"转化的过程也就消失了。与之相应,"无"的立场的合理性也会消失。而在庄子那里,"道枢"之喻恰恰消解了道的时空性、过程性意象。"有·无"之中,道没有时空意象,所以选择道为立场,就是选择一种持中的、具有稳定性的、兼顾有无的、左右逢源的立场。树因"无用"而"全其天年",鹅因"有用"而保全性命,如何在"无用"与"有用"之中做出选择? 庄子选择居于有用与无用"之间"。这意味着,庄子的立足点不是无,也不是有,而是有、无之间的道。相比老子的重"无"立场,庄子的重"道"立场表现出的中正平和,更受儒家赞赏。王船山认为:"老子知雄而守雌,知白而守黑,知者博大而守者卑弱。其意以空虚为物之所不能距,故宅于虚以待阴阳人事之挟实而来者,穷而自服;是以机而制天人者也。……若庄子之两行,则进不见有雄白,退不屈为雌黑;知止于其所不知,而以不持持者无所守。……其高过于老氏,而不启天下险(恻)[侧]之机,故申、韩、孙、吴皆不得窃,不至如老氏之流害于后世。"①王船山

① 王夫之.船山全书:第13册[M].长沙:岳麓书社,2011:472-473.

的论断,某种意义上代表了儒家对老子、庄子思想的评价。儒家对庄子立场的肯定,意味着庄子立场对中国哲学有更为重要的影响。

立足于无还是立足于无、有之间的道,进一步影响了老子与庄子的价值判断。老子因为强调无,所以对柔、弱等比较推崇;而庄子因合有、无为一体并且居于道的立场,所以对平等比较推崇。在庄子那里,柔与刚、弱与强的关系是"柔·刚""弱·强",对立的双方是无分高下的。一事物不可能因"弱"而贵,因为它也有"强"的属性;一事物也不可能因"柔"而贵,因为它也有"刚"的属性;反之亦然。这样一来,事物就没有贵贱之分了。另外,由于事物同时兼具对立的属性,因此每一事物都可以自足于性,达到一种圆满。而自性圆满的事物,都可以达于逍遥之境,这也意味着万物具有一种平等性。老子、庄子在价值判断上的差异,也影响了他们对理想社会的构想。老子从居弱守慈的立场出发,把不使用器具、武器的"小国寡民"社会看成理想社会;庄子从万物无贵贱之分出发,把"同于禽兽居""族与万物并"的"至德之世"视为理想社会。如果说老子的理想社会表现出一种封闭性和保守性的话,庄子的理想社会则表现出一种开放性和平等性。这种开放与通达,从立场上说,与道的立场选择而非"无"的立场选择有关;从价值上说,它与平等而非柔弱的价值选择相关。而老子、庄子的不同选择,可以从二者不同的"道喻"中获得解释。

总之,老子、庄子哲学的诸多差异,如对有、无关系的不同理解,对物、道关系的不同理解、对立场及价值的不同选择,追本溯源,与二者对"道"的理解不同密切相关,而二者对"道"的理解的不同,源于不同的"道喻"。

(三)从"道路"之喻转向"道枢"之喻的历史与逻辑

老子之道与庄子之道,都是有与无的联结者。然而,由于采用了"道路"之喻,因此老子之道可以理解为有、无之间周行的路径;由于采用了"道枢"之喻,因此庄子之道可以理解为联结有、无的枢纽。两种"道喻"的根本区别,是有、无之间是否有时空间隔的区别。在老子那里,有、无之间的时空间隔比较明显;而在庄子那里,有、无之间的时空间隔基本消失。两种"道喻"造成的差别,是庄子之道与老子之道的关键差别。这种差别是我们理解老子、庄子思想之异的关键。那么,为什么在庄子那里,会发生"道喻"的转变?换言之,庄子"道喻"转变的原因是什么?要回答这一问题,就不能脱离庄子所处的时代。

王博认为,理解庄子,首先要立其大者,这是一个非常重要的提醒。庄子思想的"大"是什么?仁者见仁,智者见智。但不容忽视的一面,是庄子的问题意识与立说宗旨。

庄子所处的时代,社会纷争加剧,百家争鸣深入:"天下大乱,贤圣不明,道德不一,天下多得一察焉以自好。譬如耳目鼻口,皆有所明,不能相通。"(《庄子·天下》)庄子及其后学忧心的是"道术将为天下裂"。相应地,其立说宗旨是改变"道术将为天下裂"的局面,提出一种能够备天地之美、称神明之容、合内圣外王之道的理论。从这一立说宗旨来看,庄子及其后学是有所"破"的,所破者乃各家得一察以自好;从这一立说宗旨来看,庄子及其后学也是有所"立"的,所立者乃能够兼综百家的"道"。以为庄子哲学是"相对主义""不可知论"的观点,通常只见庄子哲学之所"破"而未见庄子哲学之所"立"。不见庄子哲学之所"立",就很难理解庄子之道,就很难理解从老子到庄子的"道喻"的转变。

庄子及其后学认为,当时各家的主张虽"不赅不遍",但也各有其合理性。这种对各家主张合理性的承认,有其时代背景。庄子所处的时代,百家争鸣且不断深入。这种深入的后果之一,是各种主张都得到了更为充分的论证。而更为充分的论证,使得各种针锋相对甚至相互矛盾的主张,都显示出其自身的合理性——"皆有所明""皆有所长""时有所用"。(《庄子·天下》)在百家争鸣中,"白马是马"显示了其合理性,"白马非马"也显示了其合理性;"鸡二足"显示了其合理性,"鸡三足"也显示了其合理性;"离坚白"之"离"有其合理性,"合同异"之"合"也有其合理性。但是,如果任由各家各派各持其理,结果就是"道术将为天下裂",这是庄子及其后学不愿看到的。那么,到哪里寻求解决之道呢?

面对百家相异的主张,庄子可选择的道路并不多:其一,择一而执之;其二,对任何主张都否而弃之;其三,对任何主张都兼而通之。

第一条路径显然是不可行的。面对众多对立的主张,我们不可能择一而执。原因在于:第一,其他主张也各有合理性,去之则不"全"。第二,任何主张都有其片面性,都是一察之得。如果择一而执,结果仍将是"道术将为天下裂"。第三,我们无法在不同意见中找到"正确"意见,因为没有"裁判者"。"吾谁使正之? 使同乎若者正之,既与若同矣,恶能正之? 使同乎我者正之,既同乎我矣,恶能正之? 使异乎我与若者正之,既异乎我与若矣,恶能正之? 使同乎我与若者正之,既同乎我与若矣,恶能正之?"(《庄子·齐物论》)与论辩双方中的任意一方观点相同的人,不能作为"裁判者";与论辩双方观点都相同或都不相同的人,也不能成为"裁判者"。这意味着,没有人能充当"裁判者",相应地,我们也无法借助"裁判"择一而执。

第二条路径是对任何一种主张都否而弃之。很多学者认为,庄子走的就是这条路。确实,庄子哲学很突出的一个方面,是对事物否定性规定的强调。《庄子》一书,不断地向我们呈现有用之无用,无用之有用;生之死,死之生;成之毁,毁之成;健全之不健全,不健全之健全;形之不形,不形之形;齐之不齐,不齐之齐;类之不类,不类之类;等等。但是,据此得出庄子对各家主张的态度是否而弃之,并没有把握其思想的关键。强调事物的否定性规定,是庄子哲学的起点,但不是终点。如果停留于起点,我们不仅把握不住庄子思想的核心之处,而且无法区分庄子与惠施。《庄子·天下》说惠施"以反人为实,而欲以胜人为名,是以与众不适也"。这说明,在提出相反意见、揭示事物的否定性规定方面,惠施也很擅长。庄子与惠施交往密切,在意识到任何事物都具有否定性规定方面,庄子很可能受到了惠施的影响。但《庄子》也对惠施提出了批评,认为惠施对任何主张都提出否定性意见,"遍为万物说,说而不休,多而无已"的结果,是"逐万物而不返"。庄子要"返",返回到哪里呢?"返"的第一站是返回到对肯定性规定的承认。这种"返"使得庄子与"与众不适"的惠施表现出一个明显的不同,那就是庄子能够"与世俗处"。有论者认为,庄子能"与世俗处",是因为庄子的是非标准太高了,以至于不屑于与俗人争论是非。这可以视为一解,但我们更倾向于认为,庄子能够与世俗处的根本原因,在于他与众人一样,并不否认事物的肯定性规定。庄子有与世俗相同的一面,也有与世俗不同的一面,他在承认事物的肯定性规定的同时,也承认事物否定方面的规定性。在庄子那里,事物同时具有肯定方面和否定方面的规定性——有无并存、是非并存、彼此并存,如果只肯定其一而否定其二,那么我们对事物的认识就不全面。不全面的知,是"间间"之小知,而不是"闲闲"之大知。换言之,庄子与惠施都善于揭示事物的否定性规定,但惠施是为否定而否定,而庄子的目的是要指明事物不是只有肯定方面的规定性,而是同时兼具肯定方面和否定方面的规定性。

既然庄子没有选择第一条和第二条路径,那么剩下的就只有第三条路径了。这就意味着,庄子对百家的主张是兼而通之,即同时肯定百家的主张。而要同时肯定百家的主张,就需要一个前提,那就是要承认相反者可以"并立"。承认相反者可以并立,就是肯定 A 与非 A"双是"。如果说第二条路径是对对立或矛盾双方的"双非"的话,那么第三条路径就是对对立或矛盾双方的"双是"。"双是"的主张,与我们的常识相悖,它不符合形式逻辑的矛盾律的要求,但庄子确实是由"双非"起步,走到"双是"的。认识不到庄子思想的"双是"特点,我们就无法窥得庄子之道,因为庄子之道是"双是"得以成立的基础。相反者如何并立?借助道而并立。相反者如何联结?以"道"为枢纽联结。庄子之道的"大用",就是使肯定方面的规定性和否定方面的规定性统一于一物,就是使相反者(有与无、是与非、彼与此)并立,就是使相反对乃至相矛盾的主张能够通而为一。

　　老子之道，作为有、无之间的路径，也具有沟通的作用。为何庄子不直承老子之道，借以实现兼综百家的目标？这是因为，从庄子的立场来看，老子之道对各种相异主张的统一，是流变转化中的前后相续的统一，而不是并立式的统一。流变转化中的前后相续的统一，对兼综百家来说，是不够的。只有并立式的统一，才能兼综百家，改变"道术将为天下裂"的局面。老子具有"道路"之象的道，为事物处于环状的流转中提供了道路，然而一旦进入流转的过程、有了时空的差异，"合""通""同"就会遇到诸多具体障碍。要一劳永逸地消除这些障碍，最好的办法就是消除产生障碍的"路径"与"过程"。而"道路"之喻向"道枢"之喻的转变，满足了这一要求，契合了庄子通百家的立说宗旨。

　　"道路"之喻向"道枢"之喻的转变，与百家争鸣开始走向综合的时代要求有关，也与庄子对时代问题的回应有关，同时还与时代所提供的思想资源有关。这其中，名家思想对庄子"道喻"的转变起了关键作用。名家对概念的分析，使得概念间的界限不再牢不可破，使得概念的流动性得以充分展现，这是庄子之道能够使对立双方并立的一个思想史前提。在"方生方死""方中方睨"的体认中，生与死、彼与此的界限变得模糊，无与有之间的时空距离不断被压缩，以至于消失不见。在这种情况下，有、无与道的关系由"无-有"转为"无·有"，"道喻"由"道路"转为"道枢"，就不难理解了。"道喻"的这种转换，转出了道家的新格局。

　　总之，老子与庄子对道的界定有不容忽视的差异：老子所谓"道"，是有、无之间周行的路径，而庄子所谓"道"，是联结有、无的枢纽；但是，二者之间也有不容错认的一致性，那就是都基于有、无两种可能性去界定道，并且侧重从本然的一面去理解道。不过，二者对本然的侧重也有些差异。钱穆认为，从庄子与老子对"圣人"想象的差异来看，二人所谓的"道"也有所不同，在庄子那里，"天道"更"淡漠"，这是庄子与老子思想的一个"绝大相异点"。针对《老子》中的"天地不仁，以万物为刍狗；圣人不仁，以百姓为刍狗"（《老子》第五章），钱穆评论说："由庄周言之，天一任万物之自由，在天为无所用心也。在庄子心中之'天'，固无所谓'仁'，然亦更无所谓'不仁'。刍狗之自由，乃天地之大自在。天地只是放任全不管，何尝是存心不仁，而始放任不管乎？庄子书中之圣人，亦是淡其心，漠其气，以观察天道者；由于圣人之心之淡漠，而遂见天道之淡漠。然淡漠可称为无心，却不是不仁，更非存心有所去取欲有得。《老子》书中之'圣人'便不然，彼乃心下有私，静观天道以有所去取而善有所得者。故《老子》书中之'圣人'，则更非淡漠，而是'不仁'。以不仁之圣人来观察天道,则将自见天道之'不仁'。此实庄周、老聃两人本身一绝大相异点也。"①这似乎表明,庄子所谓"道"更为本然,而老子所谓"道"则不那么本然。不过钱穆的这种辨别,是对老子、庄子之道的极细微的辨别,如果我们以儒家思想为参照系,则老子、庄子之道对本然的重视是毋庸置疑的。在老子、庄子那里,道是有、无之间本然的路径或纽结;而在儒家那里,道的核心之义是万物之间应然的道路。

第二节　应然之道:"万物并育而不相害"的中庸之道

"道"是中国传统哲学的最高范畴,不仅道家重道,儒家也重道。不过,道家重视的是"一无一有"的本然之道,而儒家重视的是"万物并育而不相害"的应然之道,这个应然之道也可以称为"中庸之道"。

对"中庸之道"的理解离不开对"中庸"的理解。但在什么是"中庸"的问题上,人们有许多不同的看法,这些不同的看法不仅影响了对"中庸"的褒贬、对儒学的评价,而且影响了人们对"中庸之道"的理解。

一、对"中庸"不同层面的理解

"中庸"常常联系着"无过无不及"。但是,要准确理解"中庸",就必须回答一个关键问题,那就是中庸究竟是无过无不及于"什么"。② 对这个问题,人们有不同的回答。有人把中庸看成伦理学、政治学层面的概念,有人把中庸看成认识论、方法论层面的概念。然而从根本上说,中庸是一个世界观层面的概念,它表达的是一种世界观。这种世界观推崇的是"万物并育而不相害"的宇宙秩序,中庸之道则是实现这一秩序的道路。

很多人把中庸视为处理人际关系的规范,看成一个伦理学、政治学层面的概念。这并不奇怪,因为中庸在孔子那里,主要就是这一层面的概念。孔子认为,"中庸之为德也,其至矣乎! 民鲜久矣"(《论语·雍也》)。道德层面的中庸,其"无过无不及"的边界是道德原则,这种原则是"贤者过之,不肖者不及"的边界。道德原则

① 钱穆.庄老通辨[M].北京:九州出版社,2019:95.
② 相关内容可参见:刘静芳.中庸:无过无不及于什么[J].哲学动态,2023(4).

的外化表现是"礼",而"礼""法"的交融,使得道德层面的中庸与政治层面的中庸互相渗透。这样一来,一些政治、法律原则也就相应地成为"无过无不及"的界限。对道德和政治层面的中庸来说,"无过无不及"的边界就是礼、法,就是道德原则或政治、法律原则。

与把中庸主要看成伦理学、政治学层面的概念不同,一些学者倾向于将中庸看成认识论层面的概念。"中庸的本质规定性就是,认识到知识与生命的勾连关系,并且认识到知识与生命的勾连是后天的。"[1]李泽厚把中庸与认识论中的"度"关联起来,认为中庸之"无过无不及"的界限是"度",中庸即合于"度"。在李泽厚看来,"无过无不及"的中庸,是一种实用真理,是人们在技艺实践中所掌握和领会的"合理性"。"它的本根源于巫术活动中的高难动作:只有通过这种恰到好处的高难动作,才能沟通神明。这就是'度'的本源。以后,'度'成为军事的'度',政治的'度',做事的'度',做人的'度',以及'乐而不淫,哀而不伤'情感培育的'度'。"[2]作为认识论概念的中庸或者说"度"源于社会实践,其源头是古人的巫术活动。它是一种实践合理性的归纳,也是实践合理性的要求。在李泽厚看来,中庸首先是一个与具体实践相关的认识论概念,然后才成为一个伦理政治层面的概念。

庞朴也反对将中庸局限于伦理学,他认为中庸主要是一个方法论概念。这个方法论概念主要不是与具体实践相关,而是与人们对事物关系的看法相关。庞朴认为,中庸从根本上说是儒家的矛盾观或发展观,是儒家理解和应对事物的基本原则或方法论。当这种方法论被用于处理道德问题时,中庸才成为一种伦理学说。[3]也就是说,中庸首先是一种方法论主张,伦理学中的中庸,只是儒家的一般方法论在伦理领域中的具体运用。那么,作为一般方法的中庸是一种什么样的方法论?是一种处理矛盾关系的方法论。庞朴认为,儒家在处理矛盾关系、处理矛盾的对立性与同一性的关系上,有不同于道家和法家的特点。在矛盾问题上,道家往往侈谈矛盾的转化,而法家常常夸大矛盾的对立。与道家、法家不同,儒家强调中庸,而强调中庸的实质是要避免转化。要避免转化,首先要做到"兼全"。所谓"兼全",就是一方面要注意到"一中有二",并且保持"二"(两端)的常在,另一方面要知"二"以保"一",避免事物或矛盾向两端转化。按照庞朴的理解,无过无不及的界限,就在对立面"中间",这个位置他称为"三"(叁、参)。中庸就是一种重视"三",并且强调由

① 崔宜明.论中庸——一种知识论的考察[J].学术月刊,2012(6):27.
② 李泽厚.由巫到礼 释礼归仁[M].北京:三联书店,2015:38.
③ 庞朴."中庸"平议[J].中国社会科学,1980(1):76.

"三"把握"一"与"二"以及两者关系的方法论。

不局限于伦理政治领域而是从认识论、方法论角度理解中庸，是对中庸理解的一种推进。在中国哲学史上，中庸的地位有一个不断升格的过程。从《论语》到《中庸》，中庸的地位已有很大的提升。之后，伴随着《中庸》地位的不断升格，中庸概念的地位不断被抬高，中庸原则所统摄的领域也不断扩展。但是，如果只是看到中庸向认识论、方法论层面的延伸，那还远远不够。事实上，《中庸》中的中庸，不仅是关乎伦理政治的概念，也不仅是关乎人类认识的概念，更重要的是，它是一个关乎宇宙秩序的概念。《中庸》的主旨在于"倡扬和追求方法与本体的圆融、人道与天道的贯通、现实与理想的统一"①，彰显和谐通达之道。这意味着，《中庸》的关切在世界秩序，所谓"中庸之道"，是实现某种宇宙秩序的道路，而不仅仅是提升道德修养、提升认识水平的道路。

二、中庸无过无不及的边界是"万物共生"

要理解宇宙论层面的中庸，首先要理解这样的中庸是"无过无不及"于"什么"。

（一）中庸是无过无不及于"性"

中庸究竟无过无不及于什么？从《中庸》以及思孟学派的整体倾向看，中庸应是无过无不及于"性"。

首先，从中庸之道是"率性"之道来看，中庸应是无过无不及于"性"。"率性之谓道"中的"率"，朱熹解为"循"，这样一来，"率性"也就是"循性"。循性涉及"度"的问题，"过"不能称为"循"，"不及"也不能称为"循"。"循性"或者"率性"的过程，是保持无过无不及于"性"的过程，也是行中庸之道的过程，这意味着，中庸之无过无不及，应是无过无不及于"性"。

其次，从中庸之道是"尽性"之道来看，中庸应是无过无不及于"性"。"尽性"是使"性"得以充分实现的过程，这一过程也涉及"度"的问题，"过"不能称为"尽"，"不及"也不能称为"尽"。尽性的过程，是保持无过无不及于"性"的过程，也是行中庸之道的过程，这意味着，中庸之无过无不及，应是无过无不及于"性"。

从"率性""尽性"与中庸的关联来看，把中庸理解为无过无不及于"性"，有一定的根据，但是，要真正确立中庸与"性"的上述关联，还必须澄清《中庸》所谓"性"的

---

① 郭淑新.中庸之道：和谐通达之道[J].道德与文明，2012(1)：88.

内涵,只有澄清了"天命之谓性"中性的内涵,我们才能对中庸是否为无过无不及于"性",做出理由充分的判断。

(二)《中庸》所谓的"性"是"万物共生"之"生"

《中庸》所谓"性",是"天命之谓性"之"性"。对天命之"性"的理解,不能离开《中庸》的语境。《中庸》开篇即说:"天命之谓性,率性之谓道,修道之谓教。"这三句话,是《中庸》思想的纲领性表达,但是,人们对这段话中"性"的理解却存在诸多分歧。朱熹认为,"命,犹令也。性,即理也。天以阴阳五行化生万物,气以成形,而理亦赋焉,犹命令也。于是人物之生,因各得其所赋之理,以为健顺五常之德,所谓性也"①。

朱熹对性的理解,有一个突出特点,就是以"理"释"性"。② 如果只是从最终结果来看,以理释性,并没有背离《中庸》的主旨。但是,这种解释却未必合于《中庸》所谓"性"的基础含义。天命之"性"与理有着密切的关联,但它并不直接就是理。要确切理解性、理关系,首先应澄清天命之"性"的基础含义。"天命之谓性"中"性"的基础含义是什么? 是"生"。

首先,从"天命"的角度看,"天命之谓性"之"性",其基础含义应为"生"。天命之"性"源于天命,就此而言,"性"自"命"出。在《中庸》中,天的最重要的功能是什么? 是发育万物,是"生"。日月星辰、草木禽兽、蛟龙鱼鳖之生,无不系于"天"。天命之"性"是天之所命,是天所赋予的东西。天赋予人与万物的最确定的东西是什么? 是生。郑玄认为,天之所命,是谓性命。而在日常语言中,性命就是"生命"的意思。

其次,从"天命之谓性"这一命题产生的历史背景来看,"天命之谓性"之性,其基础含义应为"生"。"性"字源于"生"字,就词源而言,以"生"释"性"十分自然。从郭店楚墓竹简《性自命出》等文献以及告子的"生之谓性"来看,以生释性,代表的或许是孟子之前普遍的观点。傅斯年的考证结果是,先秦遗文中只有"生"字而无"性"字,孟子对"性"字的使用,是一种不同于前人的用法。③ 后来的出土文献(如郭店楚墓竹简与上博藏简)表明,先秦遗文中的"性"曾有过不同于"生"的写法(如"上生下目"),但傅斯年的工作至少表明,大部分先秦遗文并没有从字形上区分性与生,这也从一个侧面表明生应是性的基础含义。

---

① 朱熹.四书章句集注[M].北京:中华书局,1983:17.
② 以"理"释《中庸》之"性",是程颐的一个重要主张,这一主张为朱熹所承续。
③ 傅斯年.性命古训辨证[M].上海:上海三联书店,2018:11.

最后,从孟子之后的许多学者仍坚持以"生"释"性"来看,"天命之谓性"之性的基础含义应为"生"。董仲舒认为,"性之名非生与? 如其生之自然之资谓之性,性者质也"(《春秋繁露·深察名号》)。程颢也强调"性"与生的关联①,在程颢看来,生生之天道命于人,即"性"②,程颢的这一主张在王阳明那里也有所回应。后世诸多学者的以生释性,是对《中庸》之"性"的基础含义为"生"的一种侧面支撑。

但是,如果我们把"天命之谓性"之"性"完全等同于"生",就会得出这样的结论:(1)所有方式和样态的"生"都是"性";(2)任何一种"道路"都是"道"。这两个论断会使我们陷入双重困境:第一,《中庸》所谓"性"与"道"的理论高度会被大大降低;第二,《中庸》所倡导的"修道""教化"的必要性会被消解。很多《中庸》的解释者之所以回避以"生"释"性"而倾向于以"善""理"释"性",一个重要的原因是后者既能够提升性、道的理论高度,又能说明"率性之谓道,修道之谓教"所承诺的修道、教化的必要性。

那么,是否存在某种路径,使得我们既能以"生"释"性",同时又能摆脱以"生"释"性"的上述困境? 对于这一问题,《中庸》中蕴含着一个呼之欲出的答案,那就是以"共生"之"生"释"性"。

以"生"释"性"同时又能说明修道、教化的必要性的一个路径,是在天命之"生"(性)与一般的生之间做出区分。这种区分要满足两个基本条件:其一,要在"生"的范围内,区分合乎"性"之生与不合乎"性"之生,把"性"界定为比"生"范围更小的概念。这样一来,"性"虽然是"生",但并非所有方式与样态的"生"都是"性",相应地,也不是各种各样的道都是率性之道。这样处理,一方面保证了以"生"释"性",另一方面也肯定了修道、教化的必要性。其二,在区分"性"与"生"的基础上,阐明"性"与"善""理"的正向关联。

把"性"视为具有某种特异性的"生",是许多致力于区分"性"与"生"的论者所采取的路径。徐复观认为,"性"与"生"既有区别又有联系。"性"指人生而即有的欲望、能力,就生而即有而言,"性"属于"生"。但他同时强调,"性"是一种特殊的"生",其特殊性表现在其与"心"相关。"人的欲望、能力,多通过知觉感觉而始见,亦即须通过心而始见,所以'性'字便从心。"③以心说性,强调性与感觉、知觉的关联,与孟子的理解有关。但是,孟子对性的理解与《中庸》对性的理解是有差异的,

---

① 张岱年认为,程颢对性的理解近于告子。参见:张岱年.张岱年全集:第 2 卷[M].石家庄:河北人民出版社,1996:244.

② 郭晓东.《生之谓性》与《天命之谓性》——程明道"性"论研究[J].复旦学报,2004(1):94.

③ 徐复观.徐复观文集:第 3 卷[M].武汉:湖北人民出版社,2002:19.

这种差异其至被认为是两种不同模式之间的差异。① 这意味着,我们不能简单地用孟子对"性"与"生"关系的理解,去框定《中庸》中"性"与"生"的关系。

那么,《中庸》如何分别"性"与一般意义上的"生"? 从《中庸》的文本来看,"天命之谓性"之性(生)与一般意义上的生的差异,在于前者是"万物共生"之生。天命之"性"何以是"共生"之生? 如果我们把"生"理解为从无到有的"出生",那么万物都有其"生"。这个"生"可以说是"天生"。因万物之生都是"天生",所以其"生"有天命所赋予的合理性。但是,万物出生之后的生发,却可以有不同的方式和样态,就"天命"的含义及其所附带的情感、价值而言,把生的所有方式和样态都归于"天命",既不符合儒家的主导倾向,也很难使"性"与"善""理"产生正向关联。从中国哲学的范畴运用来看,只有某种方式和样态的"生",才配得上"天命"。什么样的生之方式、生之样态配得上天命之生? 从"天命之谓性"来看,这种生,应该是不妨碍"他物"的天命之生的"生"。也就是说,在一物之"生"的所有可能方式与样态中,只有那种不妨碍他物之生的方式与样态,才是具有正当性的"生",这样的"生"所遵循的原则,在《中庸》中被明确表述为"万物并育而不相害"。"万物并育而不相害"肯定的是"共生"之生而不是"独生",唯有"共生"之生,才配得上"天命",才称得上天命之生或天命之"性"。

(三)以"万物共生"之"生"释"性"的意义

天命之"性"是"共生之生"这一论断,在《中庸》中有文本的根据,但这些根据仅能支持其成为一个假说。这一假说的验证还需要其"解释力"的支持。事实上,以"共生"之生释性,中国哲学史上很多难解的问题就会迎刃而解。

1. 以"共生"之生释性,《中庸》的主旨与《中庸》的核心概念会变得非常明晰

其一,从性是"共生"之生来看,《中庸》的主旨应是倡导"万物并育而不相害"。人自身的喜怒哀乐的和谐("发而皆中节")、人与人的和谐、人与万物的和谐,都可以被"万物并育而不相害"这一理想所涵盖。

其二,从性是"共生"之生来看,《中庸》的核心概念——"性""命""道""诚"等,能够获得一种贯通性的理解:《中庸》所谓的"天命",是指天之所命,这个命令,主要不是对世界实然状态的陈述,而是对世界应然状态的要求,这一要求的具体内容是"万物并育而不相害";《中庸》所谓的"天之道",是指合乎"天命"的道路,这一道路,

① 任蜜林.早期儒家人性论的两种模式及其影响——以《中庸》、孟子为中心[J].中国哲学史,2019(2):54.

是无过无不及于"性"的"共生"之路,是万物并行不悖的中庸之道;《中庸》所谓的天道之"诚",是指以"万物共生"为内容的"天命"本身的一贯。《中庸》以"诚"言天道,与"诚"的字形、字义密切相关。"诚"字从"言"从"成",诚之从"言",联系着天之"命令",这一命令是一贯的而非朝令夕改的,故而以"诚"谓之;诚之从"成",联系着天之"成物"(《说文解字·成》),指示着天道之"生生"。天道之"诚",一方面联系着"诚"之"不贰",另一方面联系着"诚"之"成"或"生生",所以有论者以敏锐的直觉,将天道之"诚"的内容概括为"无息""不贰","无息不贰,亦即诚"①。《中庸》所谓的人道之"诚",是指人与天道之"诚"保持一致,其具体表现就是听从天之所命而"尽性"——效仿天之"发育万物",助力万物之"共生","赞天地之化育";与"性"是"共生"之生相应,《中庸》所谓的"率性",是指遵循"共生"的原则,所谓的"尽性",是指致力于万物的"共生"。总之,《中庸》是围绕"共生"之生立论的。基于"共生"之生,"性""命""道""诚"这些概念是互通的,就此而言,将《中庸》对"中庸"与"诚"的讨论分割开来的观点,从根本上说,是没有意识到《中庸》所谓的"性"是"共生"之生,没有意识到"共生"之生是理解《中庸》主旨以及《中庸》概念体系的枢纽。②

2. 以"共生"之生释性,《中庸》所谓"性"与孟子、朱熹所谓"性"之间的连续性会变得非常清晰

孟子从"善"的角度、朱熹从"理"的角度来理解"性",这是对《中庸》所谓"性"的一种转进,但这种转进,从根本上说,并没有完全背离《中庸》的"共生"之生。

其一,孟子的性善论与"性是共生之生",可以保持一种连续。孟子所谓的"恻隐之心""羞恶之心""是非之心""辞让之心",都以对"他者"、对"他者之生"的承认为基本前提,都顺应着共生的要求、体现着对共生的认同。共生肯定"他者之生",这可以视为一种广义的善。由于有共生的维度,因此《中庸》的天命之"性"与"善"是可以共鸣的,就此而言,孟子的以善言"性",并没有从根本上背离《中庸》之"性"。

其二,朱熹的以"理"释性与"性是共生之生",也可以保持一种连续。以"理"释性,表面上看,与《中庸》对性的理解有所不同,但从实质上看,以"理"释性,触及了《中庸》所谓"性"的本质。作为"共生"之生的天命之性,联系着一种"万物并育而不相害"的宇宙秩序。"万物并育而不相害"的宇宙秩序,是理学所谓"理"的重要而基

① 程宜山.《中庸》"诚"说三题[J].孔子研究,1989(4):69.
② 《中庸》开篇对喜怒哀乐之情的讨论,可能是导致人们围绕情来讨论"性"与"中庸"、忽视"共生"之生的重要原因。本文认为,喜怒哀乐的发而皆中节,只是"万物并育而不相害"的中庸理想在特定领域——人之情感领域的特殊表现。

本的内涵,离开万物共生这一应然的宇宙秩序,人们对理学所谓"理"的理解不仅容易产生偏差,而且会将一些易解的问题看成难解甚至无解的问题。

3. 以"共生"之生释性,中国哲学史上的"性"之同异问题会获得一种合理的解答

性之同异问题,在孟子哲学中联系着"牛马之性"与"人之性"的关系问题,在朱熹哲学中关联着"理一分殊"的问题①,这两个问题以及孟子、朱熹对性之同异的不同理解,是中国人性论史上重要而难解的问题。如果以"共生"之生释性,则性之同异以及二者的关系均能得到合理的说明。

其一,从性是"共生"之生来看,万物之性有其"同",这个"同"可以理解为性之"一"。牛之性,马之性,人之性,都是符合共生原则的"共生"之生。循着牛之性、马之性、人之性等行动,万物就会走在各自的当行之路——中庸之道上。就此而言,我们可以把中庸之道想象为一张网。这张网,类似于大地上的道路、河流之网,类似于人体的血脉之网。这张网,是一个整体,是"一"。个体的"当行之路",是被作为总体的道路之网——"道一"之道所框定的,过与不及都不符合中庸之道;个体的"性"是被"共生之网"所框定的,过与不及都不符合其"性"。只有如此理解"道"与"性",朱熹所谓"物物一太极""月印万川"中的"太极"与"月"才能得到合理的解释。也只有如此理解"道"与"性",《中庸》所谓"能尽其性,则能尽人之性;能尽人之性,则能尽物之性;能尽物之性,则可以赞天地之化育"才不那么神秘,因为我之性、他之性、人之性、物之性均是体现性之"一"的性。就性之"一"而言,尽性是一尽俱尽,一不尽俱不尽。宋儒对于性之"一"已有深刻体会,程颢强调性无内外②,张载认为"性者万物之一源,非有我之得私也。惟大人为能尽其道,是故立必俱立,知必周知,爱必兼爱,成不独成"③。当代学者认为,在《中庸》中,万物的共同本原,可以在任何一个存在物那里打开。④ "当中庸之道实现的时候,也就是事物实现自身本性的时候。由此,天是天,地是地,万物是万物。各得其所,各是其所是。"⑤这些论断,也是对天命之性的"一"有深刻体认的论断。

其二,从性是"共生"之生来看,万物之性也有其"异",这个异可以理解为性之

　　① "理一分殊"是源于洛学的一个颇具创造性的观点,程颐和杨时对此多有讨论,朱熹承续了这一主张。这里我们主要以理学的集大成者朱熹为例讨论这一观点。
　　② 程颢,程颐. 二程集[M]. 王孝鱼,点校. 北京:中华书局,2004:460.
　　③ 张载. 张载集[M]. 章锡琛,点校. 北京:中华书局,1978:21.
　　④ 陈赟. 中庸之道:作为一种全面深邃的文化理想[J]. 学术月刊,2006(4):56.
　　⑤ 彭富春.《中庸》新解[J]. 中国地质大学学报,2008(5):106.

"多"。符合"共生"原则的生，在不同的物那里，有不同的表现方式和样态——某物的当行之路与他物的当行之路是有差异的（具体的运行方式以及行动边界有所不同）。人的当行之路，不同于物的当行之路；君的当行之路，不同于臣的当行之路；父的当行之路，不同于子的当行之路。这意味着，众物之生，即便是"共生"之生，其具体内容也是不尽相同的，这是性之"多"的一面，或者朱熹所谓理的"分殊"的一面。就性之"多"而言，孟子认为人之性不同于牛马之性也是有所见的。

其三，从性是"共生"之生来看，性之同异关系或者说性之"一-多"关系，虽与共性和个性的关系有相似之处，但从根本上说，却更近于"整体-部分"的关系。① 《中庸》的总体倾向是将性之"一"理解为"整体"，理解为总秩序（万物并育而不相害），将性之"多"理解为"部分"，理解为受总秩序制约的局部秩序。基于"整体-部分"的视角，一物的当行之路，应是确保"万物并育而不相害"的中庸之道的"一部分"；一物之性或者说体现共生要求的一物之生，应是万物共生之网的"一部分"。《中庸》对性之"一-多"关系的理解，影响了朱熹。朱熹所谓的"理一"，很多时候只能理解为整体；朱熹所谓的"分殊"，很多时候只能理解为"部分"。就此而言，冯友兰把"理一"与"分殊"的关系看成共性与个性的关系，主要是"接着"朱熹讲，而不是"照着"朱熹讲。

如果《中庸》所谓"性"是"共生"之生，那么，无过无不及于"性"的中庸，其边界也应该是万物"共生"之生。"共生"之生肯定"人"之生，也肯定"物"之生，肯定"我"之生，也肯定"他"之生。但是，要最大限度地保有"万物"之生，就必须在万物之间确立某种边界，只有在这个边界之内的生，才是符合"天命"的生，才是"性"。"共生"之生的边界，指示着一条"并行而不悖"的道路，这条道路就是"中庸之道"。"'中庸'就是'有对'之间（之中）的一条'道路'。"② 万物存于世间，只要运动，就有运动的路径，这些路径是最广义的道，但这种意义上的道不等于中庸之道，它也可能是小人之道、不通不达之道。而儒家重视的中庸之道是保证"万物并育"之道③，是

---

① 在中国哲学中，"整体-部分"是比"共性-个性"更为根本的范畴。参见刘静芳. 如何在中国哲学中安顿"普遍性"[J]. 哲学研究，2014(10):37.

② 叶秀山. 试读《中庸》[J]. 中国哲学史，2000(3):84.

③ 中庸之道即万物并育而不相害之道，它是应然之道而非纯粹自然之道，这意味着"天命"的实现需要"修道"，需要"教"。"修道之谓教"之"道"，即万物并育而不相害之道，"修道之谓教"之"教"，即使人归于万物并育而不相害之道之教。"修道"与"教"是人们不断探索、切近万物共生之"道"的过程，在这一过程中产生的仁、义、礼、法等制度规范，是特定历史条件下人们对万物共生之"道"的认识总结，但这种总结是具体的、历史的，其内容需随着事物的变化、认识的提高而不断调整。

能够让万物"并行不悖"的应然之道。如果万物都循此道而行,那么理想的世界就出现了,就此而言,中庸代表了一种对宇宙秩序的理想,是一个宇宙论层面的概念。

三、中庸之道是万物并育而不相害的应然之道

既然中庸是无过无不及于"性",而性是"万物共生"之"生",那么中庸之道也就是符合"万物共生"原则的道路。《中庸》对"万物共生"原则的描述是"万物并育而不相害",万物并育而不相害的中庸之道,是儒家所倡导的应然之道。

（一）中庸之道不是本然之道

中庸之道是"率性之谓道"的"道"。"率性之谓道"的"道",不脱离道路的意象,它是循"性"而展开的道路。但是,循"性"而展开的"道"不是唯一的道路,因为不循"性"的道路也是存在的,比如"小人之道""杨墨之道"等。多种道路的存在,对人而言,意味着人可以走"率性"的道路,也可以不走"率性"的道路;对万物而言,意味着万物可以走"率性"的道路,也可以不走"率性"的道路;对世界而言,意味着世界可以是万物都走"率性"道路的世界,也可以是万物不都走"率性"道路的世界。儒家期望的世界,是万物都走"率性"道路的世界,是万事万物"各正性命"的世界。然而,这样的世界只是诸多可能世界中的一种。这意味着,儒家推崇的最恰当的道路,虽然有自然的根据,但未必是实然的状况。如果我们冷静地观察这个世界,就会发现,这不是一个有生无死的世界,也不是一个万物与世无争的世界;相反,它是一个有生有死、万物相争的世界。张岱年认为,"万物并育而不相害,道并行而不相悖"只是一种理想,实际的情况是"万物并育而更相害,道并行而复相悖"①。"万物并育而不相害"是一个与现实存在巨大差距的理想,这一理想虽竭尽全力也未必实现。所以,秉持这一理想的儒者,必然要积聚极大的勇气来改造这个世界。杜维明认为,"儒家在这个世界之中,但并不认同这个世界的游戏规则,因此要转化这个世界。要把现实和理想分开,它在这个世界之中,但它的理想与这个世界有很大距离。所以,它有转化的力量,而且它的力量绝对不比清教转化的力量要弱,虽然它们转化的方法不同"②。

（二）中庸之道以本然之道为前提

"万物并育而不相害"需要一个基本的前提,那就是对立的事物、对立的属性能

① 张岱年.张岱年全集:第3卷[M].石家庄:河北人民出版社,1996:225.
② 杜维明.儒家心性之学的当代意义[J].开放时代,2011(4):118.

够并立、并存。如果对立的事物或属性不能并立、并存,那么"万物并育而不相害"就是不可能的,而不可能的事物当然不能成为理想,它充其量只能是一种幻想或空想。对立的事物或属性能否并立、并存? 道家的回答是肯定的。对立事物或属性的并立、并存是道家之道所允许的事物状态。道家所谓"道",联系着有、无两个对立面。无论是老子之道,还是庄子之道,都是有、无两个对立面之间的通道或联结者。在道家那里,只要承认道,对立的事物或属性的统一就是可能的。儒家思想在《大学》《中庸》阶段,对道家思想已有所吸收①,《易传》认为,"一阴一阳之谓道"。"对于'之谓道'的'一阴一阳',存在过两种不同理解:一是静态的,一个阴与一个阳,二者并列或对立;一是动态的,一时阴又一时阳,二者交替或循环。"②庞朴认为,《易传》所谓"道",同时包含上述两方面的含义。有与无、阴与阳的并存,体现的是互相对立的事物以及事物状态的并存,而这种并存为"万物并育而不相害"的理想提供了可能。

如果互相对立的事物以及事物状态的并存是可能的,那么中庸之道无疑是对世界秩序的更高的期待,这个期待的内容就是"万物并育而不相害"。在老子、庄子那里,世界的"自然"状态与应然状态是相同的,事物的自然状态就是其理想的状态。以"自然"为"应然",以"本"为"至"是道家思想的一个特点。张岱年认为,"事物有本有至,本者本根,为最原始者,为一切之所基。至者至极,为最圆满者,为一切之所趋。本亦可曰原,至亦可曰归,原者原始,归者归宿"③。在张岱年看来,道家尤其是老子思想的一个特点是"以本为至"。以本为至的一个缺陷,是容易导致对人为的否定。道家不是完全不讲人的活动,但"以本为至"决定了道家即便讲人的活动,其目标指向也是消解人为,回归自然。与道家不同,儒家重视人为、重视人的进取精神,肯定人的能动作用。而肯定人、力的作用,就必须在宇宙论层面提供一个应然的理想,进而为人为留出发挥作用的空间。要做到这一点,就要区分本与至、自然状态与应然状态。如果事物的发展方向是客观必然性指示的方向,是事物自然而然的发展方向,那么人为的必要性就会大打折扣。中庸之道预设的应然而非本然的世界秩序,使得应然与本然之间形成了一种紧张,这种紧张为强调人、力的作用提供了理论前提。没有这一前提,就没有"继善成性",就没有修道与教化的必要。

① 陈鼓应. 道家在先秦哲学史上的主干地位(下篇)[J]. 中国文化研究,1995(3):6.
② 庞朴. "一阴一阳"解[J]. 清华大学学报,2004(1):7.
③ 张岱年. 张岱年全集:第1卷[M]. 石家庄:河北人民出版社,1996:442.

应然与本然的区分,是肯定人为的重要前提。但应然的原则有多种,为什么《中庸》要以"万物并育而不相害"为应然的世界秩序而提倡中庸之道?朱熹认为这是出于对道学失其传的忧虑。"盖自上古圣神继天立极,而道统之传有自来矣。其见于经。则'允执厥中'者,尧之所以授舜也;'人心惟危,道心惟微,惟精惟一,允执厥中'者,舜之所以授禹也。尧之一言,至矣,尽矣!而舜复益之以三言者,则所以明夫尧之一言,必如是而后可庶几也。"①但是,如果我们进一步追问中庸之道何以能挽救道学的传承,恐怕就要深究中庸之"道"对孔子之"仁"的推进了。

四、中庸之"道"对孔子之"仁"的推进

以"万物并育而不相害"为核心内容的中庸,与孔子所谓的"中庸"已有所不同。《中庸》之所以会提出一种不同于《论语》的中庸,与孔子思想遭遇的困境有关。中庸之道的提出,回应了现实及他者对儒学的冲击,推进了孔子的仁学,这种推进的突出表现是使孔子所推崇的仁德、仁者、仁政(德政)具有了更为明确的内涵。

(一)中庸之道为仁德提供了根据、划定了界限

对于仁的根据与界限,《论语》并未过多涉及,这与孔子所处的较为平和的思想环境有关。但是,随着时间的推移,随着思想对立面的出现,仁的根据与仁的界限问题成了不能回避的问题。中庸之道明确回答了仁的根据与仁的界限问题,抵御了道家与墨家思想对儒家仁德的冲击。

首先,中庸之道为仁德提供了天道根据。道家与儒家都重德,但孔子重"仁德",老子重"玄德"。抛开对错不论,单就论证而言,道家是有优势的,因为道家对德的理解有"道"的支撑。老子所谓"玄德",以"统有无"的"道"为根据。相比之下,《论语》并没有为"仁德"提供有力的天道根据。有论者认为,孔子思想的演进有一个由"礼"而"仁"而"中庸"的脉络。② 在"礼-仁-中庸"三者中,仁是礼的根据,那么,中庸是不是仁的根据?孔子晚年对中庸的重视,是否与"仁"之天命(道)根据的寻求有关?对此,《论语》并没有提供明确的答案。儒家对中庸的重视,直至《中庸》才有突出的文本表现。在《中庸》中,无过无不及于"性"的中庸被提升至"道"的层面,"并行不悖"的中庸之道,肯定了万物"共生"有天道的根据,这样一来,重视仁民、爱

① 朱熹. 四书章句集注[M]. 北京:中华书局,1983:14.
② 张秉楠. 礼—仁—中庸——孔子思想的演进[J]. 中国社会科学,1990(4):3.

物、生生的"仁德",就有了天道(命)的支撑。

其次,中庸之道为仁德设定了一个限度。孔子提倡"仁",但他并没有为"仁德"提供明确的界限。"唯仁者能好人,能恶人""以直报怨"似乎提示着"仁"有某种限度,但好恶之间的界限是什么,如何才算"直",《论语》并未给予明确揭示,而墨家恰恰在这一点上冲击了儒家的仁德。墨家不反对仁爱,但强调爱要"兼爱"。相比儒家之"仁",墨家的"兼爱"有一种泛化的趋势。要阻止墨家对儒家之"仁"的泛化,就必须明确儒家之"仁"的限度何在。这个限度显然不能是"礼",因为孔子思想的出发点,是为日益崩坏的"礼"寻找一个更深层面的根据,孔子找到了"仁"。这意味着,我们只能以"仁"为"礼"的根据,而不能反过来以"礼"为"仁"的根据。不能以"礼"为"仁"的根据,也就不能把"礼"视为"仁"的限度,不然就会陷入循环与倒退。《中庸》对孔子思想的一个重要推进,是明确了"仁"的界限,这个界限就是无过无不及于"性"。由于性是"万物共生"之生,因此无过无不及于"性",即无过无不及于万物之共生、并育。"仁"是合乎"万物并育而不相害"这一原则的,"过"与"不及"都不是仁。墨家爱人,但"以自苦为极"(《庄子·天下》),这不符合"共生"的原则,是"过";道家批评"仁",杨朱之流不肯拔一毛而利天下,也不符合"共生"的原则,这是"不及"。以无过无不及于"共生"之生的中庸之道为标准,墨家是"过之"的贤者,杨朱之类是"不及"的不肖者。中庸之道以为"仁"划界的方式,抵御了道家与墨家对"仁德"的冲击。

(二)中庸之道对仁者提出了"大知""大勇"的要求

《中庸》把"知、仁、勇"三者看成天下之达德。这意味着,一个真正的仁者,应该同时兼具知、勇的品格。孔子也重视仁者之知、仁者之勇,而中庸之道对孔子思想的一个重要推进是密切了仁与知、勇的关系,且赋予了知、勇以新的内涵。其所谓的"知"与"勇",可谓是一种"大知"与"大勇"。

首先,中庸之道要求仁者具备一种"大知"。《中庸》所谓"性"是"共生"之生,这决定了以天命之性为根据的"仁",是顺人之性也顺万物之性的仁,是"万物一体"之仁。万物一体之仁以对万物之性的整体之知为前提。中庸所重视的"知",是知"道"(中庸之道)之知,知"道"之"知"是广义的知,它既包括对"万物并育"这一总价值原则的知,也包括对指向这一目标的万物各自"当行之路"的具体的知。它不等于狭义的道德之知,也不等于纯粹的客观知识,而是包含二者的"大知"。[①] 这意味

---

① 张载的"德性之知"有见于知"道"之"知"是"大知",但张载将德性之知与见闻之知相对立,这样一来,德性之知也就不够"大"了。知"道"之"知",既包含客观知识,也包含规范性知识,从根本上看,它是被"无过无不及于性"所锚定的各种"知"的总括。

着,要实践中庸之道,成就一个真正的仁者,仅仅知"人"是不够的,还要知"天";仅仅知人之性是不够的,还要知物之性;仅仅"尊德性"是不够的,还要"道问学"。对仁者而言,没有"尊德性",没有对价值原则的尊崇,就不会自觉地实践共生原则;而没有"道问学",没有对万物之性、万物的当行之路的具体的知,就不知如何具体地实践共生原则:世界上有鱼类,也有人类,人为了自身之"生"将鱼类捕杀殆尽固然不符合共生原则,而人不吃鱼也不符合共生原则。要实现人与鱼的共生,只是抽象地强调人、鱼共生原则是不够的,我们还要进一步知道什么时候捕鱼合适,拿什么样的工具捕鱼合适,捕鱼的渔网网孔应该多大等。这些学问的获得,不仅要了解人的尺度、物的尺度,而且要了解如何把人的尺度与物的尺度结合起来使之符合万物并育的理想。因为"大知"兼及道之"一"与道之"多",所以知"道"也兼有难易两面。《中庸》认为,"君子之道费而隐。夫妇之愚,可以与知焉,及其至也,虽圣人亦有所不知焉"。如果就道是"一"、是"万物并育而不相害"的总价值原则来看,知"道"并不难,一般百姓也能知"道"并认可"道";如果就道是"多"、是万物各自的当行之路来说,那么知"道"十分不易,即便是圣人,也未必能完全知"道"。

其次,中庸之道要求仁者具备一种"大勇"。无过无不及于"性"的中庸,指向的是"万物并育而不相害"的应然的宇宙秩序。但是,"万物并育而不相害"的世界,只是诸多可能世界中的一种。无过无不及于"性"的中庸所承载的万物共生的理想,决定了中庸不是一种折中,它蕴含着积极进取的力量。[①] 这种力量所指向的目标,不仅仅是个体德性的完善,也不仅仅是社会政治的合理化,而且是理想宇宙秩序的建立。这样一种"极高明"的理想,要求"弘道"的仁者,必须具备一种"大勇"。

(三)中庸之道为仁政(德政)提出了更具体的目标

孔子强调为政以德,而其所谓"德"的核心是仁德。劳思光认为,孔子虽重视政治问题,但他对理想政治的描述不够清晰,而孟子的仁政思想在理想政治的具体刻画方面则有所推进。[②] 事实上,不唯孟子,《中庸》对理想政治的设想也比孔子更为具体。《中庸》所倡导的"万物并育而不相害"的宇宙秩序,落实于社会中的个体,就是人们各安其位、共生并育;落实于各诸侯国,就是各国相安无事、并立共存。《中庸》对"万物并育而不相害"的推崇,从理论发生的视角来看,也许隐含着对现实政治的一种渴望,那就是让争斗的人们、争斗的诸国放弃对抗,和谐共处。这种渴望,

---

①　刘静芳."中庸"中的进取精神[N].光明日报,2020—11—09 第 15 版.
②　劳思光.新编中国哲学史:第 1 卷[M].桂林:广西师范大学出版社,2005:116.

相比孔子恢复周礼、墨子对天子的期待已经少了许多幻想，变得更加现实——其对对立事物的期待仅仅是大家能够各自存在；而相比荀子、韩非子等，《中庸》的作者应该还没有看到各国统一的趋势，因为历史此时也许还没有清晰地呈现这种可能。就此而言，《中庸》的核心思想应产生于各国争斗处于胶着状态、复古无望、统一无望的"前不着村，后不着店"的时代。在这样的时代，才容易产生强烈的"万物并育而不相害"的诉求。中庸之道不仅为各色人等存在的合理性、为各诸侯国存在的合理性提供了宇宙论根据，而且为"仁"政提供了宇宙论根据。从共生的角度来看，理想政治所要达到的目标，就诸侯国内部而言，是使各色人等避免争斗，并立共存；就诸侯国之间而言，是使各国避免争斗、并立共存。

总之，儒家所推崇的道是中庸之道，是无过无不及于"性"的道，是无过无不及于"共生"之生的道。中庸之道所谓的"中庸"，是一个超出了伦理学、政治学，超出了认识论、方法论的宇宙论层面的概念。中庸之道昭示着万物并育而不相害的宇宙理想，指示着万物并行而不相悖的通达之道。不理解儒家的中庸之道，就不能理解儒家对世界秩序的期待，就不能理解儒家所求知之"道"的高度与广度。

中国传统知论所求知之"道"，有本然与应然两个维度。道的本然之维，在道家得到了比较充分的阐发，而道的应然之维在儒家得到了比较充分的阐发。道之本然与应然，在中国哲学后来的发展中，常常联系着"本-至"这对范畴。在本、至关系的理解上，有论者强调本与至的统一，认为本就是至，至就是本；有论者则强调本与至的区别，认为本不是至，至也不是本。但是，即便是强调本、至有别的论者，也认为道是本与至的统一——道既有本然的一面，也有应然的一面。这意味着，以求知"道"为目标的中国传统知论，不会是限于事实认知的狭义认识论，它必然是涉及价值等领域的广义认识论。

第四章

中国传统知论的特点

中国传统知论以求知"道"为其主要目标,这一目标影响了人们对认识路径的选择、对认识主体的看法、对真知标准的认定。以求知"道"为目标的中国传统知论,具有三方面的显著特点:其一,对知"道"的路径进行了多方面的探索。其二,拓展了认识主体的知"道"能力。其三,以"广一贯"为知"道"确证的基本原则。

第一节 知"道"路径的多方探索

中国传统知论所论之"知",以知"道"为其重要目标。知"道"之"知"经由人的活动而展开。人的活动被亚里士多德区分为理论沉思、实践(伦理与政治活动)、生产制作三种,中国传统知论对经由三种活动的知"道"路径都有探索。其中,从理论沉思领域切入的知"道"路径,被我们称为形而上的知"道"路径;从伦理领域切入的知"道"路径,被我们称为由德而道的知"道"路径;从生产制作领域切入的知"道"路径,被我们称为由技艺而道的知"道"路径。

一、对形而上的知"道"路径的探索

形而上的知"道"路径是借助逻辑的、分析的方法去知"道"的路径。它联系着对事物、对语言的分析,联系着对逻辑中的永真式的认定。这种方式的知,与其说

是"认识"对象,不如说是"界定"对象。

通过逻辑的、分析的方法去把握认识对象,是中西哲学共有的认识路径。所不同的是,中国传统知论形而上的知"道"路径的目标指向是"道",而西方传统形而上学的目标指向是"是"(being)。就均重视逻辑和分析而言,中西形而上学有共同之处。但是,由于二者一个指向"道",另一个指向"是",因此其最终形态有很大差异:一个产生的是"道论",另一个产生的是"是论"。这是两种不同的形而上学。"西方哲学以'是论'为形而上学的典范,中国哲学的形而上学以道为宗旨。这是两种不同形态的形而上学。扼要地说,西方的形而上学是通过逻辑思想训练以普遍概念解释事物本质或客观真理的理论,中国传统哲学的形而上学则是通过修养进入得道境界的论述。尽管这二者关于世界、如何认识世界及认识的起源、人的本性、道德、价值、人生的意义、社会政治、法律、礼教等问题都有涉及,然而,由于二者哲学形态上的重大差异,关注这些问题的方法、角度及其偏重程度都存在着差异。"①中西形而上学的差异是不是讲逻辑与讲修养的差异?中国传统形而上学是不是不讲逻辑?事实上,"道论"也讲逻辑,不过,其讲逻辑的切入点、基础、侧重点不同于"是论"。

其一,"道论"与"是论"讲逻辑的切入点不同。"道论"的切入点是事物发展的可能性,"是论"的切入点是范畴间的逻辑关系。

"道论"是从事物发展的可能性入手理解、界定"道"的。在中国传统哲学中,有、无是两种可能性,阴、阳是两种可能性,五行是五种可能性,八卦是八种可能性,六十四卦是六十四种可能性。作为哲学范畴的"道",其基本含义是联结各种可能性的路径。一无一有的运行路径是道,一阴一阳的运行路径是道,五行相生相克的路径也是道,六十四卦的推衍还是道。

与"道论"从事物发展的可能性入手理解、界定"道"不同,"是论"从范畴间的包含关系入手去理解、界定"是"。"是论"是关于"是"的理论,它关注的是范畴间的必然关联。作为演绎体系的"是论",其基本范畴"是"是由系词"是"转化而来的。系词"是"的基本作用是把两个相(项)联结在一起,组成句子(判断)。例如,"一是数"这个句子,就是系词"是"把"一"和"数"两个相联结在一起而形成的。在柏拉图看来,"一""数"以及任何其他的相,如果不借助"是",就无法获得自身的规定性。所以"是"对每个相来说,都是不可或缺的。"是"的这种性质,使它成为"最普遍地与

---

① 俞宣孟.论中国哲学形而上学的精神[J].社会科学,2007(4):135.

其他相结合在一起的一个相"①。每一个相都可以说是分有"是",这样一来,"是"就成了最普遍的相。俞宣孟认为,作为"是论"的西方形而上学,表达了一种对最普遍东西的追求。当我们说"一是数"的时候,我们就给出了"一"的一个普遍本质——"数"。当我们说"人是动物"的时候,我们就指明了人的普遍的动物性。当我们用"是"作定义联项下定义的时候,"是"发挥的也是这样的作用。在亚里士多德的逻辑学中,"S 是 P"只能描述两种情形:一是 S 与 P 的外延相同,二是 S 真包含于 P。当 S 与 P 有上述两种关系之一时,"S 是 P"是真的,否则它就是假的。这种形式的真,是西方形而上学所处理的"真"的重要而基本的内容,也是其确定性追求的重要基石。

其二,"道论"与"是论"的逻辑基础有异,它们偏重不同的"永真式"。"道论"重视 A 与 $\sim A$(非 A)的关系,偏重逻辑中的排中律;"是论"偏重 A 与 A 的关系,偏重逻辑中的同一律。

"道论"中的"道",是通过可能性获得自身规定性的。可能性的种类数量不同,"道"的逻辑表达也有所不同。如果我们用"$\vee$"表示"或者",用"$\wedge$"表示"并且",那么基于八卦的"道"的逻辑表达是:$A_1 \vee A_2 \cdots \vee A_8$($A_1 \cdots A_8$ 穷尽了事物所有的可能性);基于六十四卦的"道"的逻辑表达是:$A_1 \vee A_2 \cdots \vee A_{64}$($A_1 \cdots A_{64}$ 穷尽了事物所有的可能性)。道家把事物发展的可能性归约为有与无后,"道"可以近似地表示为 $A \vee \sim A$ 或者 $A \wedge \sim A$;儒家的"万物并育而不相害"之道可以表示为:$A_1 \wedge A_2 \cdots \wedge A_n$ $\cdots$($A_1 \cdots A_n \cdots$ 是世间万物)。如果我们把所有的可能性都归约为 A 与 $\sim A$,那么儒家之道也可表示为 $A \wedge \sim A$。在中国哲学中,人们倾向于借助 A 与 $\sim A$ 的关系来界定道,其经典表达式是"$A \vee \sim A$"与"$A \wedge \sim A$"。这两个公式中,前者是形式逻辑中的永真式,后者则是形式逻辑中的永假式。中国哲学中的"道"之所以会用形式逻辑中两个真假不同的公式来表达,是因为中国哲学之"道"有路径与枢纽之义,它的作用是沟通与联结。一方面,经由"道"这一路径或枢纽,A 与 $\sim A$ 两种事物或事物状态可以互相转换,在这种情况下,"道"可以用 $A \vee \sim A$ 来表示;另一方面,借助"道"这一路径或枢纽,A 与 $\sim A$ 可以"并存",在这种情况下,"道"可以用 $A \wedge \sim A$ 来表示。张东荪认为,中国哲学中有一种"双是"的逻辑②,$A \wedge \sim A$ 就是这种"双是"的逻辑的体现。庞朴认为,中庸之道可以用多种语言形式表达,如 A 而 B(直而温,宽

①　俞宣孟.西方哲学中"是"的意义及其思想方式[J].中国社会科学,2001(1):46.

②　张东荪.知识与文化[M].长沙:岳麓书社,2011:212.

而栗）、A 而不 A（刚而无虐）、不 A 不 B（无始无终，无近无远）、亦 A 亦 B（可以仕则仕，可以止则止。可以久则久，可以速则速）等。① 这也体现了中国哲学对 $A\Lambda\sim A$ 的肯定。

"是论"中的"是"，是通过类与分子的关系或类与类的关系的分析获得自身规定性的。由"是"联结起来的不同范畴间的关系，建基于同一律（A 是 A）。"一是数"这一判断是真是假，取决于"一"与"数"的内涵和外延。如果"一"和"数"的内涵与外延不确定，我们就无法断定"一是数"的真假。而要确定"一"和"数"的内涵与外延，就要为其下定义。这个定义如果是合乎逻辑的，那么其定义项和被定义项的外延就必须相等，也就是说，定义项的外延＝被定义项的外延。这种要求，反映在逻辑上，就是"A 是 A"。"A 是 A"是同一律的要求，张东荪认为，西方的逻辑以同一律为其柱石。②

其三，"道论"与"是论"的侧重点不同。"道论"更重视对立者、相异者的关联，"是论"更重视同类事物的"共相"。"道"与"是"有一个共同点，那就是它们都是"联结者"。"道"是不同可能性的联结者，"是"是不同相的联结者。"道"与"是"的差异在于，它们所联结的对象不同。"是"所联结的相，是有共性的两个相。例如，在"一是数""男人是人"中，"一"和"数"是有共性的，"男人"和"人"也是有共性的。如果我们用图来表示上述语句中主词和谓词的外延关系，那么二者就会有重合，或者完全重合，或者部分重合。系词"是"凸显的是相之间的共性，这在一定程度上解释了为什么"共相""普遍性"会是西方哲学的重要概念，为什么西方哲学会有一种重普遍、轻特殊的倾向，为什么西方哲学对共性的重视集中表现在其对最具普遍性的"是"的关切上。与"是"不同，"道"联结的是可能性，尤其是相互对立或矛盾的可能性。"道原于一而成于两。古之言道者必以两。凡物之形，阴、阳、刚、柔、逆、顺、向、背、奇、耦、离、合、经、纬、纪、纲，皆两也。"③所以"道"并不像"是"那样特别突出共性。"是"是一个标志最高普遍性的共相，"道"显然不是这样的共相。"道"的作用首先是把不同的状态、属性、事物勾连成一个整体，而不是展示最高的普遍性。如果说"是"主要关联着普遍性的话，那么"道"则更多地关联着整体性。

总之，中西哲学的形而上学都重分析、重逻辑，但是二者的具体形态有差异。这种差异，是我们理解中西哲学、中西认识论的区别的重要视角。为什么中国哲

① 庞朴."中庸"平议[J].中国社会科学,1980(1):83—87.
② 张东荪.知识与文化[M].长沙:岳麓书社,2011:209.
③ 叶适.叶适集[M].北京:中华书局,2010:732.

学、中国传统知论更重视辩证逻辑而不是形式逻辑？为什么中国哲学、中国传统知论没有像西方哲学、西方认识论那样更重视普遍性？为什么中国传统知论长期以阴阳五行为重要的研究范式？从根源上看，它们与中西形而上学路径选择的不同有很大的关系。

二、对由德而道的知"道"路径的探索

由德而道的知"道"路径是经由"德"之修养而知"道"的路径。这是中国传统哲学比较重视的一条认识路径。儒家与道家都肯定这一认识路径的合理性，不过由于对"德"的理解不同，因此儒、道两家由德而道的具体路径也有所不同。①

儒、道两家对"德"的不同理解，与殷商至周这段时间内"德"的内涵变动有一定的关系。有学者认为，先秦时期，"德"这一观念的内涵变化经历了三个阶段：其一，天德、祖宗之德，它得于天和先祖，是由天和先祖所赐而"得"；其二，制度之德，它得于制度，由分封与宗法制度之规范而"得"；其三，精神品行之德，它是"得"于心的心"得"体会。② "德"的内涵的演化，为对"德"的不同理解提供了条件。先秦时期，儒家所谓的"德"，倾向于精神品行之"德"，也就是我们通常所说的"道德"。而道家所谓的"德"，倾向于"天德"。儒家之德的核心内容是仁、义等，而道家则认为，仁、义等远不能代表"德"——"失德而后仁，失仁而后义"（《老子》第三十八章）。在道家看来，与德相比，仁、义是等而下之的东西。有论者认为，儒家所谓"德"，主要是指人之"德"，而道家所谓"德"，除人之"德"外，还包括物之"德"。③

尽管儒、道两家所谓的"德"有很大的区别，但总体而言，他们各自所谓的"德"，基本上还在"得"的涵盖之下，"德者，得也"（《管子·心术上》）。把"德"看作"得"，就意味着"德"有其不同于自身的根据，而这个根据，儒、道两家都倾向于认为是"道"。

儒家认为，德与道是贯通的。《论语》中有"志于道，据于德，依于仁，游于艺"（《论语·述而》）的说法，这似乎表明孔子以"道"为"德"之根据，然而孔子并没有着力于"德"之形上根据的阐释，"夫子之言性与天道，不可得而闻也"（《论语·公冶长》）。不过儒学后来却强化了"道"与"德"的关联，而且这种关联还常常联系着儒

①　刘静芳. 中国传统知论的特点［J］. 哲学研究，2016（5）：55.
②　晁福林. 先秦时期"德"观念的起源及其发展［J］. 中国社会科学，2005（4）：204.
③　叶树勋. 道家物德论在《庄子》中的展开［J］. 陕西师范大学学报，2014（3）：55.

学的另一个重要概念——"性"。"一阴一阳之谓道,继之者,善也,成之者,性也。"
(《周易·系辞上》)牟宗三认为,正宗儒家对"性"的规定,有两条进路。一是《中庸》
《易传》的"天命之谓性"——将天命、天道与"性"进行沟通,二是孟子的以"心"说
"性"——将性与人的道德意识进行沟通。儒家对"性"的理解,不限于《中庸》《易
传》《孟子》,但对正统儒家而言,其主流的观点却是《中庸》《易传》《孟子》的结合,也
就是认为人的道德是天道在人或人性中的展开。① 杨国荣认为,《周易》《中庸》《大
学》,完成了形而上之道与人之道德的切实贯通。② 《周易》肯定"道"有形而上的特
点,却没有因此隔绝天道与人道,"易,所以会天道、人道者也"(《郭店楚墓竹简·语
丛》)。《中庸》也认为,"道不远人",人们可以"极高明而道中庸",可以在庸言庸行
中践行道。《大学》则把对宇宙普遍法则的把握与个体的道德修养具体地联系在了
一起:"古之欲明明德于天下者,先治其国;欲治其国者,先齐其家,欲齐其家者,先
修其身。"

形上之道与人之道德的贯通,为"下学而上达"创造了可能。既然"道"与"德"
相贯通,那么对儒家而言,由"德"而"道",即由人的道德修养而把握"道",就会自然
而然地成为可供选择的知"道"路径。孟子的"尽其心者,知其性也。知其性,则知
天矣"(《孟子·尽心上》),就是对这一路径的一种描述。《周易》所说的"穷神知化,
德之盛也"(《周易·系辞下》),实际上也是把德性修养与知"道"关联了起来。《中
庸》更是直接肯定"修身则道立",认为"唯天下至诚,为能尽其性;能尽其性,则能尽
人之性;能尽人之性,则能尽物之性;能尽物之性,则可以赞天地之化育;可以赞天
地之化育,则可以与天地参矣"。而《大学》对明明德的追求,无疑也包含由"德"而
"道"的取向。朱熹认为,"明,明之也。明德者,人之所得乎天,而虚灵不昧,以具众
理而应万事者也。但为气禀所拘,人欲所蔽,则有时而昏;然其本体之明,则有未尝
息者。故学者当因其所发而遂明之"③。这一方面表明,"明德"具有形而上的维度,
它是与"理""道"联系在一起的;另一方面也表明,"明明德"的重要路径是"去人欲"
的道德修养,这实际上也是肯定了由"德"而"道"的认识路径。

由"德"而"道"不仅是儒家所肯定的认识路径,而且是道家所承认的认识路径。
在道家那里,人们可以借助自我修养,通过成为"至人""神人""圣人"而切近"道"。

道家重"道"也重"德",并且认为道与德是相贯通的。陈鼓应认为,道与德的贯

---

① 牟宗三.中国哲学的特质[M].上海:上海古籍出版社,1997:54—70.
② 杨国荣.易庸学合论[J].上海社会科学院学术季刊,1992(1):79—89.
③ 朱熹.四书章句集注[M].北京:中华书局,1983:3.

通可以从三个层面来理解："一、道是无形的,它必须作用于物,透过物的媒介,得以显现它的功能。道所显现于物的功能,被称为德。二、一切物都由道所形成,内在于万物的道,在一切事物中表现它的属性,亦即表现它的德。三、形而上的道落实到人生层面时,称之为德。"①道家所谓"德",是道的落实与显现,道不仅与人之德相贯通,而且与物之德相贯通。与儒家不同,道家重视"物之德",强调"因循物性""因其固然",肯定"技"与"术"可以接近"道",但这并不意味着道家忽视"人之德"。"技"与"术"的主体是人,它以主体之"德"或者说主体的修养(不同于儒家的道德修养)为依托。没有特定的主体修养,"技"与"术"很难合于道,很难"得之于手而应之于心"(《庄子·天道》),从这个意义上讲,道家自然不会忽视"人之德"的修养之于知"道"的重要性。

在老子那里,与"道"为一的人是"圣人"。要成为圣人,须拥有常德或玄德。"德"离不开"修"。"修之于身,其德乃真;修之于家,其德乃余;修之于乡,其德乃长;修之于国,其德乃丰;修之于天下,其德乃普。"(《老子》第五十四章)如何修养才能拥有常德、玄德呢？ 老子认为,"德"之修养是一个"损"的过程,其目标是回复淳朴本真的婴儿状态,为此,要"见素抱朴,少思寡欲"(《老子》第十九章),要慈,要俭,要"不敢为天下先"(《老子》第六十七章)。

在庄子那里,与"道"为一的人被称为"至人""神人""圣人"。要成为"至人""神人""圣人",就必须具备虚静之德,因为"唯道集虚"(《庄子·人间世》)。如何具备虚静之德呢？ 庄子及其后学认为最基本的方法就是心斋、坐忘。心斋是摒除杂念使心虚静纯一的过程,"虚者,心斋也"(《庄子·人间世》)。坐忘是指"堕肢体,黜聪明,离形去知,同于大通"(《庄子·大宗师》)。通过心斋、坐忘,人可以具备理想的德性——"心不忧乐,德之至也;一而不变,静之至也;无所于忤,虚之至也;不与物交,惔之至也;无所于逆,粹之至也"(《庄子·刻意》)。而有了这样的虚静之德,人也就可以接近"道"了。

儒、道两家对"德"的理解不尽相同,其由"德"而"道"的具体路径方法也有所不同,但他们却有一个共通之处,那就是都认为"德"与"道"相通,并且人们可以借由人之德的修养而达于"道"。张岱年认为,"中国哲学中的方法论,有一根本倾向,即注重致知与道德修养的关联,甚或认为两者不可分,乃是一事"②。这与西方认识论

---

① 陈鼓应.老子今注今译[M].北京:商务印书馆,2003:160.
② 张岱年.张岱年全集:第 2 卷[M].石家庄:河北人民出版社,1996:586.

形成了鲜明对照。

在希腊-希伯来传统中,由"德"而"道"的认识路径是很难凸显的。亚里士多德认为,人类活动有理论活动和实践活动的分别,同样,智慧也有理论智慧和实践智慧的分别。这种分别造成的后果之一,是将终极根据、终极价值置于理论领域而非实践领域。"想在亚里士多德的实践之学中落实终极关怀(ultimate concern),即落实一种超越性的东西,是不可能的。"①亚里士多德在理论与实践之间的划界,对西方思想产生了深远影响。在分别理论领域与实践领域的视域下,通过实践活动、道德活动或者个体的修养活动去把握普遍真理、终极根据,是一种"越界",它需要提供诸多理论前提、克服诸多困难,所以由"德"而"道"的认识路径很难在希腊文化传统中出现。而在犹太-基督教传统中,"承认天人之间存在本体论上的隔障至关重要。人作为一种被创造物,是根本不同于作为其存在之终极依据的上帝的。说人可以通过自我努力,无须经历一场信仰的飞跃,就能够同造物主合成一体,这在犹太-基督教框架中,如果不是亵渎神明,也是十分新奇的。"②犹太-基督教传统中神人相隔的基本预设,阻碍了由人及天或者由人及神的尝试,同时也在认识论上排斥了由"人"之"德"而达于"道"的认识路径。

由"德"而"道"的认识路径,当然不是儒家或道家唯一的认识路径,而儒、道两家的认识路径选择,也没有囊括各家各派所有的认识路径选择。但是,考虑到儒、道两家在中国传统哲学中的地位及影响,我们有理由将由"德"而"道"视为中国传统知论发展出来的一条颇具特色的认识路径。

三、对由技艺而道的知"道"路径的探索

由技艺而道的知"道"路径,是指经由技艺的学习、运用而知"道"的路径。在儒家那里,六艺的学习关乎知"道";在道家那里,"技"可进于"道"。对儒、道两家而言,由技艺而道不仅是可能的,而且是必要的。

(一)由技艺而道是可能的

由技艺而道之所以可能,是因为二者是相互贯通的。道与技艺的根本差异,在于道是形而上的,技艺是形而下的。"'道'是形而上之学,'艺'是形而下之学,所以

---

① 徐长福. 亚里士多德实践哲学的理论特质[J]. 学习与探索,2006(4):34.

② 杜维明. 杜维明文集:第 3 卷[M]. 郭齐勇,郑文龙,编. 武汉:武汉出版社,2002:379—380.

'道'这个层面看不见、摸不着,'艺'这个层面是可见、可操作的。"①但在中国哲学中,"形而上"与"形而下"、"无形"与"有形",不是互相隔绝的,而是互相贯通的。

首先,形而下的技艺可以"表现"形而上的内容,表明"道"与"技艺"是贯通的。在中国传统中,"艺"最初是与六艺联系在一起的。六艺是指礼、乐、书、数、射、御六种技艺。它包含后世所谓的"艺术"的一些内容,但主要指的是物质技巧及技艺。②六艺是西周学校教育的重要内容,它不是单纯的应对外部世界的技艺,在"国之大事,在祀和戎"的时代,六艺有神圣的使命:礼乐"达神明之德,降兴上下之神,而凝是精粗之体,领父子君臣之节"(《礼记·乐记》);习射的意义也不限于击中目标,"射者,男子之事也,因而饰之以礼乐也。故事之尽礼乐,而可数为,以立德行者,莫若射,故圣王务焉"(《礼记·射义》);"书"关乎祀和戎的记载;"数"关乎祀和戎的决断、预测;"御"因服务于祀和戎而具有神圣意义。③ 当然,随着历史的发展与主体意识的觉醒,人们对神圣领域的热情逐渐降低与转移,但是,在延续技艺与形上之域的关系上,儒、道两家有着相近的取向。孔子说:"志于道,据于德,依于仁,游于艺。"(《论语·述而》)朱熹认为:"游者,玩物适情之谓。艺,则礼乐之文,射、御、书、数之法,皆至理所寓,而日用之不可阙者也。朝夕游焉,以博其义理之趣,则应务有余,而心亦无所放矣。"④《庄子》认为:"技兼于事,事兼于义,义兼于德,德兼于道,道兼于天。"(《庄子·天地》)无论是儒家还是道家,都不把技艺仅仅看成其本身,他们都肯定技艺有形上意蕴。形而下的技艺可以表现形而上之道,这表明二者是相贯通的。

其次,形而上之道的"通而为一"表明,"道"与"技艺"是相贯通的。"形而上者谓之道,形而下者谓之器。化而裁之谓之变。推而行之谓之通。举而错之天下之民谓之事业。"(《周易·系辞上》)道的作用是"通",不通者不能称之为"道"。"行于万物者,道也。"(《庄子·天地》)道通万物的重要方式是以"路径"通。而路径与方法、术、技、艺是密切相关的。道术、道艺等词语的出现与运用,也表明道与技艺之间有着原始的关联。在中国哲学中,知"道"通常内蕴着知道"如何做",而"技艺"展示的正是"如何做"的路径与方法。如果我们把"道"理解为"总路径",那么离开技艺,"道"这一总路径就没办法得到完全展示;如果我们把知"道"理解为知道"道"这

---

① 楼宇烈.中国文化的道与艺——由艺臻道以道统艺[J].学术交流,2014(10):5.
② 李泽厚.华夏美学[M].桂林:广西师范大学出版社,2001:66.
③ 丛文俊.《周礼》"三德"、"道艺"古义斠诠[J].史学集刊,1998(2):59.
④ 朱熹.四书章句集注[M].北京:中华书局,1983:94.

一总路径,那么离开技艺的知"道",所知的也只能是抽象的、难以贯通于具体实践领域的"道"。这样的"道",不是中国哲学所推崇的"道"。这意味着,从"道"自身的规定性来看,它应是与"技艺"相通的。

(二)由技艺而道是必要的

由技艺而道之所以必要,是因为:其一,技艺在知"道"方面有不可替代的作用;其二,"技艺"与"道"在现实中常常表现出某种分离;其三,由技艺而道符合认识的规律。

首先,技艺在知"道"方面有不可替代的作用。在中国思想中,形而上之道有难以言传的特点。由于语言在表现、传达道上存在局限,因此知"道"不能完全依赖语言。《庄子》中提及的工匠轮扁,其斫轮的技艺可以说已进乎道,但他无法用语言把这种技艺传给子孙。"不徐不疾,得之于手而应于心,口不能言,有数存焉于其间。"(《庄子·天道》)轮扁认为,道有不可言传的一面,所以即便他毫无保留,也无法将其所得悉数传于子孙。这意味着,对道的真切体会,有时候只能靠人们在各自的活动中去摸索。语言在道的获得与传递方面的局限性,是由技艺而道的路径之所以必要的一个重要原因。

其次,技艺与道在现实中常常表现出某种分离。如果从事技艺活动的人,都能够从技艺中得"道",同时任何知"道"的人,都能技艺娴熟的话,那么,由技艺而道的路径开拓就没有必要了。但实际的情况是,技艺与道常常表现出某种分离。孔子的弟子多通六艺,但只有颜回被称赞好学,程颐对此的解释是:颜回能够"学以至圣人之道也"(《近思录·为学》)。这表明通六艺并不等于知"道"。道与艺的分离是现实的状况,但人们对二者关系的期待是道、艺相合。苏轼认为,"有道而不艺,则物虽形于心,不形于手"[1],反过来,"技进而道不进,则不可"[2]。由技艺而道,从技艺方面说,是要求技艺能够体现道;从道的方面说,是要避免道的抽象化。所以无论是从技艺还是从道的角度来看,由技艺而道都是必要的。

最后,由技艺而道符合认识的规律。认识的终极目标是把握道,但把握道要讲究一个次第。朱熹认为,道、德、仁、艺中,"艺是小学工夫,若说先后,则艺为先,而三者为后"[3]。道涉及形上之域,人们对形上之域的把握,比起对形下之域的把握来说,更为困难。传统的小学、大学之分主要是基于一种循序渐进的考虑。小学学习

---

① 苏轼. 苏东坡全集:第 6 卷[M]. 北京:北京燕山出版社,2009:3232.
② 苏轼. 苏东坡全集:第 6 卷[M]. 北京:北京燕山出版社,2009:3211.
③ 朱熹. 朱子语类:卷三十四[M]. 黎靖德,编. 北京:中华书局,2020:937.

的主要是一些操作性的、记忆性的内容,如书写、洒扫、应对、进退等,而大学则多涉及抽象的、形而上的道理。没有小学的基础,大学的学习就缺少根基。不过,技艺只是起点而不是终点,所以学不能止于技艺。由技艺而道,是认识循序渐进的要求。

（三）由技艺而道的途径

由技艺而道既是可能的,也是必要的,那么,由技艺而道的途径主要有哪些呢?

1. 在技艺的学习中明道

在技艺的学习中明道,即在习艺的过程中,把握作为规则的"道"。例如,在习射的过程中,通过身体姿势、心志、情绪的调整,人们对"射"的规律性的认识、对天人合一的"度"的认识逐渐清晰,这可视为一个明"道"的过程。又如,中医学习的重要目标在于把握人体之"和"以及"天人之合",这一学习过程也可以看作一个明"道"的过程。"中医的核心是'中和',人体只有达到'中和'才能恢复和保持健康。疾病的根源就在于身体的阴阳不调、五行失序。致中和,天地位焉,万物育焉,生生不已。"①程明道在谈及"书"艺的时候指出,"书"不仅是单纯地要把字写好,经由"书",我们还要学会"敬"。张栻认为,艺的重要功能是"养吾德性",而德性培养的一个重要目标是"明道"。

2. 在技艺的运用中体道

李泽厚将"游于艺"之"游"解释为"合目的性与合规律性相统一的审美自由感"②。余英时认为,"'游'字往往指人的精神或心灵的一种特殊活动,并假定人的精神或心灵能够修炼到自由而超越的境界"③。技艺是人与世界打交道的方式、技能,它联系着人与外部世界（包括他人）,具有"通"与"合"的作用。高超的技艺具有沟通主体与客体、实现天人合一的功能。在这样的技艺运用中,人们能够体会"道"的"通"与"合"。梓庆削木为鐻的技艺出神入化,其对为鐻过程的描述是:"臣将为鐻,未尝敢以耗气也。必齐以静心。齐三日,而不敢怀庆赏爵禄;齐五日,不敢怀非誉巧拙;齐七日,辄然忘吾有四枝形体也。当是时也,无公朝,其巧专而外骨消;然后入山林,观天性,形躯至矣,然后成见鐻,然后加手焉;不然则已。则以天合天,器之所以疑神者,其是与!"（《庄子·达生》）从上述描述可以看出,运用、展现技艺的过程同时可以是不断体会"道"的过程。

① 楼宇烈. 中国文化的道与艺——由艺臻道以道统艺[J]. 学术交流,2014(10):9.
② 李泽厚. 华夏美学[M]. 桂林:广西师范大学出版社,2001:66.
③ 余英时. 中国文化史通释[M]. 北京:三联书店,2012:194.

3. 在对技艺的欣赏中品道

"道"遍在于万物,所以无论是自然物还是人造物,其中都包含"道"。这意味着,我们既可以通过观自然物来品道,也可以通过观人造物来品道。所谓"天地有大美而不言,四时有明法而不议,万物有成理而不说。圣人者,原天地之美而达万物之理。是故至人无为,大圣不作,观于天地之谓也"(《庄子·知北游》)。这是通过观自然物以品道。除此之外,"观"由技艺而来的人造物(劳动成果、艺术品)也可以品道。某种意义上,高超的技艺是天道的呈现,而其成果是天道的完成。钱钟书认为,"盖艺之至者,从心所欲,而不逾矩;师天写实,而犁然有当于心;师心造境,而秩然勿倍于理。莎士比亚尝曰:'人艺足补天工,然而人艺即天工也。'圆通妙彻,圣哉言乎。人出于天,故人之补天,即天之假手自补,天之自补,则必人巧能泯。造化之秘,与心匠之运,沆瀣融会,无分彼此"①。这意味着,人们通过对体现道的技艺成果的观赏,也可以接近"道"。

由技艺而道的知"道"路径,不是知"道"的唯一路径,所以不同学派、不同学者对由技艺而道的路径的重视程度也不尽相同。张载强调不萌于见闻的德性之知的重要性,体现了对由德而道的认识路径的重视;颜元认为"德成"有赖于"艺精","艺精则行实,行实则德成矣"②;方以智强调道寓于艺,艺外无道,这无疑是更重视由技艺而道的路径。尽管人们对由技艺而道的路径的重视程度有所不同,但无论如何,中国传统知论中存在一条由技艺而道的知"道"路径,这是毋庸置疑的。

四、梳理知"道"路径的意义

中国传统知论既然以求知"道"为重要目标,就必然致力于对知"道"路径的探讨。经由理论沉思的形而上的知"道"路径、经由伦理实践的由德而道的知"道"路径、经由生产制作的由技艺而道的知"道"路径,是中国传统知论着力开拓的三条知"道"路径。总体上看,三条路径中,道家比较重视第一条路径,儒家比较重视第二条路径。由于儒、道两家在中国思想中占据重要地位,因此这两条知"道"路径的影响要大于由技艺而道的知"道"路径的影响。但儒、道两家也没有完全否认第三条路径,儒家对"六艺"与"道"的关系的阐述,道家的技进于道的观点,表明儒、道两家

---

① 钱钟书.谈艺录[M].北京:中华书局,1984:61—62.
② 颜元.颜元集[M].王星贤,点校.北京:中华书局,1987:194.

也注意到了由技艺而道的路径。

梳理中国传统知论的三条知"道"路径,对于我们准确把握中国哲学、传统知论具有重要意义。首先,只有搞清楚中国传统知论的形而上的知"道"路径,我们才能明了中国传统知论与其形而上学是天然联系在一起的,才能明了中西形而上学的根本差异:中国哲学的形而上学是"道论"而不是"是论","道论"与"是论"虽然都是以逻辑的、分析的方法建立起来的体系,但其入手处、逻辑基础、侧重点均有所不同。其次,只有搞清楚中国传统知论由德而道的知"道"路径,才能明了中西认识论的差异不能归结为道德认识论与自然认识论的差异:中国传统知论之重"道德",不能仅仅从伦理学层面去理解。从认识论上说,其重"德"的一个重要目标在于知"道"。"成仁赴义都是行道。凡非迫于势而又求心之所安而为之,或不得已而为之,或知其不可为而为之的事,无论其直接的目的是仁是义,或是孝是忠,而间接的目标只是行道。"①在传统哲学中,"德"是联系着"道"的,看不到这一点,就容易抹杀传统哲学的形上维度、降低传统哲学与传统文化的高度。冯友兰认为:"中国哲学有一个主要的传统,有一个思想的主流。这个传统就是求一种最高的境界。这种境界是最高的,但又是不离乎人伦日用的。这种境界,就是即世间而出世间的。这种境界以及这种哲学,我们说它是'极高明而道中庸'。"②中国传统哲学有"极高明"的一面,与其血脉相连的中国传统知论也有这样一个维度,如果生长于这个传统中的人都看不到或忽视这一维度,将中国哲学主要看成道德说教,将中国传统知论主要看成对道德的认识,那么中国传统哲学、传统知论的高度就必然被降低,中国思想的高度也会被降低。再次,只有搞清楚中国传统知论由技艺而道的知"道"路径,才能明白中国传统精湛技艺的动力所在,才能明白中国的工匠精神,才能明白中国艺术的特点。有论者认为,"中国传统文化的任务是明道、行道、传道,人生境界以求道、悟道、证道为根本,各种技艺也都以'载道'为内涵,以达到'道'作为最终究竟"③。总之,中国传统知论三条知"道"路径的澄明,是我们深入理解中国哲学以及传统知论特点的重要切入点。

①　金岳霖.论道[M].北京:商务印书馆,1987:16.
②　冯友兰.三松堂全集:第 5 卷[M].郑州:河南人民出版社,2001:5.
③　楼宇烈.中国文化的道与艺——由艺臻道以道统艺[J].学术交流,2014(10):5.

第二节 认识主体知"道"能力的扩展

中国传统知论所论之"知",以求知"道"为目标。知"道"之所以能成为目标,首先是因为人能知"道"。假如人没有知"道"的能力,知"道"就不可能,那么求知"道"也不会成为认识活动的目标。其次是因为知"道"不易。如果人能轻而易举地知"道",知"道"就不会成为认识的目标。中国传统知论既以求知"道"为目标,它就要肯定人有知"道"的能力,同时要承认知"道"并非易事。与肯定人有知"道"的能力相应,中国传统知论表现出一种认识论上的乐观主义;与承认知"道"并非易事相应,中国传统知论又似乎有某种悲观的倾向。乐观与悲观之间的张力,使得中国传统知论表现出一种挖掘主体认识能力的偏好。

一、肯定人有知"道"的能力

中西认识论的一个重大差别,是中国传统知论不大讨论"知之可能与限度"的问题。"中国哲学中关于知之可能与限度的理论,实在比较简略,此乃由于大多数思想家认为知之可能本无问题,所以不加讨论。"①为什么西方认识论认为非常重要的"知之可能与限度"问题,中国传统知论却认为无须讨论? 我们认为,这与中国传统知论对人的知"道"能力的乐观态度有关。

从西方哲学的历史发展来看,古希腊的智者派就以其怀疑主义和相对主义,对知之可能提出了质疑。自笛卡尔始,对人的认识能力的反思、对认识对象及范围的限定,更是构成了西方认识论的重要内容。但是,对中国传统知论而言,如果像西方认识论那样限定人的认识能力、限定认识的对象和范围,知"道"的认识目标就不得不取消,这对中国传统文化而言,是难以接受的。因为在中国文化中,"道"不仅是事物运动变化的一般法则,而且是意义、秩序、言行的终极根据。所以知"道"也许困难重重,却是不能放弃的目标。既然不能放弃知"道"的目标,就必须承诺人有知"道"的能力。这种承诺,使得中国传统知论呈现出对人的认识能力的一种乐观态度。汉学家墨子刻认为,中西认识论的不同,也许可以概括为乐观主义认识论与

---

① 张岱年.张岱年全集:第 2 卷[M].石家庄:河北人民出版社,1996:545—546.

悲观主义认识论的不同。乐观主义认识论常常联系着可知论,而悲观主义认识论常常联系着不可知论。"悲观主义认识论是指中国学术界所常常批评的'不可知论',是从17世纪开始的'西方认识论大革命'所形成的思潮。"[1]

中国传统知论对人的认识能力的乐观承诺,表现为认定人有知"道"的能力。知"道"的人可以是具有特别天赋的人,如圣人、神人、至人等,也可以是完成了某种特定修养的人,甚至可以是普通人。

儒家对人的知"道"能力的乐观态度是比较明显的。孟子认为,人们是可以知"道"的,有些人之所以不知"道",关键在于没有求知"道"之心。"夫道若大路然,岂难知哉?人病不求耳。"(《孟子·告子下》)

首先,儒家肯定圣人有知"道"的能力。孔子认为,知之途径有三——生知、学知、困知,三种认识途径有高下之不同。"生而知之者,上也;学而知之者,次也;困而学之,又其次也。"(《论语·季氏》)是否如孔子所言存在着生而知之者,是一个有争议的问题,但孔子认为某些人在知"道"方面有特别的天赋,这是可以肯定的。[2]不独孔子,孟子也强调,某些人在推进人类认识方面,具有引领性的作用。他认为,"离娄之明、公输子之巧,不以规矩,不能成方圆;师旷之聪,不以六律,不能正五音;尧舜之道,不以仁政,不能平治天下"(《孟子·离娄上》)。那么,规矩、六律、仁政的原则是从哪里来的呢?是圣人发现、制定的。"圣人既竭目力焉,继之以规矩准绳,以为方员平直,不可胜用也;既竭耳力焉,继之以六律正五音,不可胜用也;既竭心思焉,继之以不忍人之政,而仁覆天下矣。"(《孟子·离娄上》)

其次,儒家认为普通人也有知"道"的能力。在儒家看来,普通人虽不能"生知",却可以通过"学知"或"困知"去把握道,"夫妇之愚,可以与知焉"(《中庸》)。生知、学知、困知,路径虽不同,但结果都是知"道"。"或生而知之,或学而知之,或困而知之,及其知之一也。"(《中庸》)这实际上是敞开了普通人知"道"的可能性。荀子认为:"万物莫形而不见,莫见而不论,莫论而失位。坐于室而见四海,处于今而论久远,疏观万物而知其情,参稽治乱而通其度,经纬天地而材官万物,制割大理,而宇宙里矣。"(《荀子·解蔽》)也就是说,人有感知的能力,有论辩的能力。借助这些能力,人能够坐在室内而看到天下,能够生活在当今而谈论远古,能够洞察万物而了解真相,能够考察治乱而知其规律,能够治理天地而利用万物。做到了这些,

① 墨子刻.乌托邦主义与孔子思想的精神价值[J].华东师范大学学报,2000(2):20.
② 杜汉生."生而知之"辨[J].湖北师范学院学报,2010(1):4.

在某种意义上也就是知"道"了。

当然，早期儒家所讲的"道"，偏重人道，所以其所知之"道"，有时难以涵盖天道，这一点在荀子那里表现得尤为明显。然而值得注意的是，在"道"演化成一个合天道与人道的概念后，儒家对人的知"道"能力仍未加限定。这也许是因为，如果否定了人的知"道"能力，人的道德理想的合理性、道德行为的自觉性就会受到质疑，这无疑会动摇儒学的根基。

与儒家相比，道家对人的认识能力的肯定，要审慎得多。一些学者认为，道家，尤其是庄子，具有一种反知的倾向。确实，对"为学日益，为道日损"（《老子》第四十八章）的断定，对"吾生也有涯，而知也无涯。以有涯随无涯，殆已"（《庄子·养生主》）的体认，似乎表明道家对人的认识能力不那么乐观。但是，如果仔细考察道家对知之层次的划分，我们就会发现，从根本上说，道家并不否认人有知"道"的能力。

在道家那里，"知"既可以指通常意义上的对具体事物的"知之所知""小知"，也可以指与"道"相关的"不知之知""大知"。与"知之所知"相比，"不知之知"更接近"真知"。在《庄子·应帝王》中，王倪四问四不知，但这种"不识不知"，反而更切近天道。"王乃天，天乃道，不识不知者，王之所以体天而合道，而衣被万物而安之者也。"①同样，与"小知"相比，"大知"更接近"真知"。"小知不及大知"（《庄子·逍遥游》），"大知闲闲，小知间间"（《庄子·齐物论》）。"小知""知之所知"存在的意义，在于它是被"损"的对象，是达于"大知""不知之知"的初始环节。"知人之所为者，以其知之所知，以养其知之所不知。"（《庄子·大宗师》）这意味着，"知之所知""小知"是服务于"不知之知""大知"的，不过其服务后者的方式是自我否定。道家的"反知"，反的是"知之所知"及"小知"，而这种"反"或否定并不是终结，相反，它是获取"不知之知""大知"的重要环节。当然，要扬弃"知之所知""小知"，就必须采用一些特别的方法，如闭目塞听、致虚极、守静笃，如堕肢体、黜聪明、离形去知等。那么，是否有"人"能借助上述方法完成由小知到大知的飞跃呢？道家的回答是肯定的。《老子》中多次提及的圣人以及《庄子》中的至人、神人、圣人，就可以被视为完成了这种飞跃的人。

与中国传统知论肯定人有知"道"能力不同，西方认识论尤其是西方近代以来的认识论则否认人有这种能力。有论者认为，除了上帝和他的代言人，谁都不可能

---

① 吕惠卿.庄子义集校[M].北京:中华书局,2009:151—152.

"以道观之"①。承认人能够知"道"、能够"以道观之",在某种意义上是把"人"放在了与"神"比肩的位置,这在西方文化传统中,是很难被接受的。但是,在中国文化传统中,承认这一点并没有那么离经叛道。因为在缺少神创观念的中国文化中,"神"的地位没有那么高,"人"的地位也没有那么低。周初之时,人格天(帝)是受"德"制约的——天支持有德者,惩罚失德者。这意味着,"德"并不隶属于"天""帝",而"天""帝"反而要受制于"德"。② "德"与"帝""天"关系的这种设定影响了儒家,所以儒家更关注"德"而不是"神""鬼"。在道家那里,"帝""神""鬼"同样受理则约束,这一理则被称为"道"。中国传统知论肯定人能够把握约束"帝""天"的理则("道""德"),实际上也就赋予了"人"以某种"神"性。而在西方,即便是高扬人的主体性、强调"人为自然立法"的康德,也悬置了具有形上意义的上帝、自由、物自体,并且限制人们将主体认识能力加诸其上。

中国传统知论之所以对人的认识能力持乐观态度,之所以把知"道"设定为一个可以企及的认识目标,从发生学的角度看,可能与先民在改造世界过程中取得的成就以及人们对这种成就的正面理解有关。中华文明被认为是一种"早熟的文明",这种文明的成就主要被归功于三皇五帝一类的"人",而不是西方意义上的"神"。相传黄帝有一系列伟大的功绩:"教民'兴事创业','治五气',改造自然环境;'艺五种','佐五谷,养民人',发展农业生产;制衣冠、造舟楫、用牛车、做弓箭、创医药,创造器物文明;立'礼法文度','别男女,异雌雄,明上下,等贵贱'、创官制、明财产、定婚嫁、立丧制,创立制度文明;造书契、绘图画、作甲子(历法)、定算数、制音律,创建精神文明。"③当然,传说不一定完全合乎史实,但这些传说的存在至少可以表明,先民创造文明的能力给后人留下了深刻印象。而这些传说的代代相传必然对民族的心理积淀产生深远影响。这种影响在人们的祖先崇拜中,在"复三代之治"的社会理想中,在文化复古主义倾向中,都有这样那样的表现。在这样一种文化传统中,特别强调"人"而不是"神"的作用、肯定人有知"道"的能力,是比较自然的。④

---

① 墨子刻.形上思维与历史性的思想规矩——论郁振华的《形上的智慧如何可能?——中国现代哲学的沉思》[J].清华大学学报,2001(6):61.

② 劳思光.新编中国哲学史:第1卷[M].桂林:广西师范大学出版社,2005:70.

③ 赵馥洁.为什么把黄帝称为"人文初祖"[N].中华读书报,2008-04-09(12).

④ 刘静芳.中国传统知论的特点[J].哲学研究,2016(5):55.

二、承认知"道"不易

中国传统知论肯定人有知"道"的能力,但道的"无形无象""一""全"等特点,决定了知"道"并非易事。知"道"之不易,表现在诸多方面。

(一)知"道"要求把握"无形无象"者,所以知"道"不易

"道"具有"形而上"的特点。对于无形无象的道的把握,人类的感性能力和理性能力都有局限。一方面,感官在知"道"方面,有着天然的局限性。道无声无臭,无形无象,视之不见,听之不闻,搏之不得。(《老子》第十四章)这意味着,我们的眼、耳、鼻、舌、身很难"抓住"它。另一方面,理性的工具——概念,也很难把握"道"。"夫精粗者,期于有形者也;无形者,数之所不能分也;不可围者,数之所不能穷也。可以言论者,物之粗也;可以意致者,物之精也;言之所不能论,意之所不能察致者,不期精粗焉。"(《庄子·秋水》)在有形的领域中,言论可以表达物的粗略的一面,思想可以表达物的精微的一面。如果超出有形的领域,进入无形之域的话,语言、思想就力有不逮了,因为无形的"道"无法用名数分解、表达。① 人类的感性与理性是我们认识世界的基本工具,如果这些基本工具都难以把握道,那就说明知"道"确实不易。

(二)知"道"要求把握"一",所以知"道"不易

道具有整体性,道是一,所以割裂道就无法真正地知"道"。知"道"的人,"配神明,醇天地,育万物,和天下,泽及百姓,明于本数,系于末度,六通四辟,小大精粗,其运无乎不在"(《庄子·天下》)。这意味着,知"道"的人应能够与自然化为一体,能够取法天地、哺育万物、调和天下、恩泽施布百姓,能够明白大道的根本和礼法度数,东西南北上下无所不通,大小粗细的道术运行无所不在。② 在《庄子》看来,大部分人,即便是世人眼中有才智的人,也多是得一察焉以自好。"譬如耳目鼻口,皆有所明,不能相通。犹百家众技也,皆有所长,时有所用。虽然,不该不遍,一曲之士也。判天地之美,析万物之理,察古人之全,寡能备于天地之美,称神明之容。"(《庄子·天下》)各家的"一察",只是对世界的分割性的把握,不能算是知"道"之"一",而要知"道"之"一",绝非易事。

---

① 冯契.中国古代哲学的逻辑发展(上)[M].上海:华东师范大学出版社,1997:223.
② 方勇.庄子[M].北京:中华书局,2015:570.

(三)知"道"要求把握"全",所以知"道"不易

道具有包容性,它是对立面、相异者之间的联结者。就此而言,任何的"偏""蔽"都会影响对道的把握。荀子认为,"万物为道一偏,一物为万物一偏,愚者为一物一偏,而自以为知道,无知也。慎子有见于后,无见于先;老子有见于诎,无见于信;墨子有见于齐,无见于畸;宋子有见于少,无见于多"(《荀子·天论》)。一偏之见会产生诸多不良后果:"有后而无先,则群众无门;有诎而无信,则贵贱不分;有齐而无畸,则政令不施;有少而无多,则群众不化。"(《荀子·天论》)有后无先之偏向,使群众找不到方向;有诎无信之偏向,使贵贱无别;有齐无畸之偏向,使政令不能实施;有少无多之偏向,使群众无从得到教化。一偏之见有种种危害,但荀子认为,即便是老子、慎子、墨子、宋子这样的人,也很难避免偏见的产生,这意味着,知"道"并非易事。

(四)知"道"要求把握路径,所以知"道"不易

道的本义是路,作为哲学范畴的道虽然是对道路的抽象,但抽象的道仍有路径的意象。所以广义的知"道",包含着知道人的合理行动的路径。"知道察,知道行,体道者也。"(《荀子·解蔽》)真正体会"道"的人,不仅要了解"道",而且要能够将其付诸行动,能够在具体的情境中进行权衡与选择,做出合理的反应。"知道者必达于理,达于理者必明于权,明于权者不以物害己。"(《庄子·秋水》)不知道如何行动,或者说没有合理的行动,不能算真正地知"道"。然而,知道如何行动不是一件简单的事,因为人的行动是在具体情境中进行的,它涉及诸多复杂因素。知"道"的人,一方面要能够"知其所为,知其所不为"(《荀子·天论》),即知道什么应该做,什么不应该做;另一方面要能够明了行动应基于什么条件、朝向何种方向、采取什么方式、造成何种后果等。就此而言,联系着具体行动的知"道",绝非易事。

对中国传统知论而言,知"道"是必要的,因为如果不知"道",我们就不知道行动的根据、目标、路径。但是,知"道"也很难。知"道"之难,主要是源于认识主体能力与知"道"目标之间的紧张。知"道"的必要性决定了知"道"这一目标不能取消,既然如此,我们就只能通过扩展认识主体的知"道"能力来解决问题。中国传统知论的一个重要特点,就是致力于人的知"道"能力的扩展。

三、挖掘认识主体的知"道"能力

在挖掘认识主体的知"道"能力方面,中国传统知论主要致力于以下几个方面:

其一,挖掘与感官相关的知"道"能力;其二,挖掘与心相关的知"道"能力;其三,挖掘与精神相关的知"道"能力。

（一）致力于挖掘与感官相关的知"道"能力

感官是人感知外部世界的器官。中国传统哲学对感官的感知作用予以了肯定。《周易》认为,"仰观俯察"是人类认识世界的重要方式,这是对视觉的认识作用的肯定;孔子强调"多闻,择其善者而从之"（《论语·述而》）,宣称"朝闻道,夕死可矣"（《论语·里仁》）,这是对听觉的认识作用的肯定。当然,对听、闻的肯定也联系着对言的认识作用的肯定。中国传统知论不否认人的感官、感觉在知"道"方面有很多局限,却并未因此而放弃感官,而是致力于挖掘与感官相关的知"道"能力。这种挖掘表现在两个方面:一是挖掘单一感官的能力,二是挖掘作为感官综合之"体"的能力。

1. 挖掘单一感官的能力

这种挖掘表现在对视、听、言等能力的挖掘上。

（1）在视的能力的挖掘方面,中国传统知论基于视,延伸出了各种观。一般的视或观,固然难以见道,但特定视角与方式的观,也许能够见道。《周易·系辞上》说,"易与天地准,故能弥纶天地之道。仰以观于天文,俯以察于地理,是故知幽明之故。原始反终,故知死生之说。精气为物,游魂为变,是故知鬼神之情状"。在《周易》看来,以"易"为视角的观,是可以见"道"的观。《庄子·秋水》认为,若要见"道",则不能以"趣"观,不能以"功"观,不能以"差"观,不能以"俗"观,而是要把造成差异性的各种因素去掉,从无是非、无贵贱、无高低的视角去观,即以"道"观。与"以道观之"相近,邵雍主张以心观物、以理观物。"夫所以谓之观物者,非以目观之也,非观之以目,而观之以心也,非观之以心,而观之以理也。"①上述种种观是对视或者说目视的改造,但它们既然被称为观,则意味着其仍有视的意象在,所以可以被看作对视的能力的一种挖掘。

（2）在听的能力的挖掘方面,中国传统知论提出了听的多种方式。在中国哲学中,听觉的地位似乎比视觉略胜一筹。"见而知之,智也。闻而知之,圣也。"（《郭店楚墓竹简·五行》）儒家以"仁且智"定义"圣",说明"圣"有超越"智"的一面。而把"见"与"智"相关联,把"闻"与"圣"相关联,则反映出听之于视有一种优越性。不过,听之于视虽有某种优越性,但这并不意味着一般的听就能够"闻"道。《庄

---

① 邵雍.皇极经世书[M].陈明,点校.上海:学林出版社,2003:900.

子·人间世》认为,理想的听,应该是"无听之以耳而听之以心""无听之以心而听之以气"。"听之以气"之听,是不被感官所阻隔的、不被符号所阻隔的听,是如气之"虚而待物"一般的、能容纳各种声音的听。这种听,也许近似于孔子所说的"六十而耳顺"之听,是近道之听。

　　(3)在言语能力的挖掘方面,中国传统知论探索了言的不同方式。在把握道方面,言无疑有其局限性。孔子认为:"天何言哉? 四时行焉,百物生焉,天何言哉?"(《论语·阳货》)老子与庄子也对语言把握"道"的能力提出了质疑,但孔子收徒讲学传道的重要手段就是言;《老子》五千言,核心即"言"道;《庄子》强调道不可言,但其言说的核心也在"道"。道家认为一般的言在把握道方面有其局限,所以他们对道的言说采用了不同于平常言说的方式。老子用"常名""正言若反"的方式言说道,而庄子则用"谬悠之说""荒唐之言""无端崖之辞"言说道。庄子言说道的形式可以归结为卮言、重言、寓言。卮言是变动不居之言,重言是古人、老人之言,寓言是寄托于故事之言。庄子之所以要采用这类语言形式言说道,是因为这样的语言形式可以达于"道"所要求的"曼衍""真""广":"以卮言为曼衍,以重言为真,以寓言为广。"(《庄子·天下》)三种言说方式中,重言有时也会采用卮言、寓言的形式。卮言、寓言的言说方式之所以能够近道,是因为它们能克服日常语言静止与抽象的局限。"以卮言为曼衍",是要用变动不居的语言,克服概念的凝固与静止,把握具有流动性的"道"。所谓"卮言",就是"人家怎么说,我就跟着怎么说,但这是为了利用人家的话来达到齐是非、均彼我"①。冯契认为,《庄子》中属于卮言的经典言说是:"以差观之,因其所大而大之,则万物莫不大;因其所小而小之,则万物莫不小。知天地之为稊米也,知毫末之为丘山也,则差数睹矣。以功观之,因其所有而有之,则万物莫不有;因其所无而无之,则万物莫不无。知东西之相反而不可以相无,则功分定矣。以趣观之,因其所然而然之,则万物莫不然;因其所非而非之,则万物莫不非。知尧、桀之自然而相非,则趣操睹矣。"(《庄子·秋水》)以差观之、以功观之、以趣观之是人们观察事物的普通视角,这种视角是蕴含差异性的视角。《庄子》也从这样的视角出发,但是,其最后得出的结论是齐差异、泯彼此,这样一来,语言就突破了原有的界限,完成了其"曼衍"。"以寓言为广",是要借助寓言来克服概念的抽象性,具体地表现"道"。《庄子》中有很多寓言,在这些寓言中,"道"不再是抽象的

---

　　①　冯契.中国古代哲学的逻辑发展(上)[M].上海:华东师范大学出版社,1997:226.

概念,而是在具体生动、富于感性色彩的形象中得到体现①,这意味着,寓言这种语言形式能够通过具体而触及"道"。

2. 挖掘作为感官综合之体的知"道"能力

单一感官,各有其局限性,即便是将各种感官能力扩展至极致,其天然的局限性也很难被完全克服。提升感官能力的另一途径,是对各种感官能力进行综合,以综合各种感官的"体"去把握道。汉语中的体既可以作为名词使用,也可以作为动词使用。作为名词的体,其基本含义是指事物的本身或全部。作为动词的体,其基本含义是使部分成为一体。作为动词的体,可以看作一种方法。作为知"道"方法的体,其依托的是综合了各种感官的人体,其目标是通过消除感官的隔绝,以一体之感官与对象合为一体进而把握对象的整体。体道的过程是人们综合运用人体的各种能力,力图把握整体性的"道",达到与道为一的过程。

中国传统知论对体道的强调有多方面的理由。其一,从人之一面讲,单一感官有其局限性,以体替代单一感官,会获得综合性的认识能力。因为比起单一感觉,体知具有一种综合性。其二,从道之一面讲,没有人与万物的合而为一,就难以把握"道一"之道。道是联结者,它把世界联结为一个整体。如果人跳出这个整体,站在世界之外,这个"一"就不再是一,而是二。人是万物中的一物,是整个宇宙的一部分,如果把人从宇宙中抽离出来去把握道,那就不仅割裂了整体,而且割裂了道。也许正因为如此,传统哲学倾向于把人与万物的关系看成内在关系而不是外在关系。在外在关系中,关系双方中一方的改变并不影响另一方的性质。而在内在关系中,关系双方中一方的改变会影响关系乃至另一关系者。把人与世界、人与道的关系看成内在关系,就要在人与世界合二为一的视域中考察道,就不能以静观的态度将世界看成一个客观的外在物。中国哲学对"万物一体"的强调,反映在方法论上,就是要求"体物""体道"。"道必体而后见,非已见道而后加体道之功也。"②不与万物一体,所知之"道"就不是作为"一"的"道";能与万物一体,则有可能知"道一"之"道"。

(二)致力于挖掘与心相关的知"道"能力

中国传统知论十分重视心之超越感官的能力,并且认为这些能力有助于知"道"。第一,心能思而感官不能思。孟子认为,"耳目之官不思",而"心之官则思"

---

① 冯契.中国古代哲学的逻辑发展(上)[M].上海:华东师范大学出版社,1997:226.
② 王守仁.王阳明全集[M].吴光,等编校.上海:上海古籍出版社,1992:75.

（《孟子·告子上》）。耳目之官不思，所以容易蔽于物。心的功能主要是思，思可以在一定程度上摆脱物，所以有可能免于物之蔽，因而更适合把握"道"。第二，心能够统领感官，而感官不能统领心。《管子》认为，"心之在体，君之位也；九窍之有职，官之分也"（《管子·心术上》）。"心居中虚以治五官，夫是之谓天君。"（《荀子·天论》）处于"君"位的心，具有一种自主性、统合性，它能够统领感官、统合感觉，所以更适合把握道。第三，心具有包容性，而感官通常是单一的、片面的。荀子认为，心可以包容对立的属性。一方面，心有藏、有满（两）、有动。有藏，即有贮藏；有满（两），即有区分；有动，即常常不能处于安静状态。心的这些特点是不利于知"道"的。但另一方面，心也能"虚壹而静"。"心未尝不藏也，然而有所谓虚；心未尝不满也，然而有所谓一；心未尝不动也，然而有所谓静。"（《荀子·解蔽》）虚，所以能够"不以所已藏害所将受"；壹，所以能够"不以夫一害此一"；静，所以能够"不以梦剧乱知"（《荀子·解蔽》）。心的虚壹而静的能力，有利于知"道"。中国哲学中的心学一派认为，心与道是可以二而为一的。"诸君要实见此道，须从自己心上体认，不假外求始得。"①

中国哲学对心能知"道"的肯定，也许与其对巫文化的继承与转化有一定的关系。有论者认为，中国思想在脱魅的过程中，发生了这样一种转化：鬼神转而为"道"，巫转而为心，这样一来，"巫能知鬼神"便转化成"心能知道"。这种转化包含这样一些环节：第一，把超越世界从人格化的鬼神世界变为一个生生不息和无所不在的精神实体——道。第二，巫的沟通超越世界与现实世界的中介功能改由心来承担，因为心是人的精神的总枢纽。第三，巫经过一些必要的准备，如斋戒、沐浴、更衣等，方能通神。相应地，经过修炼，心方能知"道"。② 就此而言，中国传统知论致力于心知能力的扩展而不是像西方认识论那样不断地限定心的能力，与其所处的文化传统有密切的关系。

（三）致力于挖掘与精神相关的知"道"能力

中国传统知论一方面不断扩展与感官以及心相关的知"道"能力，另一方面也认为感官与心在把握"道"上都有局限性。《庄子·天地》中借寻找玄珠来探讨如何得"道"，结果找到玄珠的不是眼睛最亮的离朱，也不是有智慧的知以及能言善辩的喫诟。《庄子》认为，对知"道"而言，"听之以耳"不够，"听之以心"也不够，必须"听

---

① 王守仁. 王阳明全集［M］. 吴光，等编校. 上海：上海古籍出版社，1992：21.
② 余英时. 中国文化史通释［M］. 北京：三联书店，2012：195－220.

之以气"。如何"听之以气"？"听之以气"要诉诸精神活动。"'无听以耳'是要摈弃耳目感官的活动；'无听之以心'是进一步摈弃心智思虑的作用。那么，一切自觉的意识活动就停止，剩下来的只是'气'，此'气'指'精气'。精气在体内的活动即人体之精神。"①这里所谓的"精神"，是"道"与"形"的中间物。"精神生于道，形本生于精。"(《庄子·知北游》)道是精神的根源，精神又是肉体的根源。在《庄子》那里，存在两种类型的精神——存在于肉体之外的天地精神以及与肉体相结合的精神，两种类型的精神是相通的。"精神不但与其肉体是一个整体，而且与天地也是一个整体。正由于人的精神可以超越自己的肉体，而与天地精神往来，因此人的精神才有可能把握大道而与之合一。"②与天地精神相一致的状态，是无知无欲、无思无虑的状态。"无思无虑始知道，无处无服始安道，无从无道始得道。"(《庄子·知北游》)刘文英认为，道家对无知无欲、无思无虑状态的肯定，实际上是对潜意识的肯定。"吾丧我"和"无己""无心"，是潜意识的基本特征。中国传统知论对精神或者说潜意识的挖掘，是对人的知"道"能力的进一步扩展。

致力于扩展认识主体的知"道"能力，是中国传统知论的一个重要特点。这一特点既能够解释为什么中国近现代认识论普遍具有一种通过扩展主体认识能力解决认识论问题的倾向，也能部分地解释中华传统文化在认识方面表现出的一些特质，如重视人的主体地位，重视个体修养，重视教育、教化的作用，重视他者及共同体的智慧，等等。

第三节 "广一贯"确证原则的确立

中国传统知论既然以求知"道"为目标，那么它就要回答依据什么标准来判定所知为"道"的问题。所知为"道"的确证，离不开"道"本身的规定性的澄明。中国传统哲学认为，道是"一"，其作用是"通"。这意味着，所知为"道"的确证，要体现道的"通"与"一"。这个体现道的"通"与"一"的确证原则，被我们称为"广一贯"确证原则。

---

① 刘文英.道家的精神哲学与现代的潜意识概念[J].文史哲,2002(1):52.
② 刘文英.道家的精神哲学与现代的潜意识概念[J].文史哲,2002(1):50.

一、"广—贯"确证原则的根据

"广—贯"确证原则确立的根据是道的"通"与"一"。

"道"是中国哲学中最为复杂的概念之一。人们对道的内涵的理解不尽相同，却普遍认为，道有"通"与"一"的特点。

首先，从"道"这一名词兼具多种内涵来看，道有"通"与"一"的特点。冯友兰认为，道有多种含义，除形而前者、形而上者之外，道还有以下六种含义：（1）人在道德方面所应行之路；（2）真理全体；（3）本始材朴、真元之气；（4）动的宇宙；（5）无极而太极的"而"；（6）天道。① 道兼具多种含义这一事实本身，即表明其具有"通"与"一"的特点：它是形而上、形而前者，却可以贯通于形而下、形而后；它既指天道，也指人道；它涵括无极、太极，也涵括"无极而太极"。有论者认为，中国哲学中的道，是实体概念和属性概念的统一。作为实体的道，指的是世界万物的本原或根据；作为属性的道，指的是事物运动变化过程中的规律。② 而无论就实体还是就规律而言，或者就实体与规律的统一而言，道都具有"通"与"一"的特点。

其次，从观念史的角度来看，道有"通"与"一"的特点。道的含义，有一个历史演进的过程。道的本义是人行之路，后来被借指天行之道，成为天道；因天行之道常常联系着人的因应之术，所以对天道的遵循引申出王道、人道；而道器、道理等表达，则把道与物联系了起来。"理"原指玉之纹理，道向物"内"的贯通，使得"道理"受到普遍关注。而道术的表达则将道与人的具体行动关联了起来。③ 道之由人而天、由天而人而物的观念演进，表明道有"通"与"一"的特点。

最后，从人的活动领域来看，道有"通"与"一"的特点。亚里士多德把人的活动领域划分为理论沉思、实践（伦理与政治活动）、生产制作三个领域。中国哲学中的"形而上者谓之道"表明，道是贯通于理论沉思领域、形上之域的；但道并不局限于形上之域，它同时也贯通于伦理政治领域，伦理活动、政治活动都要遵循道，都不能无道；另外，中国哲学所谓"道"也在生产制作领域中表现其自身，承认"技"可以而且应该进于道，也就承认了道的这种贯通性。对中国哲学而言，理论沉思领域、实践领域、生产制作领域之间是贯通而非隔绝的，它们由道而"通"。

---

① 冯友兰．三松堂全集：第 4 卷［M］．郑州：河南人民出版社，2001：66.
② 葛荣晋．中国哲学范畴通论［M］．北京：首都师范大学出版社，2001：178.
③ 庞朴．庞朴文集：第 4 卷［M］．济南：山东大学出版社，2005：195－220.

对道的"通"与"一"，中国哲学尤其是道家与儒家哲学都多有阐发。

道家对道的"通"与"一"的特点特别重视。老子把道看成有、无之间周行的路径，这一路径是万事万物的变化都不得不遵循的路径。只要我们承认变化，这种变化所循的路径就只能是从无到有、从有到无，所以道是沟通不同事物、不同事物状态的恒常之路。这条路将万物联系成为一个整体。善与不善、美与不美、有与无、难与易、长与短、高与下、前与后、强与弱、福与祸等，均能以道相通。庄子认为，道是联结有、无的枢纽，"莛与楹，厉与西施，恢诡谲怪，道通为一"（《庄子·齐物论》）。道可以贯通是与非、彼与此，可以突破物的边界，使万物通而为一。

儒家对道的"通"与"一"也有充分的自觉。孔子自称"吾道一以贯之"。这个"一以贯之"的道是什么，有人认为是行，有人认为是忠恕，有人则认为是中庸之道。中庸之道要求我们不执一端而要见两端之通。孔子的四毋——毋意，毋必，毋固，毋我，都是对固执一端的反对。[①] 孟子认为，"夫道一而已矣"（《孟子·滕文公上》）。荀子指出，"天下无二道"（《荀子·解蔽》），道是一，"学也者，固学一之也"（《荀子·劝学》）。荀子批评百家不知"道"的理由，主要是百家不知"道"之"通"与"一"：墨子知用不知文，宋子知欲不知得，慎子知法不知贤，申子知势不知知，惠子知辞不知实，庄子知天不知人。（《荀子·解蔽》）从道的角度看，"用"与"文"应是通而为一的，"欲"与"得"应是通而为一的，"尊法"与"尊贤"应是通而为一的，"势"与"知"应是通而为一的，"辞"与"实"应是通而为一的，"天"与"人"应是通而为一的。"夫道者，体常而尽变，一隅不足以举之。"（《荀子·解蔽》）道是通而为一的，只见一隅，不能说是见道。道有肯定"用"的一面，但只看到这一面，道就全部成为功利了；道有肯定欲望的一面，但只看到这一面，道就全部成为满足了；道有肯定法的一面，但只看到这一面，道就全部成为法律条文了；道有肯定势的一面，但只看到这一面，道就全部成为方便行事了；道有肯定辞的一面，但只看到这一面，道就全部成为空洞的辩论了；道有自然的一面，但只看到这一面，道就全部成为因任自然了。[②] 只看见道的一面的人，被荀子称为"曲知"之人，"曲知"不能算是真正的知，其所知也不是道，因为道是通而为一的。

道的"通"与"一"表明，道具有一贯性。道的一贯性，决定了所知为"道"的确证离不开对一贯性的关注。道贯通天地万物、形上形下、过去未来，这意味着，我们必

---

① 庞朴. 庞朴文集：第 1 卷[M]. 济南：山东大学出版社，2005：15—23.

② 方勇. 李波. 荀子[M]. 北京：中华书局，2011：342.

须在各个领域内的一贯以及不同领域间的一贯中去确证所知为"道"。

二、"广一贯"确证原则的内涵

基于道的"通"与"一"或者说基于道的一贯性,中国传统知论发展出了一种可称为"广一贯"的确证原则。"广一贯"是张岱年在其"天人五论"中首先使用的概念,它不仅涉及认识本身的一贯,而且涉及认识、经验、实践三者的一贯,所以被称为"广一贯"。"真知必自己一致,必与感觉经验一致,更必与实践效果一致。"①张岱年"广一贯"确证原则的提出,一定程度上受到了中国传统知论潜移默化的影响,所以我们借用"广一贯"这一名称来指称中国传统知论的确证原则。②

"广一贯"确证原则是包含不同领域不同方面的一贯的确证原则。对于所知为"道"的检验来说,每一种一贯都是向道的接近,但特定领域、特定方面的一贯对所知为"道"的验证来说,都是不充分的。

从体、用的分别来看,道通常被视为体,就此而言,人对道的把握是对体的把握。人是否把握了作为体的道,通常只能通过"用"去验证,只能通过知"道"之人的思想、行为以及行为的后果去验证。因为道具有一贯性,所以如果认识主体的思想表现出一种一贯性,那么这种一贯性就能在一定程度上佐证其所"知"为"道";如果认识主体自身表现出一种一贯性,那么这种一贯性就能在一定程度上佐证其所"知"为"道";如果认识主体与外部环境表现出一种一贯性,那么这种一贯性就能在一定程度上佐证其所"知"为"道";如果认识主体的行动后果表现出一种一贯性,那么这种一贯性也能在一定程度上佐证其所"知"为"道"。

（一）"广一贯"涉及主体认识的一贯

主体认识的一贯,既包括个体认识的一贯,也包括群体认识的一贯。就个体而言,其认识的一贯有多方面的表现,如不自相矛盾,以及核心原则可以把思想的各个部分统合为一个有机整体等。

群体认识的一贯,是群体内同时并存的各种思想的一贯。群体认识的一贯,离不开个体的交往、思想的争鸣。近"道"的认识,应是能体现群体意见的综合的认识。《周易》提到"天下同归而殊途,一致而百虑"（《周易·系辞下》）,冯契认为,"一

---

① 张岱年. 张岱年全集:第 3 卷［M］. 石家庄:河北人民出版社,1996:222－223.
② 刘静芳. 中国传统知论的特点［J］. 哲学研究,2016(5):58.

致"与"百虑"交互运动的过程,是体现认识规律的过程。① 每一次"百虑"基础上的一致或一贯,都是向道的趋近,而"百虑"之一致或一贯,体现的是不同个体间认识的贯通。群体认识的一贯,离不开对不同思想体系缺陷的反思、长处的综合。这种反思与综合,在认识发展的特定历史时期,尤其是思想进入总结阶段的时候,通常表现得比较明显。

群体认识一贯的一个重要方面是古、今认识之一贯。荀子认为,"善言古者必有节于今"(《荀子·性恶》)。古、今一贯的认识,通常被认为是更近于"道"的认识。"百王之无变,足以为道贯。一废一起,应之以贯,理贯不乱。不知贯,不知应变,贯之大体未尝亡也。乱生其差,治尽其详。故道之所善,中则可从,畸则不可为,匿则大惑。"(《荀子·天论》)古、今认识一贯的一个特别表现,是人们的认识与名物制度、经典文献相合。一般而言,名物制度、经典文献是前人认识经验的凝结。《庄子·天下》认为,体现大道的礼法度数,在《诗》《书》《礼》《乐》《易》《春秋》中都有表现;王阳明认为,天命之性虽具于吾心,然而可发见于外,其表现于外的形式有多种,其中之一就是"书之于册而成训"。就此而言,正名的要求,隆礼重法的要求,尊重历史经验、尊重经典的要求,都可以视为一种对他人(古人)经验的尊重。后来者的认识与名物制度、经典文献相合,表明其与前人的认识具有一贯性,这种一贯是所知近"道"的一个证明。当然,古人的认识也可能是错误的,已有的典章制度也可能不完全契合当下的现实,但这并不妨碍"广一贯"确证原则的贯彻。对错误认识的修正,对典章制度的损益,最终遵循的仍是"广一贯"确证原则。

从所知为"道"的验证来说,主体认识的一贯性越强,认识通常也就越接近"道"。而主体认识的一贯性之强,常常与其所包容或涵括的领域比较"大"有一种正相关关系。庄子之所以强调大知,是因为小知"间间",其包容性与一贯性不及大知;张载强调德性之知,也是因为其比闻见之知有更大的包容性,而包容性或范围的领域较大常常与认识的普遍性或整体性相关。

(二)"广一贯"涉及认识主体自身的一贯

认识的主体是人,人自身的一贯要求人具有稳定的人格,要求人的知情意能够表现出一种一贯性,要求人能够在"五常百行、酬酢变化、语默动静、升降周旋、隆杀厚薄"中知行合一、言行一致、表里如一。金岳霖认为,中国哲学家的哲学要求他身

---

① 冯契.认识世界和认识自己[M].上海:华东师范大学出版社,1996:224.

体力行,他本人是实行他哲学的工具。① 求知"道"的人,如果没有稳定的人格,如果知而不行、行而不知、言行相悖、表里不一,那就不能证明他是真正知"道"的人。知行合一、言行一致、表里如一,联系着传统哲学中的诚。在日常语言中,人们常常将真、诚连用或者互相替代,但传统哲学中的诚还包含通常意义上的真所不能涵盖的一些意义,尤其是在涉及确证活动时。通常我们所理解的真,多限于主观与客观的相符,但中国哲学中的诚,除了主观与客观相符外,也用来描述天道与人以及天人关系。诚的最基本含义是"一致",所以天道之诚指的是天道自身的一致或一贯,即天道的"不息""无贰"。而人道之诚,一方面是指人要与天道保持一致,另一方面是指人要保持自身的言行一致、表里如一。从诚的上述含义来看,认识主体一旦具备了诚的品格,那么他本身就能成为其知"道"的一个佐证。就此而言,包含规范、价值等因素于自身的诚,在所知为"道"的确证中,具有不可替代的作用。

(三)"广一贯"涉及认识主体与环境的一贯

认识主体与环境的一贯,要求人能与环境和谐相处。中国传统哲学认为,圣人是知"道"之人,其对"道"之知可以通过其与外部环境的一贯得到表现。孔子自称:"吾十有五而志于学,三十而立,四十而不惑,五十而知天命,六十而耳顺,七十而从心所欲,不逾矩。"(《论语·为政》)这里,"知天命"可以理解为与外部世界具有了一贯性;"耳顺",可以理解为与他人的意见具有了一贯性;"从心所欲,不逾矩"可以理解为与名物制度具有了一贯性。种种一贯性叠加在一起,表现于人的形体、言行,人就具有了"圣人气象"。后世认为,孔子的气象,如同无所不包的元气(《近思录·圣贤》)。无所不包的元气,是贯通一切的,是与世界和谐共处的。《中庸》这样描述圣人:"唯天下至圣,为能聪明睿知,足以有临也;宽裕温柔,足以有容也;发强刚毅,足以有执也;齐庄中正,足以有敬也;文理密察,足以有别也。溥博渊泉,而时出之。溥博如天,渊泉如渊。见而民莫不敬,言而民莫不信,行而民莫不说。是以声名洋溢乎中国,施及蛮貊;舟车所至,人力所通;天之所覆,地之所载,日月所照,霜露所队;凡有血气者,莫不尊亲,故曰配天。"(《中庸》)圣人仁智勇兼具、与天相配、与百姓相合。这种体现人与环境一贯性的人格,是圣人知"道"的一种重要表现。

(四)"广一贯"涉及认识主体的行动后果的一贯

人的活动是有目的的活动,人在实际行动中达到了预期的目的,是认识与行动效果一贯的一种表现,但仅有这种一贯并不能确证所知为"道"。所知为"道",对目

---

① 金岳霖.金岳霖集[M].北京:中国社会科学出版社,2000:48.

的是有要求的。由于目的最终要表现于后果,因此我们可以通过后果去考察所知是否为"道"。如果所知为"道",那么行动后果本身就要体现"道"的一贯性,这种一贯性可以表现为利百姓、和天下、育万物。

其一,行动后果"利百姓"。利百姓即有利于大多数人,符合大多数人的利益,这种利是公利,是具有贯通性的、不局限于少数个体的利。墨子的"三表法"强调,正确的认识要能够在付诸实施之后,给百姓带来利益。(《墨子·非命上》)

其二,行动后果"和天下"。给百姓带来利益,只是行动后果一贯性的一种表现,其另一种表现是使天下有序,即"和天下"。传统哲学中的天下,通常是针对国家而言的。家、国、天下中,天下最大。和天下就是使国家与国家间的争斗消弭,使一部分人与另一部分人和谐相处。这也可以理解为国与国、群体与群体之间的一贯。如果行动导致了和天下的后果,我们就可以说这种行动后果具有某种一贯性。儒家认为,仁、义、礼近于"道";道家强调"无为""不争"近于"道";法家认为"法"近于"道"。从"广一贯"的角度看,这是因为它们都有和天下的作用。

其三,行动后果"育万物"。仅仅有益于百姓、和天下,对于所知为"道"来说,还是不充分的。行动后果具有一贯性的另一重要表现,是其有益于哺育万物,有益于万物的"生生",有益于"万物并育而不相害"。《庄子·天下》认为,知"道"之人"配神明,醇天地,育万物,和天下"。也就是说,知"道"的人,其行为能导致这样的一些后果:哺育万物、调和天下、恩泽施布百姓。而这些后果,一定程度上能够佐证其行为所依据的知是合于"道"的知。

总之,中国传统知论"广一贯"的确证原则,是包含多方面的一贯的确证原则。它涉及认识主体思想之一贯、认识主体自身之一贯、认识主体与环境之一贯、认识主体行动后果之一贯等。这些一贯,不仅涉及认识客体,而且关乎认识主体。

三、"广一贯"确证原则的特点及影响

相比其他种类的确证原则,"广一贯"确证原则有自身的特点,这些特点对中国哲学、中华文明产生了深远影响。

(一)"广一贯"确证原则的特点

中国传统知论的"广一贯"确证原则,具有看似对立的两方面的特征:一方面它比较宽泛,另一方面它又比较严苛。之所以说"广一贯"确证原则比较宽泛,是因为在这一原则之下,所知自身的融洽、所知与经验的符合、所知与效用的相谐、认识对

象的"并育而不相害"、认识主体的和合融洽等,都具有一定的确证作用;说"广一贯"确证原则比较严苛,是因为,道之一贯是涉及所有领域的一贯,单凭局部领域的一贯并不能最终确定所知为"道"。《周易》认为,合乎道就意味着"与天地合其德,与日月合其明,与四时合其序,与鬼神合其吉凶。先天而天弗违,后天而奉天时"(《周易·乾·文言》)。《中庸》强调,君子之道要"本诸身,征诸庶民,考诸三王而不缪,建诸天地而不悖,质诸鬼神而无疑,百世以俟圣人而不惑"。这表明,对所知为"道"的最终确证是非常严苛的,这种严苛使得每一次确证都只是局部的而非整体的,只是一时的而非终极的。"广一贯"原则的严苛性,使得每一领域中每一次的不一贯、不和谐都可能危及我们对所知为"道"的确证,从这个意义上说,所知为"道"的确证似乎只能是一个不断被接近而难以最终达到的目标。

　　"广一贯"确证原则包含着内在的张力。这种张力一方面来自其宽泛与严苛之间的紧张,另一方面则来自其内部不同的一贯原则之间的紧张。这种内在的张力常常造成这样一种后果:人们在特定情境下,会尊崇某种一贯原则而舍弃另一种。在中国传统知论中,某些一贯原则,如所知与历史经验的一贯、所知与经典的一贯、所知与效用的一贯等常常是被特别强调的一贯原则。对这些一贯原则的强调,使得历史经验、经典、效用等在中国传统知论中具有较大的权威性,所谓的"以史为鉴""以经为学""推崇实用理性",就是对这类一贯原则的肯定。

　　尊重历史是中国传统文化的一个显著特征,这种尊重是中华文明延续数千年的重要原因之一。由于这种尊重,一些产生于早期中国社会的情感、观念、价值等获得了保存与升华。中国人对历史的尊重,一方面与对价值的维护有关,"如果一个文化系统中价值的权威不能依赖于宗教性的最高存在,那么,它必然地,至少在某一程度上依赖传统的历史性权威,即'过去'本身的权威,及经典的历史性权威"①。中国人对历史的尊重,另一方面也与认识论上的"广一贯"确证原则密切相关,与历史或历史经验的一贯是所知为"道"的一种不可或缺的确证方式有关。

　　历史的权威与经典的权威有重合的地方,因为历史可能是经典中的历史,经典也可能是关于历史的经典。但经典的内容并不限于历史及历史经验,它还包括对这种经验的系统的、理论化的理解,这是过往经验、心理的积淀与升华。中国文化的一个显著特点是重视经典文献。经典文献在中国古代生活中,尤其是古代政治生活中,发挥着重要作用。有学者认为,与其他国家相比,文献在中国古代生活中

　　① 陈来.价值·权威·传统与中国哲学[J].哲学研究,1989(10):27.

发挥着特别重要的作用,我们甚至可以说中国存在着一个"文献传统"。① 注重经典、文献,某种意义上包含着对系统的、理论化的学说的重视,就此而言,经典的权威不能完全被历史的权威所取代。

除了重视历史与经典,在所知为"道"的确证上,注重效用或实效也是中国传统知论乃至传统文化的一大特点。《尚书》曾把利用、厚生与正德并举,墨家也把"国家人民百姓之利"作为判定认识正确与否的重要标准,宋至明清的"实体达用"之学,更是明确强调了效用原则。李泽厚认为,中国有一个实用理性传统,其特点是重视物质效用和实际利益。②

由于"广一贯"涉及多种一贯原则,因此它必须面对各种一贯原则之间的复杂关系。在中国传统知论中,各种特殊的一贯性标准通常处于一种动态的、相互制衡的关系中。这种相互制衡,一般会随着社会及思想的变动发生一定的变动。由于这种变动的存在,各种一贯原则的地位和作用在不同的历史时期并不完全相同。

中国文化注重历史经验,然而我们也看到,每一次重要的历史转折几乎都伴随着对历史经验的重新反思;中国文化重视经典,但"六经注我""不以孔子之是非为是非"的声音也并不鲜闻;而在历史和经典的权威遭到怀疑时,效用原则通常会占据上风,但纵观中国历史,我们也会看到,有些时候,实用的目的并不被重视。从儒家的三年之丧,到名教的兴盛;从半部论语治天下,到"以理杀人";从经学独断,到"宁要……不要……"之类的口号,各种形式与名目的对抽象原则的推崇、对实用原则的贬抑也时常出现。

中国传统知论在所知为"道"的确证问题上,既有对历史经验的尊重,也有对历史经验的否定;既有对经典的推崇,也有对经典的批判;既有对理想的执着,也有对效用的看重。要理解上述种种看似矛盾的现象,就必须对中国传统知论的"广一贯"确证原则有清晰的认识——它不是无原则的,也不唯某种原则是从,它是一系列一贯原则的动态制衡系统。这种制衡受制于情境,但也不能完全归于情境。如果我们试图从更深的层面理解"广一贯"确证原则的稳定性与变动性,就必须意识到,它与人们对道的一贯性表征的认定有着密切的关系——推崇某种一贯原则是因为它在特定的历史情境下更能表征道的一贯性,而贬抑某种一贯原则是因为它在特定的历史情境下已不能很好地表征道的一贯性。所以尽管从表面上看,不同

① 谢维扬.儒学对中国古代文献传统形成的贡献[J].上海师范大学学报,2010(6):37.
② 李泽厚.哲学纲要[M].北京:北京大学出版社,2011:153.

历史时期人们确证所知为"道"的核心原则有所不同,但从本质上看,这些原则都从属于"广一贯",都可以被"广一贯"所涵盖。

(二)"广一贯"确证原则的影响

"广一贯"确证原则有两方面的积极影响:其一,强化了中华文明的包容性。从"广一贯"原则的宽泛性角度看,一种理论、学说,只要它在特定领域表现出某种一贯性,那它就有可能引起人们的重视,甚至为人们所接受。以中国对西方文明的接受为例,从坚船利炮到体制架构再到学术文化,中国人都能够以宽容的态度接受与应对。其二,增强了中华文明的活力。从"广一贯"原则的严苛性来看,不兼通所有的一贯,就不能绝对地说我们的所知为"道",故而任何一个领域的不一贯、不协调,都会促使我们重新检讨我们的认识。但是,所有领域的和谐一贯是一种理想状态,实际的情形通常是:在某一范围和原则下,我们的认识具有一贯性,而在另一范围和原则下,我们的认识则不具有一贯性。这种冲突以及不同一贯标准之间的博弈,使得中华文明必须不断进行自我调节。而这种自我调节,使中华文明表现出一种内生的活力。这种内生的活力是"周虽旧邦,其命维新"的重要原因。

当然,"广一贯"确证原则也使中华文明带有一些值得反思的特点。其一,"广一贯"确证原则带来的包容性,容易使很多不甚合理甚至错误的东西进入我们的观念系统。在传统文化乃至现代中国人的观念中,这类东西(如古代的谶纬、当代的迷信)并不鲜见。其二,"广一贯"确证原则在特定条件下容易导致一元论思维——一旦某一学说理论在多个领域中表现出一贯性,或者这种一贯性被人为地夸大,那么这一学说理论就有可能被认为是表现了道,它就会要求思想上的最大涵盖,并被当作普遍原则推及各个领域。陈来认为,人们不曾向佛教要求浮士德精神,不曾向神道要求民主论,不曾向印度教要求个性解放。但在中国,我们却要求儒学包容科学、民主,要求儒学为现代化提供直接的功利性精神动源,这种求"全"责"备"的要求背后,可能隐藏着一种"一元化"思想方式。① 这种思想方式在特定的历史时期,曾对中华文化的形成、传播、传承产生过正面影响,但它也可能带来思想的禁锢,这是需要我们保持警醒的。

总之,中国传统知论求知"道"的目标,使其在认识路径选择、认识主体能力承诺、真知确证标准的择定等方面展现出一种独特的样貌,这种独特性不仅影响了中国传统知论的样态,而且对中国近现代认识论产生了深远影响。

---

① 陈来.多元文化结构中的儒学及其定位[J].天津社会科学,1989(1):63.

第五章

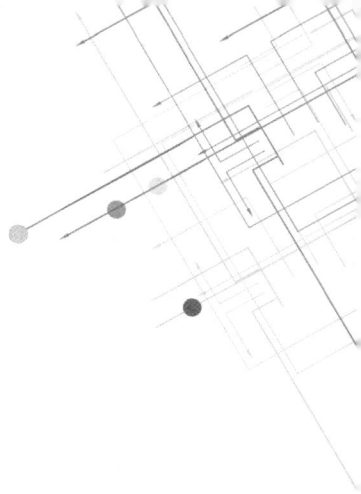

中国近现代认识论对传统知论的推进

中国近现代认识论兼具两个看似冲突的特点：其一，受西方认识论影响，它对经验知识、经验科学给予了高度关注；其二，受中国传统知论影响，它保留了求知"道"的目标。看不到前者，我们就不能理解中国传统知论的现代飞跃；看不到后者，我们就看不清中国传统知论发展的连续性以及中国近现代认识论的基本走向。

中国近现代认识论对知"道"目标的执着，突出表现在两个方面。

第一，它表现在进入中国的西方思想常常被"道"化。在近代中西思想交汇的过程中，进化论、唯物史观、实证主义等对中国影响较大，但这些思潮传入中国后，常常被赋予"道"的色彩。以进化论为例，它原本是一种自然科学领域的理论，但在传入中国后被严复、谭嗣同等推向了社会领域，并最终演化成了一种世界观意义上的"道"。"进化论作为具体的自然科学知识，属于'器'的范围，然而它一旦成了宇宙社会的普遍规律，则进入了'道'的领域。"① 同样，最初用来解释社会历史现象的历史唯物主义，在中国近现代哲学的发展过程中，最终也成了具有世界观意义的"道"。另外，与西方的实证论者不同，中国的实证论者普遍表现出对形而上之"道"的兴趣与宽容。"严复对不可思议之域的确认，王国维在可爱与可信之间的徘徊，胡适之出入于实用主义与自然主义，冯友兰之反传统形而上与重建形而上学，金岳霖之形式化追求与确认元学意义"②，均带有求"道"的痕迹。

第二，在认识论研究方面贡献较大的近现代学者那里，求知"道"的目标多被保

---

① 陈卫平. 器道升替：中国近代进化论的历程[J]. 学术界，1997(1)：18.
② 杨国荣. 中国近代的实证论思潮及其历史特点[J]. 中国哲学史，1993(2)：78.

留。在张东苏那里,存在三种不同的知识系统——常识、科学和形而上学知识系统。把形而上学视为一种知识系统,实际上是为形而上之"道"留下了空间。在金岳霖那里,形而上学是知识之所以可能的基础或根本。"金岳霖虽然创造了一个庞大而又精细的知识理论体系,但是他并不像康德那样把知识理论看作哲学的核心,认为形而上学是否可能要以知识理论为其基础;相反,金岳霖仍然认为,知识论还是要以形而上学或本体论为基础,所以形而上学才是哲学的核心或根本,形而上学或本体论才是知识理论可能的基础或根本。"①金岳霖以自己的方式表明,认识论中必然包含"道"之一维;在冯契那里,广义认识论也叫"智慧说",智慧说是关于性与天道的学说,它当然不会放弃求知"道"的目标。

虽然没有放弃求知"道"的目标,但在古今中西之争的大背景下,中国近现代认识论在求知"道"方面,也不是完全照搬传统,而是表现出对传统知论的推进。这种推进的具体表现是:其一,对知"道"的路径进行了新的探索;其二,对人的知"道"能力进行了新的扩展;其三,对确证问题进行了新的开拓。

第一节　知"道"路径的现代探索

中国近现代认识论既然把求知"道"作为自身的重要目标,就不能回避对知"道"路径的探索。在知"道"路径的探索方面,中国近现代认识论在借鉴西方认识论的基础上,进一步廓清了中国传统知论的三条知"道"路径。这种廓清具体表现为:其一,将形而上的知"道"路径建立在现代逻辑的基础上;其二,在会通中西的基础上拓展了由德而道的知"道"路径;其三,为由技艺而道的知"道"路径奠定了实践基础。

一、基于现代逻辑探寻形而上的知"道"路径

形而上的知"道"路径是通过逻辑的、分析的方法求知"道"的路径。这是在中国传统知论中业已存在的路径。中国近现代认识论不仅没有抛弃这一路径,而且在现代逻辑的基础上,对这一路径进行了新的探索。在这方面,冯友兰与金岳霖的

---

① 胡军. 中国现代哲学中的知识论研究[J]. 哲学研究,2004(2):51—52.

工作比较有代表性。冯友兰对这一路径的探索,建基于对蕴涵关系的现代理解上;而金岳霖对这一路径的探索,建基于对排中律的创造性运用上。

(一)基于蕴涵关系切近"理""道"

借助对蕴涵关系的现代理解,冯友兰清理出了一条通向"理""道"之路。冯友兰认为,"《易传》所谓道,是我们所谓理的不清楚的观念"①。就此而言,冯友兰对新理学的基础概念"理"的界定,某种意义上可以看成对传统哲学中"道"范畴的澄清②,它呈现的是一条借助概念分析去接近"道"的路径。

冯友兰所谓的"理",是某种事物之所以为某种事物者。理有两个显著特点:其一,可以有某事物之理而没有某事物;其二,某事物之理在逻辑上"先"于某事物。理的上述两个特点,是从"有某种事物,则有某种事物之理"这一复合命题中分析出来的。这意味着,只要承认"有某种事物,则有某种事物之理"这一命题,就必须承认理的上述两个特点。

冯友兰是如何从"有某种事物,则有某种事物之理"中分析出理的两个特点的呢? 从形式逻辑的角度看,"有某种事物,则有某种事物之理"是一个蕴涵命题(表示充分条件的命题),这个命题的标准表达形式是"如果有某种事物,那就有某种事物之理"。如果我们把蕴涵关系用"→"这一符号来表示,那这一命题就可表示为"有某种事物→有某种事物之理",进一步将其形式化则可表示为"$p \rightarrow q$"。

以"有某种事物,则有某种事物之理"为前提,冯友兰推出了两个命题:(1)"某种事物之理,可以无某种事物而有。"换言之,可以有某理而没有具有该理的事物,例如,有飞机之理而没有飞机。(2)"某种事物之理,在逻辑上先于某种事物而有。"在冯友兰那里,所谓"A 在逻辑上先于 B"可以理解为 A 是 B 的必要条件。这样一来,"某种事物之理,在逻辑上先于某种事物而有"就可以表述为:如果没有某种事物之理,则没有某种事物。例如,没有飞机之理,就没有飞机。从"有某种事物,则有某种事物之理"推导出的(1)和(2)两个命题,是冯友兰新理学的标志性命题,它们在某种意义上断定了理可以脱离具体事物而"在",也就是断定了共相的独立的"在",断定了理的先在(尽管只是逻辑上的先在)。这些断定很容易引发反对者的批评,但在冯友兰看来,如果你不反对"有某种事物,则有某种事物之理"这一前提,你就不能反对从中推出的后两个命题,因为这里的推论是严格遵循了形式逻辑规

---

① 冯友兰.三松堂全集:第 5 卷[M].郑州:河南人民出版社,2001:133.
② 传统哲学常常视"道"为万理之总稽。在宋明理学那里,"天理"是近乎"道"的一种表达。

则的推论,是前提真则结论必然真的推论。

如何从"有某种事物,则有某种事物之理"推出命题(1)"某种事物之理,可以无某种事物而有"? 命题(1)的形式化表达为"$p \to q$"。"$p \to q$"表示的是充分条件关系,其中的 p 是 q 的充分条件。对于"$p \to q$"来说,它的两个支命题(p 与 q)的真假组合共有四种:p 真 q 真、p 真 q 假、p 假 q 真、p 假 q 假。根据形式逻辑的要求,"$p \to q$"这一命题只有在一种情况下是假的,这种情况就是 p 真并且 q 假。在另外三种情况下,"$p \to q$"都是真的。"$p \to q$"为真的三种情况中,有一种是 p 假 q 真。对"有某种事物,则有某种事物之理"这一具体命题而言,p 假 q 真是什么意思? 是"无某种事物,但有某种事物之理",这也就是命题(1)所说的,"某种事物之理,可以无某种事物而有"。

如何从"有某种事物,则有某种事物之理"推出命题(2)"某种事物之理,在逻辑上先于某种事物而有"? 命题(2)的形式化表达是"$p \to q$"。"$p \to q$"的一个逻辑等值的表达是"$\sim q \to \sim p$"("如果非 q,那么非 p"),这意味着,如果"$p \to q$"是真的,那么"$\sim q \to \sim p$"也是真的;如果承认"$p \to q$",那么也要承认"$\sim q \to \sim p$"。"$\sim q \to \sim p$"表达的意思是,"如果没有 q,那就没有 p",这表明 q 是 p 的必要条件,因为必要条件关系是"无之必不然"的关系。对"有某种事物,则有某种事物之理"这一具体命题而言,"没有 q 就没有 p"的意思是"如果没有某种事物之理,那就没有这种事物"——这就是冯友兰的命题(2)"某种事物之理,在逻辑上先某种事物而有"。"某种事物之理"在逻辑上先在于"某种事物之有",意思就是"某种事物之理"是"某种事物之有"的必要条件。

综上所述,冯友兰新理学的基石是由蕴涵关系奠基的。不理解形式逻辑中的蕴涵关系,就很难理解冯友兰的思路。肯定理的超越性存在,肯定"理在事先",是程朱理学的基本主张。对于这一主张,冯友兰基本上持肯定态度,但这种肯定是建立在现代逻辑基础上的肯定。冯友兰对理的说明与界定,可以说是指示了一条通往形而上之"道"的新路径。

(二)基于排中律切近"道"

借助形式逻辑中的"排中律"(通常用 $A \lor \sim A$ 表示),金岳霖对传统哲学中的"道"进行了新的界定与说明。金岳霖所谓的"道一"之"道"指的是宇宙或世界。"宇宙或世界作为整体、大全,本质上是不可分析的。但就哲学的本性而言,它恰恰是要对那些难以言说的东西说上些什么。"①金岳霖对难以言说的"道"的言说,采取了一种巧妙的办法——他把"道"分析为两个成分,其中一个成分是可以用逻辑清清楚楚地加以说明的,这个成分就是"式";而另一个成分则有难以言说的神秘性,这个成分就是"能"。金岳霖认为,"道"是式与能的统一,"道是式-能"②。金岳霖所谓的"能",类似于朱熹所谓的"气",但二者也有区别。金岳霖认为,现实世界中的任何特殊事物都既有共相又有殊相,但是共相与殊相堆积起来,却堆不出特殊事物。反过来,如果我们不断地撤去个体的殊相、不断地对事物进行抽象,最后会发现,个体仍有"非共非殊的底子",这个"底子"就是"能"。③ 说明了什么是"能"之后,金岳霖进一步界定了"可能"。所谓"可能",是指"可以有而不必有'能'的'架子'或'样式'"④。知道了什么是"可能"之后,我们可以进一步了解什么是"式"。金岳霖所谓的"式",类似于朱熹所谓的"理",但二者也有不同。金岳霖认为,"式是析取地无所不包的可能"⑤。这里的"析取",是一个现代逻辑概念,它大体相当于汉语中的"或者",通常用"∨"表示。我们可以把金岳霖所谓的"式",刻画为"$p_1 \vee p_2 \vee p_3 \vee \cdots p_n \vee \cdots$"。"$p_1 \vee p_2 \vee p_3 \vee \cdots p_n \vee \cdots$"是一个近似于"$p_1 \vee \sim p_1$"($A \vee \sim A$)的表达,其中,$p_1, p_2, p_3, \cdots, p_n, \cdots$表示的是所有的可能,把所有的可能用"析取"(或者)联结起来,得到的就是"式"。但是仅有"式"还不足以为"道",道是式与能的结合。金岳霖断定,"无无能的式"⑥,这意味着,$p_1, p_2, p_3, \cdots, p_n, \cdots$中至少有一个"可能"是有"能"的。一种可能之有能,就是这一可能得到了"现实",成为一种现实了的"可能"。而 $p_1, p_2, p_3, \cdots, p_n, \cdots$中至少有一种可能是现实了的可能,可以通俗地理解为 $p_1, p_2, p_3, \cdots, p_n, \cdots$中至少有一个是真的。在这种理解下,"$p_1 \vee p_2 \vee p_3 \vee \cdots, p_n \vee \cdots$"从逻辑上看,就类似于一个永真式。如果我们把"$p_1 \vee p_2 \vee p_3 \vee \cdots p_n \vee \cdots$"($p_1, p_2, p_3, \cdots p_n, \cdots$中至少有一个是真的)看作"道"的表达式,那么"道"就是恒"真"的。

在金岳霖之前,从未有人如此刻画过中国哲学之"道"。对于这样一种刻画,金岳霖自谦地说:"我在哲学的立场上,用我这多少年所用的方法去研究它,我不见得

① 陈晓龙. 金岳霖《论道》元学体系的建构及其理论意义[J]. 河北学刊,1997(5):32.
② 金岳霖. 论道[M]. 北京:商务印书馆,1987:19.
③ 金岳霖. 金岳霖学术论文选[M]. 北京:中国社会科学出版社,1990:340.
④ 金岳霖. 论道[M]. 北京:商务印书馆,1987:21.
⑤ 金岳霖. 论道[M]. 北京:商务印书馆,1987:22.
⑥ 金岳霖. 论道[M]. 北京:商务印书馆,1987:24.

能懂,也不见得能说得清楚。"①金岳霖到底有没有说清楚中国哲学中的"道"? 我们认为,金岳霖所谓的"道",与《老子》的"一无一有之道"、与《易传》的"一阴一阳之道"是非常切近的,某种意义上,我们甚至可以说它是对后者所谓"道"的更高层面的刻画。老子之道有"有∨无"的意思(但不限于这种意思),《易传》之道有"阴∨阳"的意思(但不限于这种意思)。"有∨无""阴∨阳"也可以理解为析取的无所不包的可能,就此而言,它们与金岳霖所谓的"道"有异曲同工之妙,但二者之间也存在一些差异。其一,"一无一有之道"或者"一阴一阳之道"把所有的可能性归结为两种(有与无,阴与阳),而金岳霖所谓的"道"则向各种各样的具体的可能性开放。其二,金岳霖所谓的"道"不能完全涵括庄子之道以及儒家的中庸之道。如前所述,庄子之道能够容纳 A 与非 A 的并存,中庸之道能够容纳"万物"的并存,而金岳霖的式、能统一之道在这方面要弱一些,这与金岳霖重视形式逻辑而忽视辩证逻辑的倾向有很大的关系。

尽管金岳霖对"道"的刻画与传统哲学之"道"不完全契合,但这种刻画却有不容忽视的意义。首先,它给予了"道"一个逻辑上十分清晰的界定,这是一种难得的突破,这种突破所带来的概念的清晰性得益于金岳霖良好的哲学训练,带有十分明显的近现代特征;其次,在这种界定下,中国传统哲学所谓"道"的一些特点,如"真""诚""全""一",还有"神秘性""难以言说性"等,都能得到体现。

形而上的知"道"路径,通常是借助对"道"的界定实现知"道"的目标。金岳霖对道的界定,受到了形式逻辑中排中律的影响。但是,在金岳霖看来,道与逻辑规律的关系,是前者决定后者,而不是后者决定前者。金岳霖的《论道》既为逻辑提供了形而上的基础——"式就是逻辑的泉源"②,也为认识论提供了逻辑基础——形式逻辑与归纳逻辑的基础。金岳霖把逻辑与"道"勾连起来的做法,除了澄清中国哲学之"道"外,还有一个更现实的目的,那就是使逻辑意识在民族精神的最深处植根,为逻辑在形而上之"道"那里找到根据。就此而言,金岳霖的"道论"与黑格尔的逻辑学有异曲同工之妙,它是符合西方形而上学要求的比较严密的中国"道论"。

总体而言,在中国近现代哲学中,比较重视形而上的知"道"路径的是冯友兰与金岳霖,虽然二者重新界定"道"的理论工具以及对"道"的理解都有所不同,但他们的共同之处是都在现代逻辑的基础上对"道"进行了更为明晰的界定,从而为形而

---

①　金岳霖. 论道[M]. 北京:商务印书馆,1987:16.
②　金岳霖. 论道[M]. 北京:商务印书馆,1987:24.

上的知"道"路径提供了新的方向选择。

二、在会通中西的基础上拓展由德而道的知"道"路径

中国近现代认识论既然以具有贯通性的"道"为求知目标,就要克服知"道"的诸多困难,这意味着它不会轻易放弃传统知论由德而道的知"道"路径。

由德而道的知"道"路径是经由"德"之修养而知"道"的路径。牟宗三认为,西方哲学与中国哲学的一个重大差异,是前者重视理论的分解,而不重视工夫。其所谓"工夫",主要是指道德修养的实践。他认为,在中国哲学中,"讲道体就含着工夫,讲工夫就印证道体,这两面一定是相应的。不光儒家如此,道家和佛家都是如此"[①]。中国近现代认识论既然没有放弃知"道"的目标,就不可能置"修养"于不顾,就不能无视中国传统知论由德而道的知"道"路径。

在中国近现代认识论由德而道的知"道"路径的开拓方面,比较有代表性的哲学家是牟宗三与冯契。牟宗三在扬弃康德哲学、承接传统哲学的基础上,提出一种"道德的形上学"。"道德的形上学"所循的基本路径即由德而道;冯契基于马克思主义的自由劳动理论,强调自由人格的培养对于智慧获得的重要性,这在某种意义上也是对由德而道的知"道"路径的开拓。牟宗三与冯契虽然思想倾向不同,但他们都重视中国传统知论由德而道的知"道"路径,并在借鉴西方哲学的基础上对这一路径进行了新的拓展。

（一）扬弃康德,由道德而达最高实有

在扬弃康德哲学的基础上,牟宗三开拓了一条由道德而通达最高实有的路径。

牟宗三认为,经过西方近现代哲学对传统形而上学的批判,经过康德对人的理性的检讨,通往最高实有的路径只剩下一条,那就是实践的路径。他认为,康德的"实践理性批判"涉及了"工夫"问题,但所论过于简单。牟宗三借用中国传统哲学的思想资源探讨了道德实践与形而上学的关系,推进了康德的相关思考。在牟宗三看来,中国哲学一个具有共性的特点是重视工夫,重视修养实践,但是,不同流派的工夫路径有所不同。其中,佛家与道家的工夫路径是解脱的路径,儒家的工夫路径是道德的路径。道家的工夫从"不自然"向上翻求,止于虚静;佛家的工夫由无常的痛苦感受向上翻求,止于寂灭。佛家、道家都是从消极的方面趋向"道",相比之

---

① 牟宗三.牟宗三先生全集:第29卷[M].台湾:联经出版公司,2003:395.

下,儒家道德的路径则是从正面入手,它对形上的实有有积极的肯定,所以是积极的向道路径。

　　对佛、道两家讲形而上学的特殊方式,梁漱溟与冯友兰都有考察。梁漱溟早在《东西文化及其哲学》中就指出,经过西方哲学对形而上学的批判,如果还要讲形而上学,那么佛家唯识学的讲法可能是唯一能避开暗礁的方法。西方哲学对形而上学的批判,没能摧毁佛家尤其是唯识学的路径。在《新知言》中,冯友兰阐发了佛家与道家讲形而上学的方法——负的方法。在冯友兰看来,西方哲学对形而上学的批评,难以驳倒佛、道两家的路径,因为后者不是用正的或中立的方法讲形而上学。但是,讲形而上学、形而上之道,仅仅满足于佛、道两家的解脱路径是不够的,因为作为中国思想主干的儒家思想,无法经由这一路径确立其基本主张。也许正是有见于此,牟宗三着力对通达最高实有的"道德进路"进行了阐发。

　　道德的路径是在与知识的路径的区别中显现其特殊性的。牟宗三把道德的路径称为逆觉的路径,把知识的路径称为顺取的路径。顺取的路径是顺着眼前之物由"穷理"而达"道"、由知识入手求知"道"的路径。牟宗三认为,朱熹的格物穷理所循的就是这一路径。现代西方哲学普遍认为,顺取的路径无法达于形上之域。[①] 但是,顺取之路不通,不等于逆觉之路也不通。

　　逆觉的路径中的"逆觉",是指"本心仁体之明觉活动反而自知自证其自己"[②],逆觉的路径的出发点是人的道德行为。牟宗三认为,道德是真实的呈现,只要承认道德实有其事,就必然要承认有能发布定然命令的道德本心,因为能发布定然命令的道德本心是道德行为的必要条件。没有道德本心,就不会有道德行为。这种对道德本心的"在"或"先在"的论证,与冯友兰对理的"在"或"先在"的论证,思路几乎相同。只不过在冯友兰那里,是从"没有某物之理就没有某物"得出"有理"并且"理是逻辑在先的"的结论;而在牟宗三这里,是从"没有道德本心就不会有道德行为"得出"有道德本心"并且"道德本心具有一种根本性"的结论。二者逻辑一致,但前提与结论不同。牟宗三之所以强调"道德本心"而不是"理",与其认为"道德本心"具有创造性有很大的关系。牟宗三所说的"道德本心",相当于康德哲学中的自由意志,相当于传统哲学中的本心或良知,牟宗三称其为"性体"。"性"是"天命之性",故而性体与道体相通,它具有绝对性、普遍性、创造性。"它虽特显于人类,却

---

①　牟宗三. 牟宗三先生全集:第29卷[M]. 台湾:联经出版公司,2003:396-400.

②　牟宗三. 牟宗三先生全集:第20卷[M]. 台湾:联经出版公司,2003:252.

不为人类所限,不只限于人类而为一类概念,它虽特彰显于成吾人之道德行为,而却不为道德界所限,只封于道德界而无涉于存在界。它是涵盖乾坤,为一切存在之源的。……它不但创造吾人的道德行为,使吾人的道德行为纯亦不已,它亦创生一切而为一切存在之源,所以它是一个'创造原则'。"[1]

　　在牟宗三那里,知"道"离不开逆觉,离不开复性、尽性的工夫。"所谓复性,即恢复我们之本体性。"[2]复性的工夫,即"求将本有之心性本体实现之于个人自己身上,从根上彻底消化生命中之非理性反理性之成分"[3],它以成圣为终极目标。在牟宗三看来,心德性体不是"抽象的光板",不是我们悟到了这个"体",就算知"道"了。悟到的"体",只是一个影子,一个抽象的概念,还不是具体的心德性体。"悟"不同于具体的尽性与复性,具体的"尽"与"复"要将这心德性体在生活中表现出来,要"见于面,盎于背,施于四体"(《孟子·尽心上》)。"心德性体具体地渗透于全部生命中而朗润出来,便是所谓'生色'。心德性体是要'生色'的。'生色',方是具体的性体。"[4]牟宗三认为,圣人是通过践仁,通过道德实践去体现心德性体的。

　　牟宗三对由德而道的知"道"路径的阐发,是通过对知识的顺取路径的批判,以及对道德的逆觉路径的肯定实现的。而同样肯定由德而道的知"道"路径的冯契,则在诸多方面表现出与牟宗三的不同。

　　(二)基于自由劳动,由德性培养而达于智慧之境

　　在马克思自由劳动理论基础上,冯契指出了一条由平民化自由人格的培养而获得智慧的道路。牟宗三之"由德而道",是通过成"圣"的工夫而知"道"。牟宗三所谓"道",是具有超越性的本体;所谓"德",主要是道德;所谓"工夫",主要是道德修养的工夫。而在冯契那里,"由德而道"是指经由对自由个性的培养而获得智慧。冯契所谓"道",是指智慧;所谓"德",是指包括知情意多方面内容的实践所"得";所谓"工夫",主要是指对知情意、真善美相统一的自由人格的培养,这种培养以主体与客体之间的实践活动、人与人之间的交往活动为基础。

　　首先,在冯契那里,由德而道的知"道"路径所强调的"道",是与智慧联系在一起的。"智慧是关于天道、人道的根本原理的认识,是关于整体的认识,这种认识是

---

　　① 牟宗三.牟宗三先生全集:第20卷[M].台湾:联经出版公司,2003:246.
　　② 牟宗三.中国哲学的特质[M].上海:上海古籍出版社,1997:73.
　　③ 牟宗三.中国哲学的特质[M].上海:上海古籍出版社,1997:76.
　　④ 牟宗三.中国哲学的特质[M].上海:上海古籍出版社,1997:81.

具体的。"①智慧不同于知识之处在于,知识重分析、抽象,而智慧重综合、整体;知识主要关乎名言之域,而智慧还涉及超名言之域。智慧是人对整体性的一种把握,这个整体性不可能把人排除在外,它是被个体把握到的具体的整体性,是表现于个性的整体性,所以它不能脱离具体的、具有整体性的人。冯契认为,近代认识论的一个不良倾向,是忽视了认识主体是整个的人。冯契强调,讲智慧不能撇开整个的人②,因为智慧与人的自由发展有内在关联。离开了"整个的人",对性与天道的把握就很难完成。

其次,在冯契那里,由德而道的知"道"路径所强调的"德",是自由的德性。冯契所理解的作为知"道"主体的人,是要求自由的、知情意统一的"整个的人"。而自由作为一种价值,是以自由劳动为基础的。"人本身以及人所创造的价值,就目的因来说,无非就是要求人的自由、实现人的自由,所以作为价值体系的最基本的东西,就是自由劳动。"③基于自由劳动的人的自由包括认识论上的自由、伦理学上的自由以及美学上的自由。"从认识论上说,自由是对必然的认识和根据这种认识对客观世界的改造;在伦理学上,即就道德领域说,自由是自觉自愿地在行为中遵循当然之则,当然之则即指规范;在美学上,即就审美活动说,自由就是如马克思所说的,在'人化的自然'中直观自身,亦即直观人的本质力量。"④在冯契那里,理想的、具有自由的德性的人格,是真、善、美统一的人格。

再次,在冯契那里,由德而道就是经由自由人格的培养而获得智慧。冯契认为,人的德性的培养的现代内涵就是平民化的自由人格的培养,它与人的智慧的获得是同一过程不可分割的两个方面。一方面,离开对必然的认识和根据这种认识对客观世界的改造,离开自觉自愿地在行为中遵循当然之则,离开在"人化的自然"中直观自身,人的自由就无从谈起。另一方面,离开对自由人格的培养,智慧的得、证、达都会陷入困境:其一,智慧之"得"需要人有把握整体的能力,如辩证综合的能力、理性直觉的能力等,这些能力的获得离不开对自由人格的培养。其二,智慧之"证"的一个重要方式,是德性的自证。德性的自证,即"我"自证为德性的主体。德性的自证要求人有理性的自明、意志的自主、情感的自得,而理性的自明、意志的自

① 冯契.认识世界和认识自己[M].上海:华东师范大学出版社,1996:419.
② 冯契.认识世界和认识自己[M].上海:华东师范大学出版社,1996:72.
③ 冯契.人的自由和真善美[M].上海:华东师范大学出版社,1996:100.
④ 冯契.古今、中西之争与中国近代哲学革命[J].上海:上海社会科学院学术季刊,1985(1):117—118.

主、情感的自得不能脱离自由人格的培养。① 其三，智慧之"达"涉及超名言之域，具有难以言传的特点，但智慧可以透过"人"表达自身的整体性、具体性。换言之，知情意统一的、具有坚定性与一贯性的自由人格，是智慧表达自身的重要方式，而这种表达方式离不开自由人格的培养。

　　在科学昌明的时代，由德而道的知"道"路径不能回避"德""道"与知识的关系问题。在这个问题上，牟宗三认为，具有创造性的本体是知识的前提。在牟宗三看来，科学知识的产生离不开主体条件，"逻辑、数学，通常被视为理性，好像庄严得不得了，其实皆是识心之执也"②。知识来源于识心之执，那么识心之执又从何而来？牟宗三认为，它来自本心、性体、道体，来源于"良知的坎陷"。"坎陷"即"否定"，"良知的坎陷"即良知的自我否定。良知为什么要自我否定？ 良知从根本上讲，是"无知之知"，是无执之知。但是，在具体行动中，除了无执之知，我们也许还需要科学知识、经验知识。"当良知真诚地要求去求知，那么，良知本身就必然要使自身由无执着、无定相的状态转化为有执着、有定相的、自觉与现象相对偶的知性主体。"③在牟宗三看来，科学知识、经验知识的产生，是主客二分的结果，而主客二分又是本体、良知自我否定的结果。这意味着，没有良知的自我否定，就不会有知识，知识以良知为条件，而不是相反。从牟宗三对"逆觉"的分析来看，对于知"道"而言，道德心是必要条件，而科学知识似乎是可有可无的。尽管牟宗三也肯定要吸收西方的科学、民主，展开智性的领域，但同时他也认为，"科学与民主在任何时任何地都不可能代替道德宗教"④。

　　在"德""道"与知识的关系问题上，冯契比牟宗三更为重视知识的作用。冯契认为，从智慧的内容来看，智慧不能离开科学知识，因为智慧包含对天道的认识。"所谓天道，实在就是全体现实的秩序，包括无量的个体与其间所有的条理。"⑤要把握这样的天道，不可能脱离科学。分别地认识整体之部分、过程之阶段是获得智慧的基础，只有在这个基础上，才能达到"整体""全面"；⑥从智慧的主体——自由的个性来看，理想人格或自由人格的培养要求我们"认识世界"和"认识自己"。冯契认

　　① 冯契.认识世界和认识自己[M].上海：华东师范大学出版社，1996：451.
　　② 牟宗三.牟宗三先生全集：第21卷[M].台湾：联经出版公司，2003：175.
　　③ 贡华南.论"良知坎陷"与"转识成智"——兼论20世纪的新儒家与新道家[J].上海大学学报，2005（1）：85.
　　④ 牟宗三.中国哲学的特质[M].上海：上海古籍出版社，1997：91.
　　⑤ 冯契.智慧的探索·补编[M].上海：华东师范大学出版社，1998：29.
　　⑥ 冯契.认识世界和认识自己[M].上海：华东师范大学出版社，1996：410.

为,"智慧不仅同具体真理有关,而且同理想人格有关:智慧是与人的自由发展内在地联系着的关于宇宙人生的真理性认识;理想人格或自由人格的培养要求我们'认识世界和认识自己',通过'天道'和'人性'的相互沟通而'转识成智''由凡而圣'"①。这意味着,科学知识、科学精神、科学思维对自由人格的培养是必不可少的。"哲学的智慧虽超越于科学知识,但作为理论思维掌握世界的方式,哲学不能脱离科学,没有一定科学修养的人也成不了哲学家。"②

在由德而道的知"道"路径的现代拓展方面,虽然牟宗三与冯契的工作比较引人注目,但这并不意味着其他学者对这一路径毫不关注。对由德而道的知"道"路径的关注,通常表现为重视认识主体的修养、态度、方法等。在这方面,胡适的"大胆假设,小心求证"令人印象深刻,金岳霖的"知识论的态度"(用客观的态度求理智的了解)也颇受人关注。张岱年认为,要对世界有深刻的洞察,认识主体就需要有三方面的精神修养:一是存诚,就是要有求真之诚;二是善疑,就是要有怀疑精神;三是能辟,即"能开新思路,能启新观点,能立新范畴,亦即能思前人所未尝思及,而逾越陈思旧套之范围"③。中国近现代学者对认识主体的修养、态度、方法的关注,一方面受到了西方学术重视方法论的影响,另一方面也是对中国传统知论的"为学之方"的呼应,而后者常常联系着由德而道的考量。主体的修养、态度、方法虽不等同于主体的道德,但它与广义的主体之"德"密切相关,所以通过主体之"德"的改善来推进人们的认识,也可以看作"由德而道"的认识路径的一种现代展开。

三、在唯物论的基础上探索由实践而道的知"道"路径

中国近现代认识论以"能动的革命的反映论"作为自身的一个阶段性总结。这表明唯物主义认识论在中国近现代的哲学革命中取得了重要地位。唯物论在中国近现代哲学中的胜出并不突兀,因为从中国思想自身的发展逻辑来看,宋明理学之后,"唯物论"成为中国思想的重要倾向。张岱年认为,"中国近三百年来的哲学思想之趋向,更有很多可注意的,即是,这三百年中有创造贡献的哲学家,都是倾向于

---

① 童世骏.冯契和西方哲学[J].学术月刊,1996(3):33.
② 冯契.认识世界和认识自己[M].上海:华东师范大学出版社,1996:420.
③ 张岱年.张岱年全集:第3卷[M].石家庄:河北人民出版社,1996:70.

唯物的"①。而从中西会通的角度看,实证主义与马克思主义的传入进一步推动了中国唯物论思潮的发展。

在中国近现代认识论中,一方面,唯物主义认识论占据重要地位;另一方面,求知"道"仍是认识论的重要目标。两方面的结合,必然催生这样一个问题,那就是如何在物质实践的基础上获得对"道"的认识。在对这一问题的回答上,冯契与李泽厚的观点比较值得关注。冯契与李泽厚都以马克思主义实践观为起点探索知"道"的路径,但二者对这一路径的理解有所不同。

(一)在"以得自现实之道还治现实"的实践中切近"道"

冯契主张"道"是人们在实践基础上"得自现实"并"还治现实"的认识、方法、理想。冯契将金岳霖《知识论》的中心思想概括为"以得自现实之道还治现实",但他认为,应对金岳霖认识论的这一中心思想做些引申。这些引申可以朝向三个方向:其一,把"以得自现实之道还治现实"视为认识的自然过程;其二,把"以得自现实之道还治现实"视为科学的认识方法;其三,把"以得自现实之道还治现实"视为实现理想的活动。② 这些引申之所以可能,是因为"以得自现实之道还治现实"是一个基于实践的过程。

冯契对实践观点的强调,深受唯物主义认识论的影响。冯契非常推崇毛泽东的"能动的革命的反映论"的提法,认为"能动的革命的反映论"是对中国近代哲学革命的精要总结。"能动的革命的反映论"不同于旧唯物论的特点,"在于它提出了社会实践的观点,以社会实践为认识的基础"③。冯契认为,金岳霖的知识论虽然有很多创见,但也内含着很多难以解决的问题,只有沿着实践的路子前进,这些问题才有可能获得解决。

冯契所理解的由实践而"道"的认识过程,是从无知到有知、从知识到智慧的过程。这一过程包括一些基本环节:其一,在实践和感觉的基础上获得关于外部世界的客观实在感;其二,从感性经验中获得概念,然后用概念还治经验并形成知识;其三,在逻辑论证和实践检验的基础上发现真理。这是一个复杂的过程:一方面,它是一个"一致而百虑"的过程;另一方面,它是一个从具体到抽象,再上升到具体的过程。其四,把握具体真理或者说把握"道"的过程(同时也是人们获得自由的过

---

① 张岱年. 张岱年全集:第 1 卷[M]. 石家庄:河北人民出版社,1996:273.
② 冯契. 智慧的探索[M]. 上海:华东师范大学出版社,1997:251—270.
③ 冯契. 认识世界和认识自己[M]. 上海:华东师范大学出版社,1996:70—71.

程），这是一个将对具体真理的把握化为方法、化为德性的过程。① 在冯契那里，由实践而道的认识过程容纳了诸多内容。因为实践本身即包含诸多要素，它既涉及客体也涉及主体，既涉及主体的认知也涉及主体的情感和意志。"实践过程不但有认识的作用，而且有情感和意志的作用。"②在冯契的智慧说中，天与人、认识世界与认识自我、现实与理想、真与美善、可信与可爱，都可以在实践的基础上获得某种统一。

（二）由历史实践的心理积淀而切近"道"

李泽厚认为，"道"是人们历史实践的心理积淀的产物，他把包含了规则、规律等义的"天道"视为中华文化中最重要、最具有根本性的心理成果③，这一成果是在历史实践中积淀而成的，因而实践具有一种基础性。人类的实践内容丰富，形式多样。在多样性的实践中，李泽厚特别强调了制造-使用工具的实践活动，认为制造-使用工具这一基本的实践活动，对塑造、形成人的整个心理结构，起了决定性作用。④ 这种对实践的理解，超出了亚里士多德所说的狭义的实践（主要包括伦理实践和政治实践），把生产制作活动也包括在实践之内，这无疑是受到了马克思主义的影响。

"道"既然是基于人类长期实践的心理积淀的成果，要把握"道"，就不能脱离基于实践的心理积淀过程。

在李泽厚看来，由实践而道的中间环节是"度"。什么是度？ 李泽厚认为，人在实践过程中，不断地掌握各种分寸，这种恰到好处的分寸即度。"'度'就是技术或艺术（art），即技进乎道。"⑤度不是存在于对象中，也不是先验地存在于人类意识中，而是首先存在于人类的实践活动中。离开实践，度就失去了来源，失去了依托。"一切理性的形式、结构和成果（知识和科学），也都不过是人类主观性对'度'的本体的测量、归约、巩固和宣说。可见，理性本来只是合理性，它并无先验的普遍必然性质；它首先是从人的感性实践（技艺）的合度运动的长期经验（历史）中所积累沉淀的产物。它是被人类所创造出来的。完全离开这一根本基地的理性翱翔，可能（虽不一定）发生危险。这正是实用理性论所不同于一切先验理性论的地方。"⑥在

---

①　冯契.认识世界和认识自己［M］.上海：华东师范大学出版社，1996：89—90.
②　冯契.哲学讲演录·哲学通信［M］.上海：华东师范大学出版社，1998：258.
③　李泽厚.历史本体论·己卯五说［M］.北京：三联书店，2008：403.
④　李泽厚.批判哲学的批判——康德述评［M］.北京：人民出版社，1979：425.
⑤　李泽厚.哲学纲要［M］.北京：北京大学出版社，2011：129.
⑥　李泽厚.哲学纲要［M］.北京：北京大学出版社，2011：133.

李泽厚看来,"道"作为心理积淀的产物,本质上是由测量、归约而来的实践产物。没有实践就无所谓"度",没有度也就无所谓"道"。

作为一种最高归约,"道"既包含天道,也包含人道,二者的共同来源是人类的实践活动。实践活动是天人交互作用的中间环节,推动着天与人的"合一"。但李泽厚认为,这里的天人合一,不是传统所谓的"天人合一",而是基于制造-使用工具的实践的新的天人合一。新的天人合一包括"自然的人化"和"人自然化"两个方面。而"自然的人化"又包括"外在自然的人化"与"内在自然的人化"两个方面。其中,"内在自然的人化"涉及认识领域与伦理领域,关乎自由直观与自由意志;而"人自然化"涉及审美领域,关乎自由享受。[①]按照李泽厚的观点,在天人交互作用的过程中,文化心理结构由积淀而成,如果我们把这种积淀的总成果称为"道"的话,那么"道"的先验性就被消解了,它从实践中来,并且随着实践的发展而发展。这样一种基于实践、处于不断生成过程中的"道",与传统哲学所谓"道",无疑是有差别的。

中国近现代认识论对由实践而道的知"道"路径的探索,某种意义上可以视为对传统知论的由技艺而道的知"道"路径的发展,但它的基础要更宽厚,内涵要更丰富。中国近现代认识论由实践而道的知"道"路径固然重视生产制作的技艺在求知"道"中的作用,但因其所谓"实践"也涉及伦理、政治实践,所以它能部分地容纳由德而道的知"道"路径。事实上,在中国近现代重视实践的认识论体系中,"知识"与"道德"的融贯是一个很重要的特点,就此而言,中国近现代认识论所倡导的由实践而道的知"道"路径,一方面肯定了中国传统知论由技艺而道的知"道"路径,另一方面也含有对中国传统知论由德而道的知"道"路径的肯定。

总之,中国近现代认识论不同于西方认识论的一个突出特点,是其没有放弃求知"道"的目标。这一目标的保留使其没有放弃对知"道"路径的探索。在这种探索中,中国近现代认识论在现代逻辑的基础上尝试了形而上的知"道"路径的新方向,在会通中西的基础上拓展了由德而道的知"道"路径,在唯物论的基础上建构了由实践而道的知"道"路径,并部分涵容了中国传统知论由技艺而道的知"道"路径以及由德而道的知"道"路径。

---

① 李泽厚. 历史本体论·己卯五说[M]. 北京:三联书店,2008:267.

第二节　知"道"能力的现代扩展

中国近现代认识论既然不放弃求知"道"的目标,就要肯定人有知"道"的能力。在如何看待人的认识能力问题上,中国近现代认识论表现出与西方认识论不同的特点,其对人的认识能力有高于西方认识论的承诺。与西方近现代认识论致力于对人的认识能力加以种种限定不同,中国近现代认识论更热衷于扩展人的认识能力。这种扩展,既表现在对人的感性能力的扩展上,也表现在对人的理性能力的扩展上,还表现在对具有综合性的"人性能力"的挖掘上。

一、基于"感觉的分析"与"实践"扩展人的感性能力

感性能力是人认识和把握世界的基本能力。感性能力有其不可替代的作用,同时也有其局限性。康德认为,人有感性直观的能力,这种能力能赋予"所与"以时空形式。但是,感性能力也有其限度——它不能给予感性杂多以更多的条理,也不能触及"物自体"、把握"客观实在"。中国近现代认识论的主流倾向是:一方面不赞同康德对感性能力的限定,另一方面致力于扩展人的感性能力。这种扩展大体沿两个方向展开:一是借助对感觉的"分析"扩展人的感性能力,二是以实践强化人的感性能力。

(一)借助对感觉的"分析"肯定感觉能够触及或把握本体实在

在这一方向上,梁漱溟、张东荪、金岳霖、张岱年的研究都值得关注。

梁漱溟对感性能力的扩展,表现为他把感性能力看成人们达于形上之域的能力。梁漱溟认为,感性与理性在唯识学中对应着现量与比量。现量相当于感觉,比量相当于理智。西方哲学重视人的理性能力,所以其对人类认识能力的怀疑、对形而上学的批判,重点放在对人的理性能力的怀疑与批判上。然而在梁漱溟看来,即便西方哲学对人的理性能力的怀疑与批判具有合理性,也不能阻止唯识学讲形而上学,因为唯识学不是借助理性,而是借助感性通达形上之域。如何经由感觉(现量)达于本体? 梁漱溟认为,只要牢固守着感觉不变,只要把感觉从直觉、理智中分离出来,就可以达于形上之域。这一过程可分解为两步:第一步是把现量与比量、非量(直觉)区分开来,将有所为的态度剔除干净。做到这一步,"就是看飞鸟,只见

鸟(但不知其为鸟)而不见飞;看幡动,只见幡(但不知其为幡)而不见动"①。第二步是在第一步的基础上,更进一步地"无私",更进一步地"静观",直至进无可进,其结果是"眼前面的人和山河大地都没有了! 空无所见! 这空无所见就是见本体。在唯识家叫作'根本智证真如'"②。在梁漱溟的理解中,唯识学的形而上学的建立,主要依靠的不是人的理性能力,所以即便限制了理性的作用,也不能推翻其形而上学。梁漱溟肯定人们可以通过感觉(现量)达于形而上的本体(尽管是通过一种否定的方式),某种意义上也可以说是肯定了人的感性的通达本体的能力。

张东荪对感性能力的扩展,表现为他不是把感觉看成隔绝人与外界的屏障,而是将其看成一重"透光"的帘幕。既然帘幕是"透光"的,就说明感觉对外界不是一无所知。张东荪认为,我们的感觉虽然无法知道外界的"内容",但是对外界的"形式"是有所知的——知道其有一些限点,有一种架构,知道我们的感觉与外部世界具有"相关共变"的关系。③

金岳霖对感性能力的扩展表现为其承认人有"正觉"。正觉是不同于错觉、野觉的"正常的官觉"。"正常的官能者在官能活动中正常地官能到外物或外物的一部分即为正觉。"④肯定人有正觉,实际上也就肯定了人的感官能够呈现或把握外物的真实状态,肯定了人与外部世界之间存在着可靠的"通道"。

张岱年在完成于20世纪40年代的《知实论》中,通过对感相(耳闻目见等的感觉内容)的细致分析,指明感相有其外在所待。⑤ 这在某种意义上也是肯定了感觉能够把握客观实在。

(二)以实践强化人的感性能力

在中国近现代认识论中,通过实践强化人的感性能力有多方面的表现:

其一,通过实践"延伸"人的感官。"感官并不限于'身',与工具的制作及其发展相应,人的感官往往可以得到不同形式的'延伸'。光学仪器(如望远镜、显微镜等)可以延伸人的视觉器官;各种测声、辨味的电子设施可以延伸人的听觉、味觉器官;如此等等。"⑥在科学技术飞速发展的今天,人工智能对人的感官的延伸更是达到了前所未有的程度。因为工具的制作与发展离不开实践,所以,从根本上看,工

① 梁漱溟. 东西文化及其哲学[M]. 北京:商务印书馆,1999:90.
② 梁漱溟. 东西文化及其哲学[M]. 北京:商务印书馆,1999:90.
③ 张东荪. 认识论[M]. 北京:商务印书馆,2011:35.
④ 金岳霖. 知识论[M]. 北京:商务印书馆,1983:125.
⑤ 张岱年. 张岱年全集:第3卷[M]. 石家庄:河北人民出版社,1996:71—113.
⑥ 杨国荣. 理性与非理性——以人性能力为视域[J]. 学术月刊,2007(11):46.

具对感官的延伸也可以看作实践对感性能力的延伸。

其二,通过实践矫正人的感觉所得。人的感觉是在实践中的感觉。因为是在实践中的感觉,所以感觉中一些不可靠的成分也可以被实践矫正、清除。冯契认为,"当我们按照我们所感知的事物特性来利用事物的时候,我们的感性知觉受到了行动、实践的检验,或被否证,或被证实"①。如果感觉中的不可靠成分能够得到清除,那么基于实践的感性能力就成为一种比较可靠的能力,借助这种能力获得的对事物的认识,也就比较可靠了。

其三,借助实践使感性能力超越其自然性、个体性。李泽厚认为,人类的感性能力,是在人类实践的历史中建构起来的。被建构起来的人类感性,"仍然是动物生理的感性,但已区别于动物心理,它是人类将自己的血肉自然即生理的感性存在加以'人化'的结果"②。感性的建构伴随着感官的人化,感官的人化是自然人化的一个方面,其结果是出现了听音乐的"耳朵",欣赏绘画的"眼睛",拉小提琴的"手"。感官的人化,集中表现于"感性的功利性消失,或者说感性的非功利性的呈现"③。一般而言,感性总是和个体的生存、欲望、利害直接相关,而感官的人化使感官在某种程度上脱离了狭隘的功利性,表现出一种"社会性"。④ 这在某种意义上也可以看作实践对感性能力的延伸。

二、结合直觉扩展人的理性能力

中国近现代认识论受康德认识论的影响很大,出于对"独断论"的警惕,康德对人的理性能力的运用提出了一些限制。中国近现代认识论要容纳知"道"的目标,就要对这些限制有所突破。这种突破的一个重要走向,是把理性、感性与直觉、直观结合起来。在完成这种结合方面,梁漱溟、牟宗三、冯契、李泽厚的研究非常值得关注。

(一)梁漱溟的探索

梁漱溟思想的核心概念之一是"理性"。他认为,要理解中国文化,明白其过

---

① 冯契.逻辑思维的辩证法[M].上海:华东师范大学出版社,1996:50.
② 李泽厚.哲学纲要[M].北京:北京大学出版社,2011:294.
③ 李泽厚.哲学纲要[M].北京:北京大学出版社,2011:297.
④ 李泽厚.哲学纲要[M].北京:北京大学出版社,2011:298.

去、预知其未来,就要弄明白"理性"这个东西。① 梁漱溟所谓的"理性",有一个不同于西方所谓"理性"的突出特点,那就是它与直觉密不可分。

梁漱溟早期强调的直觉,是理智的对立物。最初,受克鲁泡特金将本能与理智二分的影响,梁漱溟很自然地将与理智相对立的直觉与同样是与理智相对立的本能联系在了一起。但是,"本能"并不是一个很清晰的概念,因为它既可以指动物的本能,也可以指人类的本能;既可以指自然本能,也可以指社会本能。如果"本能"不是一个清晰的概念,那么与本能关联在一起的"直觉"也不是一个很清晰的概念。后来,受罗素的本能、理智、灵性三分的影响,梁漱溟把理性对应于灵性,认为相当于灵性的理性是指无私的感情。"所谓理性者,要亦不外吾人平静通达的心理而已。"②但是,与罗素不同,梁漱溟反对将灵性排除在本能之外,他认为,理性、灵性、无私的情感仍属于克鲁泡特金所说的本能,只不过是一种特殊的本能而已。梁漱溟之所以要另立"理性"一词来表示这种特殊本能,是为了强调"那从动物式本能解放出来的人心之情意方面"③。总体来看,梁漱溟前期所讲的直觉、后期所讲的理性,强调的都是"无私的感情"。贺麟认为,梁漱溟所谓的"理性"是一种含有情感成分的道德的直觉。艾恺也认为,梁漱溟后来所说的理性,有着与《东西文化及其哲学》中的直觉相同的功能。④

尽管梁漱溟对直觉、理性的用法前后有一些调整,但其一贯的主张是,无论是直觉还是理性,都是理智的对立物,都属于本能的一种。在梁漱溟看来,理智在知、情、意三者中特别强调了知的一面,而于情、意方面有所忽视。而离开了情、意的理智,是无法把握儒家之"仁"、无法把握精神性的本体的。

(二)牟宗三的探索

梁漱溟对直觉、理性的理解,对同为现代新儒家的牟宗三产生了很大影响。牟宗三也重视直觉的作用,但与梁漱溟不同的是,在牟宗三那里,直觉与理智实现了一种独特的结合,成就了一种智的直觉。

牟宗三认为,人有两种直觉,一是感触直觉,一是智的直觉。两种直觉在主体及呈现方面均有差异。从主体方面看,感触直觉的主体是"有执"的主体,而智的直觉的主体是"无执"的主体;从呈现方面看,感触直觉呈现的是现象,智的直觉呈现

---

① 梁漱溟. 梁漱溟全集:第 2 卷[M]. 济南:山东人民出版社,2005:181.
② 梁漱溟. 梁漱溟全集:第 3 卷[M]. 济南:山东人民出版社,2005:123.
③ 梁漱溟. 梁漱溟全集:第 3 卷[M]. 济南:山东人民出版社,2005:611.
④ [美]艾恺:最后的儒家——梁漱溟与中国现代化的两难[M]. 南京:江苏人民出版社,1996:190.

的是本体。不同于现象呈现的本体呈现是什么样的呈现？"当自由无限心呈现时，我自身即是一目的，我观一切物其自身皆是一目的。一草一木其自身即是一目的，这目的是草木的一个价值意味，因此，草木不是当作有限存在物看的那现实的草木，这亦是通化了的草木。"①

　　牟宗三在直觉问题上对康德的超越，表现为他不仅承认人有感触直觉，而且承认人有智的直觉。康德虽也论及智的直觉，但他将这种直觉归属于上帝而不是人。牟宗三则认为人也有智的直觉。什么是智的直觉？智的直觉是纯智的而不是感触的，同时它又不使用概念，它是灵魂心体的自我活动。借助感触直觉，人们能够直观现象；借助智的直觉，人们能够直观物自体，直观本心仁体。智的直觉能把它的对象之存在给我们（实现之、存在之）。② 以对"我"的直觉为例，两种直觉的差异在于，"感触的直觉足以使我知道'我现于我自己'，智的直觉足以使我知道'我在我自己'"③。牟宗三以道德本心论智的直觉，"以道德本心论智的直觉，这个道德本心有一个重要特点，这就是具有圆照遍润义，能够创生天地万物"④。"在圆照与遍润之中，万物不以认知对象之姿态出现，乃是以'自在物'之姿态出现。既是自在物（e-ject），即非一对象（ob-ject）。故圆照之知无所不知而实无一知，然而万物却尽在其圆照之明澈中，恰如其为一自在物（由本心自身所自生者）而明澈之，既不多亦不少，不是通过范畴而思之（思其曲折的普遍的性相）与通过感触直觉而经验地知之也（知其特殊的内容）。"⑤

　　对牟宗三而言，肯定了智的直觉，物自体就不再是主体之外的消极的假设，其道德的形上学也就有了认识论的支撑。牟宗三与康德的不同，很大程度上是由是否承认人有"智的直觉"造成的。"康德言物自体是只取其消极的意义，因为他不承认我们人类能有'智的直觉'（intellectual intuition）。我以中国哲学为背景，认为对于这种直觉，我们不但可以理解其可能，而且承认我们人类这有限的存在实可有这种直觉。这是中西哲学之最大的差异处。我们以'人类可有智的直觉'为背景，故对于'物自体'一概念可有亲切而清晰之理解，不似康德处之笼统与空洞。"⑥这种自

---

① 牟宗三. 牟宗三先生全集：第 21 卷[M]. 台湾：联经出版公司,2003:18.
② 牟宗三. 牟宗三先生全集：第 20 卷[M]. 台湾：联经出版公司,2003:241－242.
③ 牟宗三. 牟宗三先生全集：第 20 卷[M]. 台湾：联经出版公司,2003:204.
④ 杨泽波. 牟宗三存有论思想辨析——以《智的直觉与中国哲学》为中心[J]. 思想与文化,2004(1):179.
⑤ 牟宗三. 牟宗三先生全集：第 20 卷[M]. 台湾：联经出版公司,2003:241.
⑥ 牟宗三. 牟宗三先生全集：第 20 卷[M]. 台湾：联经出版公司,2003:153.

我理解表明,牟宗三与康德在"智的直觉"问题上的不同,根源于前者延续了中国传统知论的一个基本趋向——通过扩展认识主体的能力去把握终极的本体或道理。

(三)冯契的探索

与牟宗三相似,冯契也青睐"理性直觉"。"理性直觉不是别的东西,就是体现了性与天道交互作用的直觉活动,是理性的观照和具体亲切的体验的统一。在此活动之中,人们感到在瞬间把握到永恒,亲身体验到性与天道的统一,揭示出有限中的无限,达到'天地与我并生,万物与我为一'的境界。"①理性直觉与智的直觉有一些共同点:其一,就既强调理智也强调直觉并且重视理智与直觉的结合来看,二者非常相似。其二,理性直觉与智的直觉在冯契与牟宗三的哲学体系中均占据重要地位。冯契的广义认识论探求的是从无知到有知、从知识到智慧的飞跃。其中,由知识到智慧的飞跃是关键的一环,而这种飞跃须借助理性直觉完成。没有理性直觉,也就没有智慧说;对牟宗三而言,没有智的直觉,其道德的形上学也很难成立。理性直觉与智的直觉尽管有上述共同点,但其区别也十分明显。其一,相比智的直觉,理性直觉少了一些神秘性。冯契所谓的"理性直觉",更具唯物论色彩。其二,相比智的直觉,理性直觉存在于更广的领域。冯契认为,精神活动的各领域中都存在着理性直觉。人们可以经由艺术、科学、德行、功业、宗教等不同的领域,去接近绝对与无限。② 牟宗三则认为,智的直觉的主体是道德本心,而非认知之心。所以智的直觉表现出与一般的感性认识以及理性认识的疏离。"如果我们不就我们的道德意识而体证我们的本心以为无限心,就此无限心之明觉以言智的直觉,则无处可以得之。"③与智的直觉相比,冯契的理性直觉是与普通认知活动联系更为密切的一种直觉,但即便是这种直觉,也不是西方认识论轻易能够肯定的。

(四)李泽厚的探索

与牟宗三肯定智的直觉、冯契肯定理性直觉不同,李泽厚在认识论上强调人的"自由直观"能力。自由直观是包含知性而大于知性的想象力活动。④李泽厚"自由直观"观念的提出,一方面针对的是人们对自由的抽象理解,另一方面针对的是康德的"感性直观"。"自由直观"中的"直观",包含知性,但同时与感性因素相关。李泽厚认为,人们常常将"自由"规定为认识必然或认识必然的行动,这未免过于偏重

① 冯契. 认识世界和认识自己[M]. 上海:华东师范大学出版社,1996:427—428.
② 冯契. 认识世界和认识自己[M]. 上海:华东师范大学出版社,1996:424.
③ 牟宗三. 牟宗三先生全集:第21卷[M]. 台湾:联经出版公司,2003:109.
④ 李泽厚. 哲学纲要[M]. 北京:北京大学出版社,2011:144.

理性,容易走入决定论。他把自由与直观联系起来,实际上是把自由、理性与感性联系了起来,与感性相联系的自由直观给了自发性、偶然性更大的空间。从均注重感性来看,李泽厚的自由直观与康德的感性直观有相似之处,但二者也有一个重要区别,那就是自由直观中的直观是与自由联系在一起的,而康德的感性直观与自由则是隔绝的。自由直观若要成立,就必须承认人有不同于康德所谓的感性能力的"新的感性能力",李泽厚认为,这种感性能力是存在的,它不是与生俱来的能力,而是由人类自己历史地建构起来的能力,是通过世代的文化承袭而不断丰富、巩固、变化和发展起来的,既有类的普遍性,又具有个体性的能力。①

中国近现代认识论对人的智的直觉、理性直觉以及自由直观能力的肯定,表现出与西方近现代认识论不同的意趣。从根源上看,它与中国传统知论和近现代认识论的知"道"目标密切相关。

三、统合知、情、意以提升人性能力

知"道"的目标涉及对世界整体的、具体的把握。要完成这一任务,单纯依靠某种认识能力是不够的,必须综合运用人类的各种能力。这些能力既包括知的能力,也包括情、意的能力,而统合了知、情、意的人的能力常常被称为"广义的理性能力"或"人性能力"。在人性能力的拓展方面,中国近现代哲学做了很多有益尝试。

(一)冯契对人性能力的广义理解

冯契通过对广义的"理性"的阐发,扩展了人性能力。冯契认为,理性可以区分为广义的理性和狭义的理性。狭义的理性也就是通常人们所说的"理智",它对应着知、情、意中的知。广义的理性既包含狭义的理性能力,也包含欲望、情感、意志、想象、直觉等多种精神力量②,是知、情、意相统一的人性能力。冯契认为,认识是一个在实践基础上以得自现实之道还治现实的过程,在这一过程中,主体之"得"与主体对现实的"还治",既离不开理智的作用,也离不开情感和意志的作用。只有广义的理性,才能为理性的"自明"、意志的"自主"、情感的"自得"提供主体能力方面的保障,才能造就自由的人格,才能使"智慧"成为可能。

(二)李泽厚对人性能力的历史追问

与冯契不同,李泽厚以其积淀说突破了对认识能力的种种限制。李泽厚所谓

---

① 李泽厚.哲学纲要[M].北京:北京大学出版社,2011:294.
② 冯契.人的自由和真善美[M].上海:华东师范大学出版社,1996:152.

的"人性能力"也是统合了知、情、意的能力。他认为,人类的生活过程是一个在实践基础上的自然人化和人自然化的双向过程。自然人化的目标指向的是人性。人性不是神性,也不是动物性,它是建构起来的,是在生活实践中积淀而来的。这一积淀的成果反映在人的能力上,就是人性能力的形成。人性能力有多方面的表现:其一,表现为人的道德心理、意志力量,或者说自由意志;其二,表现为人的理性认识能力,如逻辑分析能力、数学分析能力、辩证思维能力等;其三,表现为人的审美能力。① 在李泽厚那里,对人性能力的承诺,是其消解各种思想对立,构建其哲学体系的重要前提。虽然李泽厚对人性、人性能力的发展、人性能力的内容的理解有别于传统,但其通过对主体能力的挖掘来解决哲学问题的做法,与中国传统哲学可以说是一脉相承,其积淀说呼应了传统哲学性"日生日成"的观点,为人性能力的不断发展打开了空间。

（三）杨国荣对人性能力的系统考察

与李泽厚侧重人性能力的形成与历史根据不同,杨国荣关注了人性能力在把握"具体存在"方面的作用以及人性能力结构的全面性。杨国荣认为,我们既可以在一般意义上讨论能力,也可以从哲学层面讨论能力。一般意义上的能力表现为解决具体问题的才干,而哲学层面的能力更多地以对"性"与"天道"的理论沉思为内容,更多地指向成己成物的过程,它涵盖知、情、意三个方面,涉认识论、本体论、价值论三个领域。哲学层面的能力与一般能力的不同之处在于:前者关乎人的本质力量,后者关乎外在手段;前者关乎人的存在过程,后者关乎抽象的逻辑形式。② 人性能力尤其是哲学层面的能力对于认识和行动具有重要意义,"人的能力既表现为认识自我与改变自我的内在条件,又构成了说明世界与改变世界的前提。以感性与理性、理性与非理性等统一为形式,能力融合于人的整个存在,呈现为具有人性意义的内在规定;以体与用、本体与视域的交融为背景,人的能力既内含人类学的维度,又展现了哲学本体论的性质。"③

在人性能力的构成方面,按照不断切近存在、向存在打开的顺序,杨国荣将其区分为理性能力,感知与体验的能力,想象、直觉和洞察的能力。

人性能力的一个重要方面是与"心"相联系的人的理性思维能力,也称理性能力。理性能力有形式和实质两方面的表现。理性能力形式方面的表现有二:一是

---

① 李泽厚. 哲学纲要[M]. 北京:北京大学出版社,2011:306.
② 杨国荣. 论人性能力[J]. 哲学研究,2008(3):58.
③ 杨国荣. 论人性能力[J]. 哲学研究,2008(3):65.

保持思想同一、避免逻辑矛盾的能力,二是进行有根据的、符合规则的思维和论证的能力。理性能力的形式方面表明,人性能力既包含逻辑思维的能力,也包含辩证思维的能力,是二者的统一。理性能力的实质方面表现于真、善两个领域:其一,通过分析与综合、归纳与演绎、逻辑推论与辩证思维等的统一,提供世界的真实图景;其二,基于一定的标准,确认、选择"善"(广义的)。理性能力上述两方面的构成表明,人性能力是工具理性能力与价值理性能力的统一。

　　"心"要向"存在"敞开,离不开"身",所以人性能力的另一个重要方面是与"身"相关的感知能力与体验能力。人性能力中的感知,是"人"的感知,它不是动物性的、与理性无涉的感知,而是融合了身与心、感性与理性的感知。这样的感知,一方面使世界本身的多样性、具体性得以呈现,另一方面使人自身的身、心对峙得以扬弃,展示了人的整体性;"体验包含认知,但又不限于认知。狭义的认知以事实为对象,而体验则同时指向价值,其内容涉及主体的意愿、价值的关怀、情感的认同、存在的感受等。"①杨国荣认为,人性能力中的"体验"是人达到个体与普遍、理性与感性、有限与无限相统一的能力。体验之"体"是"以身体之"的"体",体验之"验"是以理解和领悟世界与人自身的意义为指向的"验"。虽然"身"具有个体的品格,但"以身体之"达到的往往是普遍之"道";虽然"身"表现为感性的形态,但"以身体之"达到的往往是蕴含理性的内容;虽然"身"具有有限性,但"以身体之"达到的往往涉及"无限"。②

　　"心"向存在的敞开,既离不开人的理性能力,也离不开人的感知与体验能力,但这些能力对于具体存在的把握来说仍是不充分的。要进一步向"存在"靠拢,还需承认人性能力中的想象、直觉和洞察能力。杨国荣认为,人性能力中的想象,是人之"探寻、发现和展示多样的可能,并在不同的对象、观念之间建立可能的联系"的能力;③人性能力中的直觉,是转换或越出常规的思维趋向,以跳跃性、直接性、无中介性的方式指向整体领悟的能力;人性能力中的洞察,是使人领悟整体、贯通内在的能力。想象、直觉、洞察是人性能力的重要组成部分,对于存在的敞开来说,它们是不可或缺的:想象有助于敞开更广的可能之域;直觉有利于常规视域与思路的突破;洞察则直指本质的或具有决定意义的关联。这些作用,是人的理性能力、人的感知与体验能力无法替代的。

---

①　杨国荣. 理性与非理性——以人性能力为视域[J]. 学术月刊,2007(11):46.
②　杨国荣. 理性与非理性——以人性能力为视域[J]. 学术月刊,2007(11):47.
③　杨国荣. 理性与非理性——以人性能力为视域[J]. 学术月刊,2007(11):48.

中国近现代认识论对人的知"道"能力的扩展，既包括对感性能力的扩展，也包括对理性能力的扩展，还包括对综合的人性能力的扩展。这些扩展的具体路径虽有不同，但其指向却有一致性，那就是通过人的认识能力的扩展，切近本体、存在、道。这种指向上的一致性，是中国近现代认识论仍以求知"道"为自身目标的一个反映，是中国近现代认识论与传统知论一脉相承的反映，也是中国哲学重视人的主体性、重视人在确定性追求中的作用的特点在认识论中的反映。

第三节　确证问题的现代开拓

中国近现代认识论的一个重要特点，是其不排斥中国传统知论的知"道"目标。由于保留了知"道"目标，因此中国近现代认识论在确证问题上有接续传统的一面，但这种接续不能无视西方近现代认识论提出的种种挑战。在会通中西、应对挑战的过程中，中国近现代认识论在确证问题上进行了如下探索：其一，尝试增加可确证命题的种类；其二，将确证问题由事实领域向价值领域扩展；其三，致力于将确证原则发展成包含多元要素的原则。

一、尝试增加可确证命题的种类

中国近现代认识论没有放弃求知"道"的目标，这意味着，其所求知的内容必然会超出狭义认识论所认定的科学知识的边界。这一特点反映在确证领域中，就要求可确证的命题不能局限于逻辑命题、原子命题（基本事实命题）以及由原子命题依据逻辑规则推演出的命题。与西方认识论相比，中国近现代认识论对可确证命题进行了大范围扩展。与"道"相应的命题、形上学命题、泛经验命题、内容命题、关于性与天道的论断等，在中国近现代认识论中都具有某种可确证性。

（一）与"道"相应的命题具有可确证性

这一点，在金岳霖哲学中有典型表现。金岳霖运用形式逻辑的方法，对传统哲学之"道"进行了新刻画。他所理解的"道"，是"式"与"能"的统一。金岳霖所谓的"式"是析取的无所不包的可能，所谓的"可能"是可以有"能"而不必有"能"的架子，所谓的"能"是填充"可能"架子的纯粹"材料"。"可能"被"能"填充，意味着这一可能得到了"现实"；"可能"没被"能"填充，意味着这一可能没得到"现实"。如果我们

用 p_1，p_2，p_3，…，p_n，…来表示所有的"可能"，用符号"$\vee$"表示"析取"，那么作为"析取的无所不包的可能"的"式"，就可以表示为"$p_1 \vee p_2 \vee p_3 \vee \cdots p_n \vee \cdots$"。这样的"式"在形式上近似于一个复合命题，这个复合命题的真假取决于 p_1，p_2，p_3，…，p_n，…的真假。p_1，p_2，p_3，…，p_n，…表示的诸种可能是可以有"能"的，一旦某一可能有了"能"，它就成了得到"现实"的可能。得到"现实"的可能，可以被视为具有"真"的性质。如"2026 年 4 月 1 日上海下雨"是一种可能，这种可能有了"能"、得到了"现实"后，"2026 年 4 月 1 日上海下雨"就是一个真命题。而无"能"的可能，因为没有得到"现实"，可以视为具有"假"的性质。如"2026 年 4 月 1 日上海下雨"是一种可能，这种可能没有得到"现实"，那么"2026 年 4 月 1 日上海下雨"就是一个假命题。在命题逻辑中，对于 p_1，p_2，p_3，…，p_n，…这些可能（命题）来说，如果 p_n 是有"能"的、"现实"的，我们就可以说 p_n 是"真"的；如果 p_n 是无"能"的、没有"现实"的，我们就可以说 p_n 是"假"的。当然，金岳霖所说的 p_1，p_2，p_3，…，p_n，…这些可能，不限于命题，它们也可以是概念。但无论如何，对于表示"式"的表达式"$p_1 \vee p_2 \vee p_3 \vee \cdots p_n \vee \cdots$"而言，如果 p_1，p_2，p_3，…，p_n，…都不现实（没有一种可能是现实的），那么我们就可以用"假"去理解它；如果 p_1，p_2，p_3，…，p_n，…中至少有一种可能得到了"现实"，那么我们就可以用"真"去理解它。而金岳霖否认了第一种可能性的存在，因为世界不是空无一物的。而承认世界上有某事或某物，就意味着至少有一种可能是有"能"的，即 p_1，p_2，p_3，…，p_n，…中至少有一个得到了"现实"，那么，"$p_1 \vee p_2 \vee p_3 \vee \cdots p_n \vee \cdots$"就必然是一个有"能"的"式"。这个有"能"的、与"能"相统一的"式"，就是"道"。金岳霖所刻画的"道"，某种意义上可以说是一个逻辑上的永真式，对于这样的永真式，即使采用逻辑实证主义的严苛标准，"道"也具有可确证性。既然"道"具有可确证性，那么系于"道"这一中国哲学最崇高概念上的很多东西，就或多或少、直接或间接地获得了某种可确证性。

（二）形上学命题具有可确证性

冯友兰认为，除了逻辑实证主义所说的原子事实命题与逻辑命题，形上学命题也具有可确证性。形上学命题是说到事实的，但其"说"只是形式地说。这类命题不断定"有某种事物存在"，它只是对已存在的事实作形式的解释，所以虽然其说到"事实"，但也还是分析命题。[①] 形上学命题对于实际事物没有或者只有极少断定，所以实际事物也很难否证这些命题。在冯友兰看来，他所建立的形而上学对于实

---

① 冯友兰.三松堂学术文集［M］.北京:北京大学出版社,1984:521.

际只有"一点"肯定,那就是"事物存在"。[①] 如果不能否认"事物存在",那就不能否定他的四组形而上学命题,因为这些命题都是对"事物存在"的逻辑分析,如"有物必有则""有理必有气"等,它们没有更多的对世界的断定,所以是不能被否定的分析命题。这些命题基本上可以被视为逻辑上为真的命题。这意味着形上学命题——至少是新理学中的形上学命题,具有某种可确证性。

（三）泛经验命题具有可确证性

张岱年认为,逻辑实证主义对命题及命题意义的理解,只是多种可能的理解之一。在批判逻辑实证主义命题意义理论的基础上,张岱年提出了自己的命题意义理论。张岱年主张,除了原子命题（基本事实命题）与逻辑命题,作为统赅命题的泛经验命题也是可证的。张岱年认为,有特色的哲学命题有三类:"一、统赅经验事实命题,二、名言命题,三、基本价值准衡命题。"[②]三种命题中,名言命题是关于符号或命题的命题,价值命题是关于理想或事实与理想之关系的命题,而统赅命题是关于宇宙的全部事实或大部分事实的命题,是对众多原子命题（基本事实命题）的概括。在张岱年看来,命题种类不同,其意义标准也不同。名言命题的意义标准为可辨或可解;价值命题的意义标准为可实践或有实践的可能;而统赅命题的意义标准是"可验",即在经验上有"征"。就均以"可验"为标准而言,统赅命题与其他事实命题没有区别,但逻辑实证主义的命题意义理论只承认原子命题的"可验",而不承认"物为心之本原"之类的统赅命题的"可验"。张岱年认为,统赅命题是一种泛经验命题,泛经验命题虽不能被特殊经验证成或否证,却能够为大多数人的经验所证成或否证。例如,"物为心之本原""世界是实在的"之类的统赅命题,作为基本事实命题的概括,它们虽然不能为个体的狭隘经验所确证,但能为广义的经验所确证,能为大多数人的经验所确证。[③]

（四）内容命题具有可确证性

牟宗三认为,真理可分为两种:一种是外延的真理（extensional truth）,另一种是内容的真理（intensional truth）。外延的真理是不系属于主体、可加以客观肯断的真理,如科学的真理;内容的真理是系属于主体、主观态度的真理,如道家、佛家、基督教中的那些道理。与外延的真理和内容的真理的区分相对应,命题也可以分

① 冯友兰.三松堂全集:第5卷[M].郑州:河南人民出版社,2001:195.
② 张岱年.张岱年全集:第3卷[M].石家庄:河北人民出版社,1996:21.
③ 张岱年.张岱年全集:第3卷[M].石家庄:河北人民出版社,1996:17.

为外延命题与内容命题。牟宗三认为，科学中的命题都是外延命题，外延命题的真假不依赖于主体；而哲学中的很多命题属于内容命题，内容命题不能脱离主体，但它也可以具有真实性与普遍性。这意味着内容命题是有可确证性的，只不过其得到确证的方式与途径不同。内容命题通过何种方式获得确证？在牟宗三看来，内容命题所表达的道理如果在我们真实的生命里得到了"普遍的"呈现，相应的内容命题就可以说得到了某种确证。当然，这里所说的普遍，不是科学真理的抽象的普遍，而是具体的普遍。具体的普遍性，如仁、孝等的普遍性，是在特殊关系中表现的，其形式是无穷无尽的，并且呈现的程度是有差异的。它与"一现永现""一成永成"的抽象普遍性是不同的①，但这并不妨碍其具有具体的普遍性。

（五）关于性与天道的论断具有可确证性

关于性与天道的论断超越了一般意义上的知识，进入了智慧之域，它涉及对具体真理、对整体性的把握。在冯契看来，对具体真理、对整体性的把握并非无从检验，只不过检验的方式有所不同而已。德性的自证就是检验这类论断的一种方式。冯契认为，在性与天道的相互作用中，"道"（天道、人道、认识过程之道）是可以内化为人的德性的，此即所谓"凝道成德"。而人如果能以正确的方式（如真诚、破除种种异化以及蒙蔽）来反观自我，这种德性之"有"就可以得到验证。"凝道成德"中的"德"之"有"，间接证实了我们对"道"的认识。所谓"德性的自证"，是指人能够反观自身的理性自明、意志自主、情感自得，能够确证自己的自由。由于获得智慧与获得自由是同一过程不可分割的两个方面，因此确证自己的自由与确证我们对性与天道的认识的真理性是统一的。冯契强调，德性的自证并非只是主观的活动与体验，它也有客观的一面。"心口是否如一、言行是否一致，一个真诚的心灵是能自知、自证的，并且别人也能从其客观表现来加以权衡、做出评价的。"②肯定"道"可以凝而为"德"，同时肯定人有德性自证的能力，也就间接肯定了关于性与天道的论断的可确证性。

综上所述，中国近现代认识论不仅赋予了形上学命题、泛经验命题、内容命题以可确证性，而且赋予了"道""形上智慧"以可确证性。这与西方近代以来对可确证命题的不断限定形成了鲜明对照。中西认识论在确证问题上的这种差异，与中国近现代认识论对超出科学知识的"道"的追求有着密切的关系。

①　牟宗三.牟宗三先生全集:第29卷[M].台湾:联经出版公司,2003:19—36.
②　冯契.认识世界和认识自己[M].上海:华东师范大学出版社,1996:444.

二、将确证问题由事实领域向价值领域扩展

"同真善""认识论与价值论相统一"等被认为是中国传统哲学、传统知论的重要特点。这些特点的形成与中国传统知论求知"道"的目标是一致的。传统哲学所谓的"道",既有规律、秩序、路径等与认知相关的意义,也蕴含着对平等、自然、仁爱等价值的肯定。由于"道"兼具认知与价值的双重意义,因此所知为"道"的确证就不能不涉及价值。这意味着,在广义认识论中,对兼及事实与价值的"道"的追求,必然要求将确证问题由事实领域向价值领域扩展。事实上,在中国近现代认识论中,寻求价值的确证是普遍存在的一种理论冲动。张岱年对"兼和"的推崇,金岳霖对"太极"的肯定,马克思主义者对自由王国的憧憬都体现着这种理论冲动。

在中国近现代哲学中,寻求价值确证的理论冲动有两方面的突出表现:一是以事物发展的规律支持价值,二是力图弥合"是"与"应该"之间的缝隙。

寻求价值确证的理论冲动的一种表现,是以事物发展的规律支持价值。这是一种类似于"推天道以明人事"的思路。在中国近现代哲学中,进步、竞争、创造、平等、自由等现代性价值的确立[1],与进化论以及唯物史观的支撑密不可分。在以规律支持价值方面,金岳霖和张岱年的做法比较有特色。

金岳霖在价值论上推崇"太极",而支撑"太极"的是"道演"的规律。在金岳霖那里,"太极"是真、善、美与自由的统一。"太极为至,就其为至而言之,太极至真,至善,至美,至如。"[2]太极或者说至真、至善、至美、至如(指万事万物莫不完全自在)的地位的确立,以"道演"为根据。金岳霖认为,现实的发展历程不是毫无目的的,它是有方向的,其方向就是从"无极"向"太极"运动。"无极而太极"是超越"天演"的"道演"过程,是超越进化的造化过程。"无极而太极"的过程,是作为纯粹材料的"能"不断地填充各种"可能"的架子的过程,而"太极"就是各种"可能"的架子都被填充过的状态。这一过程提示的是,许多"可能"或者说共相最终都会"现实"。可能得到现实即归于共相、归于"理"。所以,在太极,"情尽性""用得体""理势合一"。这是一种"绝逆尽顺",万事万物莫不完全自在、自如的状态。金岳霖的这一观点,与冯友兰把一类事物之"理"看成这类事物之"极"或者说"极致"的观点有异曲同工

---

① 高瑞泉.中国现代精神传统——中国的现代性观念谱系[M].上海:世纪出版集团、上海古籍出版社,2005:1—15.

② 金岳霖.论道[M].北京:商务印书馆,1987:212.

之妙①,但与冯友兰不同的是,金岳霖对"太极"以及与"太极"相关联的价值的肯定,以其具有独创性的进化论——"道演"论为支撑。

张岱年在价值论上推崇"兼和",而"兼和"以进化论或者说进化的规律为根据。张岱年认为,任何事物都有"性"与"能"。事物之性有简有繁,事物之能有寡有众。"物所有之性,或简或赜;物所有之能,或寡或众。兼多性以为一性,兼众能以为一能,即品值甚高之物。兼有者贵,所兼者贱。兼有者高,所兼者卑。是品值之自然准则。"②"兼和"即"兼赅众异而得其平衡"③。"兼和"原则为价值的衡量提供了一个标准。张岱年认为,在价值评价过程中,我们常常要衡量不同"需要"的轻重。这种衡量要有客观的标准。"兼和"就是这样的标准。根据"兼和"原则,包容其他需要的需要高于被包容的需要,有特异性的需要高于非特异性的需要。④ 不难看出,"兼和"标准的确立,离不开进化论的支撑。如果不承认事物的发展变化是一个由低级到高级、由简单到复杂的过程,"兼和"就会失去其当然的合理性。

寻求价值确证的理论冲动的另一种表现,是试图弥合"是"与"应该"之间的缝隙。区分"是"与"应该"是西方近现代哲学的一个重要共识,也是西方近现代认识论的一个重要预设。然而在中国近现代认识论中,对贯通性的"道"的要求使得人们总是试图在二者之间架起桥梁。李德顺认为,真理与价值具有统一性,"在实践检验过程中,真理的检验和价值的确定实际上总是必然地、不可分割地联系在一起的。在现实生活中,人对客观事实的认识和对它的价值判断、构想,即认识中的真理性成分和价值成分,本来是不能彼此割裂的。"⑤孙伟平认为,"是"与"应该"是统一的,"这种统一的理由和根据其实很简单,即统一于'实际活动着的人'自身:人类之探索'是'、事实、真理,或者说人类之'应该'、之追求价值,都源于人的内在本性,源于人的生活与实践活动的需要"⑥。中国的马克思主义者强调,"是"与"应该"统一的基础是实践。"无论是事实认知还是价值评价,都可看作现实实践之内在环节、内在方面,它们在人的实践过程中互相促进、互相补充、相辅相成,贯穿整个实践过程。具体的、历史的实践活动过程,也就是事实认知与价值评价具体的、历史

① 冯友兰.三松堂全集:第4卷[M].郑州:河南人民出版社,2001:186.
② 张岱年.张岱年全集:第3卷[M].石家庄:河北人民出版社,1996:203.
③ 张岱年.张岱年全集:第3卷[M].石家庄:河北人民出版社,1996:220.
④ 张岱年.张岱年全集:第7卷[M].石家庄:河北人民出版社,1996:29.
⑤ 李德顺.真理与价值的统一是马克思主义的重要原则[J].中国社会科学,1985(3):112.
⑥ 孙伟平.哲学之"是"与"应该"[J].学术研究,2003(1):34.

的统一过程。"①

将确证问题从事实领域推广到价值领域,是一种移植。这种移植之所以可能,除了其具有共同的实践基础外,还因为价值领域的确证与事实领域的确证具有某种相似性。事实领域中的确证,是为知识命题(信念)的成立提供证据(理由),使证据不足的信念转化为证据充分的知识。有论者强调,知识论所研究的中心问题不在于知识本身,而在于如何使信念成为知识、如何判定信念是不是知识。"这些'如何'关涉的就是知识的确证问题,它决定了什么是我们应当相信的,什么是不应当相信的。"②而价值领域的确证也有类似的结构:首先,价值观念也涉及"相信"问题,价值观念是指人们关于基本价值的信念、信仰、理想系统。③ 其次,在强调理性作用的现代社会,"相信"通常都需要理性的辩护,都需要提供理由——无论你的信念是知识信念还是价值信念。最后,我们的日常语言及行为,有些是带有事实确证意图的,有些则是带有价值确证意图的。现实生活中价值确证活动的"存在"本身,是确证向价值领域移植的重要理由。

确证问题由事实领域向价值领域的扩展,面对的核心挑战是西方哲学对事实与价值的分割。西方哲学自休谟起,对关联事实与价值就存在着某种警惕。强调事实与价值的区分,是西方哲学尤其是近现代西方哲学的重要倾向。这一倾向表现在认识论中,就是把确证问题限定于事实领域。西方近代的"知识论大革命"产生的悲观主义认识论认为,对于宇宙本体或"天道"、对于实践规范或"人道",人类无法获得确定的知识,在这两个领域,我们所能有的只是个人主观的看法。④ 这意味着,价值观念的确证很难成为西方哲学的"问题"。而不成为"问题",人们也不会致力于此。就此而言,中国近现代认识论的相关探索是值得重视的。

当然,面对西方认识论的挑战,确证问题从事实领域向价值领域的扩展,必须注意两个领域的差异性。与知识信念的确证相比,价值观念的确证在以下几个方面有着显著的不同:第一,所要达到的目标不同。知识信念的确证以求真为指向,价值观念的确证则以求"好"为指向。人们普遍承认有客观的真,却不容易承认有客观的"好"。这就需要我们对价值确证的目标有所调整:如果说知识信念的确证

① 孙伟平.论事实认知与价值评价的内在关系[J].社会科学战线,1997(1):93.
② 陈嘉明.当代知识论中"知识的确证"问题[J].复旦学报,2003(2):15.
③ 李德顺.价值论[M].北京:中国人民大学出版社,2007:199.
④ 墨子刻.形上思维与历史性的思想规矩——论郁振华的《形上的智慧如何可能?——中国现代哲学的沉思》[J].清华大学学报,2001(6):58.

主要是从个体指向社会(共同认可),那么价值观念的确证则更多的是从社会指向个体,它与价值观念的传承、传播,与个体对价值观念的认同及接受相关,与"重叠共识"的形成相关。第二,方法路径不同。知识信念的确证有三条经典路线——基础主义、融贯主义与语境主义。基础主义倚重基础信念(常常与知觉经验相关),融贯主义强调信念间的一致或融贯,语境主义则将确证置于特定的情境之中。价值观念的确证,不能完全脱离上述路线,但相比之下,它有自己的特殊性。例如,基础主义所强调的基础事实,对于知识信念与价值观念的意义就有所不同。价值观念有一种"超知识性",所以基础事实并不一定能够确证价值观念。也就是说,不是所有的"是"都能够推导出"应该",只有那些与主体相关的事实,才有可能成为这种推导的前提。第三,是否得到确证的标准不同。一个知识信念得到了确证,意味着它具有了充分的事实或逻辑的根据。而价值观念要得到确证,还应有以下两方面的表现:其一,个体在价值评价中能够自觉以该价值观念为标准;其二,该价值观念与个体的良心能够互相"融洽",使个体处于"心安理得"的状态。

中国近现代认识论将确证问题从事实领域推广到价值领域的努力,与其求知"道"的目标是一致的。中国哲学之"道"涉及规范与价值,而规范的确立、价值的劝诫,在经历过祛魅过程的现代社会,只能诉诸理性。20世纪末中国价值哲学的兴起,即与对价值的反思、怀疑、批判密切相关。价值哲学"要求对于一切价值(好坏、功利、善恶、美丑、得失等),特别是对于形形色色的规范、约束、要求都从不盲从,而要问一个'为什么'"①。中国近现代哲学的发展,与中国社会由传统而现代的转变联系在一起,而后者常常伴随着价值的"破"与"立"。在现代社会,价值的"破"离不开理性,价值的"立"也离不开理性。而基于理性的价值的"破"与"立",某种意义上都涉及确证问题。如果不尝试将确证由事实界扩展到价值界,那么价值哲学的功能就只能限于语言分析。所以,尽管不得不面对西方认识论的诸多挑战,尽管还存在许多未解决的甚至难解决的问题,但确证问题从事实领域向价值领域的扩展,却一直是中国近现代认识论为之努力的、至今未曾放弃的一个方向。

三、把确证原则发展成包含多元要素的原则

中国近现代认识论对可确证命题的扩展、对确证问题由事实领域向价值领域

---

① 孙伟平.哲学之"是"与"应该"[J].学术研究,2003(1):33.

的推进，必然要求确证原则是一个包含多元要素的原则。

　　中国近现代认识论把真知确证标准问题视为认识论的核心问题之一，并对此进行了多方面的探讨。在真知确证标准问题上，中国近现代认识论的总体倾向是强调真知确证标准内含多元要素。这与中国传统知论的"广一贯"确证原则可以说是遥相呼应。中国传统知论的"广一贯"确证原则强调所知为"道"的确证要满足多方面的一贯，如主体认识的一贯、主体自身的一贯、主体与环境的一贯、主体行动后果的一贯等。这些一贯性要求，在中国近现代认识论对符合、融洽、有效、一致等多元标准的综合中得到了某种程度的再现。

　　在真知确证标准问题上，张东荪的多元认识论认为，"道理"要成为"真理"，离不开主体对道理的"相信"。而主体之相信某个道理，受制于多元因素。这些因素包括主体自身的状况、物界的境况、社会文化的境况、历史的境况等。与"相信"受多元因素制约相应，真理标准也表现为对多元因素的容纳。张东荪认为："见闻的证据，逻辑的联贯与实行的成功，这三者，就消极方面言，都可以说是不可少的。……但就积极方面说，无论有哪一个却总是不够的。"[①]这意味着，真知要与见闻的证据一致，要有自身的逻辑一贯，要与行动的成功相关联。真知的这些特点，决定了真知标准必然是一个包含多元要素的标准。

　　在真知确证标准问题上，金岳霖最重视符合，因为符合能给予"真"以客观性、独立性、超越性。但他同时也认为，符合与否，还要看一些辅助的标准。这些标准是融洽、有效及一致。融洽、有效、一致以符合为终极落脚点。金岳霖认为，我们感兴趣的融洽，是表示符合的融洽；我们感兴趣的有效，是表示符合的有效；我们感兴趣的一致，是表示符合的一致。[②]但是，融洽、有效、一致只是"真"的必要条件，而不是充分条件。真理之为真理，要同时符合上述要求。这意味着真理标准是包含多元要素的标准。胡军认为，"金岳霖的真理标准说是对西方哲学史上各主要的真理标准说的综合，其特色表现为把真理的符合说、融洽说、有效说和一致说熔为一炉、合为一体。他不是照搬各家的学说，而是在严格批判的基础上将它们创造性地结合在一起"[③]。这意味着，金岳霖所认定的真理标准在一元之中有多元的要素。

　　在真知确证标准问题上，张岱年也重视符合说，但其符合说同样含有多元要素。张岱年认为，凡与外在事物的实际情况相符合者，都可谓之真知；凡与外在事

---

①　张东荪.知识与文化[M].上海：上海书店，1990：107.
②　金岳霖.金岳霖文集：第3卷[M].兰州：甘肃人民出版社，1995：802.
③　胡军.金岳霖的真理标准综合说述评[J].中国哲学史，1992(1)：120.

物的实际情况不相符合者，则都谓之谬妄。^① 然而如何才能断定知识与外在的实际
情况到底是符合还是不符合呢？张岱年认为，在经验范围内，这一问题我们无法解
决，因而必须借助其他的标准来判定知识与外在事物的实际情况符合还是不符
合。^② 而其他标准确立的根据在于真理的性质。张岱年认为，真理必有三性："一、
足以解释经验，合于感官实证；二、与其他已知真理相容；三、依之施行以验之，适得
其所预期，而不得到与所述相反之经验。"^③真理的上述特征，决定了真理的检验必
须同时符合以下标准：(1)"自语贯通"，即不能自相矛盾；(2)与感觉经验的内容相
应，即不能与感觉相矛盾；(3)实践，即依之实行，能得到预期的效果。这三个标准
被张岱年概括为言之成理、持之有故、行之有成。^④ 张岱年认为，如果一种认识同时
符合这三个标准，我们就可判定其与所断定的外在事物情况相符合，即其为真。
"真知必与自己一致，必与感觉经验一致，更必与实践效果一致。三者一致，然后证
明其为真知。真知在于认识、经验、实践三者之一致，亦可云在于认识、经验、实践
之一贯。"^⑤若一种知识不能同时符合上述三个标准，我们就不能断定此种认识与其
所断定的事物情况相符合，也就不能确定其为真。

　　在真知确证标准问题上，中国的马克思主义者强调了真理的实践标准，认为
"只有在社会实践过程中（物质生产过程中，阶级斗争过程中，科学实验过程中），人
们达到了思想中所预想的结果时，人们的认识才被证实了"^⑥。但是实践标准也是
一个内含多种要素的标准——它涉及主体的需要体系，涉及价值观念体系，涉及社
会生活的实然与应然状态，涉及原有知识、理论与新知识、新理论的融会贯通等。
实践标准中多元要素的统合，在统一人们行动的宏观策略的制定中，表现得尤为突
出。从"三个有利于"到"三个代表"再到"科学发展观"，直至当下的种种策略选择，
衡量我们行动的正确性、合理性的标准始终是包含多元要素的、具有通达性（贯通
不同领域、不同方面、不同群体）的实践。从认识论层面看，这种通达性，与"道"的
一贯性的要求相一致，与中国传统知论的"广一贯"确证原则相一致。

　　总之，在确证问题上，中国近现代认识论因对知"道"的执着，表现出与西方认
识论迥异的特点，这些特点包括：其一，增加了可确证命题的种类，把与"道"相应的

① 张岱年.张岱年全集：第3卷[M].石家庄：河北人民出版社,1996:222.
② 张岱年.张岱年全集：第1卷[M].石家庄：河北人民出版社,1996:369.
③ 张岱年.张岱年全集：第1卷[M].石家庄：河北人民出版社,1996:369.
④ 张岱年.张岱年全集：第3卷[M].石家庄：河北人民出版社,1996:222.
⑤ 张岱年.张岱年全集：第3卷[M].石家庄：河北人民出版社,1996:215-216.
⑥ 毛泽东.毛泽东选集：第1卷[M].北京：人民出版社,1991:284.

命题、形上学命题、泛经验命题、内容命题、关于性与天道的论断等，都看成具有可确证性的命题；其二，尝试将确证问题由事实领域向价值领域扩展，以不同的方式在事实与价值之间架起桥梁；其三，把真知确证原则发展成一个包含多元要素的原则，呼应了中国传统知论的"广一贯"确证原则。

基于现代立场反思中国传统知论，我们会发现，它的求知目标受制于中国传统哲学确定性追求的方向选择——"道"。因为中国哲学的确定性追求指向"道"，所以中国传统知论也把求知目标设定为知"道"。而"道"的形上性、整体性、贯通性、难以言说性等，使得知"道"成为一个宏大而不易实现的目标。因为目标宏大，所以中国传统知论具有广义认识论的特点；因为目标不易实现，所以中国传统知论在努力求知"道"的过程中发展出了自己的一些特点，如探索了知"道"的多种路径、扩展了认识主体的知"道"能力、发展出了"广一贯"确证原则等。中国传统知论的这些特点在中国近现代认识论中仍具有重要影响。因为没有完全放弃求知贯通性的"道"的目标，因为仍有知"道"的要求，所以中国近现代认识论在认识路径选择、认识主体能力认定、真知确证标准择定等方面形成了不同于西方认识论的诸多特点。把握中国传统知论以及中国近现代认识论的上述特点，是中国哲学自我理解的需要，也是中华文明自我理解的需要。这种自我理解，可以使我们更好地面对世界、面向未来。

附 录

解决狭义认识论问题的别样方案[①]

摘要 受"中国哲学逻辑与认识论意识不发达"这一观点的刺激,20世纪中国哲学家如张东荪、金岳霖、冯契等,特别重视认识论问题的研究。他们的贡献,不仅在于探索了认识论研究的"形上进路",还在于对西方认识论所关注的狭义认识论问题提出了不同的解决方案。他们承认感觉的局限性,却另辟蹊径沟通天与人、主与客;承认范畴的重要作用,却致力于阐发不同的范畴体系;承认逻辑的重要性,却为认识论奠定了不同的"逻辑基础"。这些解决狭义认识论问题的新路向,是20世纪中国认识论研究的重要贡献。

关键词 中国近现代认识论 "自然界"的扩展 中国哲学范畴体系 认识论的逻辑基础

中国近现代认识论,呈现出与中国传统知论的较大差异。[②] 如果说中国传统知论较为关注形上、道德、价值等领域,从而被认为是"形上型认识论"[③]、"道德认识论"[④]、"与价值论相融通的认识论"[⑤]、"广义认识论"的话,那么,中国近现代认识论的一个显著不同,是特别关注了形下之域、科学领域中的认识论问题,如"感觉能否

---

① 本文曾发表于《华东师范大学学报》2019年第3期,后被《中国社会科学文摘》以《20世纪中国哲学"逻辑与认识论意识"的自觉》为题转载,此处略有改动。
② 张岱年在20世纪三四十年代,即用"知论"指称中国传统哲学中与西方"认识论"相应的内容。
③ 刘文英.认识的分疏与认识论的类型——中国传统哲学认识论的新透视[J].哲学研究,2003(1):26.
④ 廖小平.试论中西方传统哲学认识论的基本判别[J].晋阳学刊,1994(2):38.
⑤ 赵馥洁.论中国哲学认识论与价值论的融通及其意义[J].人文杂志,2002(4):42.

给予客观实在""普遍必然的科学知识何以可能"等。这些问题被认为是西方近现代认识论所特别关注的、狭义认识论的问题。①

在问题意识上向西方认识论的"趋近"以及对中国传统知论的"背离",使得中国近现代认识论获得了两种不同评价:站在西方认识论的立场上,人们倾向于肯定中国近现代认识论的"合法性",而对中国传统知论是否属于认识论持怀疑态度;站在捍卫传统哲学的立场上,人们则易于把中国近现代认识论视为舶来之物、无根之学。持这两种立场的人常常在一点上取得一致,那就是,中国近现代认识论主要是跟从西方、缺少创见。

但是,认真考察一下中国近现代认识论中成体系的研究成果,如张东荪、金岳霖、冯契的认识论②,我们就不难发现,在解决"感觉能否给予客观实在""普遍必然的科学知识何以可能"这类问题的过程中,上述研究成果固然表现出与西方认识论的某些一致性,如承认人的感觉能力的局限性、强调范畴的作用、重视逻辑在认识论中的地位等,但这种一致只是出发点的一致,而在其后的理论推进中,中国近现代认识论展现了解决问题的独特思路。

一、另辟蹊径沟通天与人、主与客

中国近现代认识论普遍承认感觉有其局限性,但并没有因此而否认外部世界的实在性、可知性。它另辟蹊径沟通天与人、主与客,延续了传统哲学"一天人""弥内外"③的倾向。

西方近现代认识论,通常将感觉能力局限于现象界,这样一来,"感觉能否给予客观实在"的问题,往往会得到否定性的回答。西方认识论的主导趋向是质疑或悬置外部世界的实在性、可知性。在洛克那里,第一性质的观念是外物的反映,但第二性质的观念已不是外物的"肖像";而贝克莱则认为,第一性质同第二性质一样,都是心灵中的存在;休谟则进一步质疑了这种心灵中的存在与外物的关系,认为二者的相关性是最难解释的一件事;康德肯定了休谟对独断论的批判,将外物作为

---

① 冯契认为,认识论有广义和狭义之分。西方近代以来的认识论主要是狭义认识论。狭义认识论重点关注的是"感觉能否给予客观实在"以及"普遍必然的科学知识何以可能"的问题。广义认识论除了这两个问题,还特别关注"逻辑思维能否把握具体真理"以及"理想人格如何培养"的问题。
② 毛泽东的能动的革命的反映论在冯契那里获得了高度肯定,并得到了更为体系化的继承和发展。
③ 张岱年.张岱年全集:第2卷[M].石家庄:河北人民出版社,1996:7.

"物自体"悬置；实证主义者则进一步取消了外物存在的问题，认为外物不是感觉或"所与"所反映的对象，而是其演绎和构造的结果。① 西方近现代认识论对感觉与外物关系的反思，一个明显的后果是将感觉视为认识的起点，这样一来，感觉就在某种意义上成了隔绝天与人、外与内的屏障。

对于"感觉能否给予客观实在"这一问题，中国近现代认识论的回答更接近于中国传统知论，那就是倾向于肯定外部世界的实在性、可知性。② 但是，西方认识论既已将感觉的屏障竖起，由感觉能力"向外"扩张而达于外部世界的路径就受到了限制。如何在接受这种限制的前提下延续中国传统知论的固有倾向？中国近现代认识论采取了一条迂回的路径，那就是使外界、自然界向"内"扩展——通过重新界定外界、自然界，通过不断扩展外界、自然界的界域，使其与人的认识相接洽、相统一。外界、自然界的这种内向扩展，由张东荪而金岳霖而冯契，表现得十分明显。

张东荪所理解的外界，不是一个悬置的假设，而是一个有"限点"、有"架构"的世界，其"限点""架构"能够穿透感觉之幕，为人所知。张东荪认为，感觉背后必有外在的相关者，这个外在相关者，不是像康德的"物自体"那样绝对地不可知，它至少在两方面是可知的：其一，它与感觉在性质上是不同的。其二，感觉自身变化的有限可能性（源于外在相关者的限制），能够反映出外在相关者的"限点"或"架构"。③ 在张东荪那里，感觉是一重透光的"帘幕"。因为有光透入，所以我们对外界不是一无所知。但这种光是隔"帘"而入的，所以我们对外界之知有诸多限制——我们对外界之"知"，不是"内容"之知，而是"形式"之知。"感觉的内容简直与外物两样，……我们绝对无由知外物的原样，因为最直接的所与只有感觉。"④对张东荪而言，外界"向内"的扩展，以一种强迫力和渗透性显现。这种强迫力和渗透性，使得认识和实践的主体，不得不接受外界对可能性的限制，不得不接受其架构的框定。但它并没有从根本上打破感觉和外界的对峙——感觉依然是一种"非存在者"，"没有外界性"。⑤ 感觉中的形形色色、这这那那，属于感觉而不属于外界。然而，在金岳霖那里，感觉与外界的上述对峙被打破了。金岳霖认为，作为感觉内容的所与，不是与外物隔绝的，它本身就是外物或外物的一部分。⑥ 这就意味着，与张

①　童世骏.感觉经验能否给予客观实在——从洛克到金岳霖和冯契[J].江海学刊,2000(4):102.
②　张岱年.张岱年全集:第2卷[M].石家庄:河北人民出版社,1996:546.
③　张东荪.知识与文化[M].长沙:岳麓书社,2011:18.
④　张东荪.认识论[M].北京:商务印书馆,2011:35.
⑤　张东荪.认识论[M].北京:商务印书馆,2011:47.
⑥　金岳霖.知识论[M].北京:商务印书馆,1983:124.

东苏相比,金岳霖所谓的"外界""自然界"向内推进了一步——进入了感觉世界之内。

金岳霖所理解的自然界,是一个包括"形形色色、这这那那"的"所与"的世界。换言之,自然界的一部分是与正常人的正常感觉重合的。要理解金岳霖所谓的"自然界",需联系其"本然界"。在金岳霖那里,本然界是一个超验的世界,是由"可能"之有"能"(或者说"可能"之"现实")而来的世界。本然界有"变"、有"时间"、有"先后"、有"大小"等,但"无观",而自然界是"有观"的。由"无观"到"有观",离不开"官觉类"。金岳霖认为,存在着不同的官觉类。人是一个官觉类,牛也是一个官觉类,"每一类的官觉者都有它的共同世界与特别世界,这就是该类的自然界"①。就人类来说,自然界包含普遍的世界(各类官觉者之所共同的)与特别的世界(人类之所特别的)。但在日常生活中,人们也许并不特别关注普遍与特殊、共同与特别的分别,"我们把种种等等,形形色色,这这那那,熔于一炉,称它为自然。从它不得不如此,或不得不如彼说,它当然是自然"②。这表明,对人而言的自然界,是包括"所与"的。这里的"所与",是指同一官觉类的正常官能者的官觉呈现。③ 金岳霖所谓的"自然界"因为包括正常感觉内容的形形色色、这这那那,所以比张东苏所谓的"外界"向内迈了一大步,突破了感觉的"帷幕"。但是,在金岳霖那里,自然界的向"内"推进并未达于事实界,而冯契则将自然界进一步推进到事实界乃至价值界。

冯契所理解的自然界,是包括事实界与价值界的世界。它不仅有"形形色色、这这那那",还进一步存在各种形色、性质的分别,甚至存在"好"与"不好"的分别。事实界是由"事实"构成的世界。金岳霖认为,事实是"引用了我们的范畴的所与"④,是套上了意念的所与,或者说是填入了所与的意念。⑤ 由事实构成的事实界,是引用了时间、空间等"接受方式",被安排出一些条理的世界。关于什么是事实界,冯契与金岳霖的观点没有根本的不同。冯契认为,以"得自所与"的抽象概念"还治"所与,化所与为事实,"这个过程就是知识经验的程序,这一程序之所知即知识经验的领域,就是事实界"⑥。但在事实界与自然界的关系问题上,冯契与金岳霖的观点有分歧。在金岳霖看来,事实不是"光溜溜"的所与,而是加入了"作料"(概

① 金岳霖.知识论[M].北京:商务印书馆,1983:490.
② 金岳霖.知识论[M].北京:商务印书馆,1983:491.
③ 金岳霖.知识论[M].北京:商务印书馆,1983:147.
④ 金岳霖.论道[M].北京:商务印书馆,1987:6.
⑤ 金岳霖.知识论[M].北京:商务印书馆,1983:741.
⑥ 冯契.认识世界和认识自己[M].上海:华东师范大学出版社,1996:321.

念、范畴)的所与。既然加了"作料",事实就不那么"自然"了,因而"光溜溜"的所与属于自然界,而事实则属于事实界。冯契则认为,加了作料的事实界、被概念范畴赋予了条理的事实界,仍属于自然界。"事实界就是经验中的自然界。"[①]与金岳霖相比,冯契所谓的"自然界",继续向"内"扩展,不仅达于事实界,而且扩展到价值界,成为一个涵括本然界、事实界、可能界、价值界的极为宽泛的概念。"由事实界的联系而有可能界,可能界与人的需要相结合而有价值界。本然界、事实界、可能界、价值界一起构成了自然界。"[②]这样的自然界,与人的认识活动具有内在的统一性。面对这样的自然界,困难的恐怕不是天与人、主与客的统一,而是天与人、主与客的分隔。

综上所述,中国近现代的认识论研究,在承认感觉局限性的基础上,通过扩展外界和自然界的界域,使得客观实在不断趋向内在于人的经验、人的认识过程,从而为天与人、主与客的统一奠定了新的基础。这种扩展,在张东荪那里,是承认外界之光可以穿透感觉的帘幕;在金岳霖那里,是将自然界延伸至正常人的正常感觉的世界;在冯契那里,是将自然界推进到事实界乃至价值界。

中国近现代认识论对外界、自然界界域的扩展,不是简单的概念界定问题,其背后起支配作用的实际上是中国传统知论的一个基本趋向,那就是倾向于贯通天与人、主与客。正是这一趋向,使得"感觉能否给予客观实在"这一狭义认识论的根本问题,在看似山穷水尽之处,获得了一种具有中国特点的解答。

二、致力于阐发中国固有的思想范畴

中国近现代认识论,虽普遍承认范畴的重要性,却不以西方的范畴系统为思想的唯一格式,而是致力于阐发中国固有的思想范畴,并由此凸显中国思想格式及思维倾向的特殊性。

西方认识论自古希腊开始,就重视范畴的作用。在康德完成了认识论上的"哥白尼式的革命"之后,范畴在认识论中的重要性更是为人们所强调。在康德那里,"普遍必然的科学知识何以可能"的问题,离开了"因果"等范畴,是无法解决的。受西方认识论尤其是康德认识论的影响,张东荪、金岳霖、冯契在其各自的认识论体

① 冯契.哲学讲演录·哲学通信[M].上海:华东师范大学出版社,1998:159.
② 冯契.哲学讲演录·哲学通信[M].上海:华东师范大学出版社,1998:159.

系中，都非常重视对范畴的研究。但与康德及其他西方认识论研究者不同的是，他们特别关注了对中国固有思想范畴的挖掘。①

张东荪在中国思想范畴阐发方面的贡献，是以列表的方式对中国固有的思想范畴进行了梳理，并将其与西方思想范畴进行了对比，重点阐发了传统哲学的"本末"范畴。

张东荪认为，范畴是思想的格式，反映的是"思想轨型"或"思想格局"。在范畴问题上，张东荪对康德的工作既给予了肯定，也提出了批评。张东荪主张，必须从社会、文化的角度来理解知识，但不能像知识社会学那样囿于具体思想的分析，而应像康德那样，重视知识的格式。但康德的认识论也有问题，那就是把知识的格式看成是唯一的。"康氏知识论在他本人以为是讨论人类思想中所普遍含有的范畴，而在我则以为依然只是西方文化中所普遍含有的思想格式而已。"②在中国思想范畴阐发方面，张东荪的工作主要包括以下几个方面：其一，列出了一张中国重要思想范畴表。这张范畴表涵括了有无、同异、本末、实虚、自他、分合（全）、内（中）外、主从、始终、先后、顺逆、离常、反复、正负（反）、上下、公私、体用、能所共十八对范畴。③ 其二，基于这张范畴表，对中西思想范畴进行了比较，指出了中西思想范畴的诸多不同：首先，西方有的范畴，中国不一定有，反之亦然；其次，西方思想中比较重要的范畴，在中国思想中不一定重要，反之亦然；最后，范畴使用时的不同结合，也是中西范畴差异的重要方面。④ 其三，指明了中西思想范畴的差异是中西文化差异的重要根源。"中国文化与西方文化之不同，就在于其背后的哲学思想中重要范畴有些不一致的地方。"⑤张东荪认为，西方文化建筑在本体、因果、原子、同一这类范畴上，其认识论也深受这类范畴的影响，而中国文化则建立在不同的范畴上。⑥

在众多的中国思想范畴中，张东荪特别关注了"本末"范畴。他认为"本末"之"本"，是与西方的 substance 根本不同的范畴。"本"与"末"并列，更多地关乎结构与秩序，而不是本体与现象。张东荪认为，"本末"是中国思想中最明显地被当作范畴使用的概念，是中国思想的核心范畴之一。"本末"范畴的核心地位，一方面表现

---

① 在这一点上，冯友兰、张岱年以及当代许多学者的工作都值得关注。由于论题所限，本文无法一一论列。

② 张东荪.知识与文化[M].长沙：岳麓书社，2011：200.

③ 张东荪.知识与文化[M].长沙：岳麓书社，2011：151—152.

④ 张东荪.思想与社会[M].沈阳：辽宁教育出版社，1998：95.

⑤ 张东荪.知识与文化[M].长沙：岳麓书社，2011：157.

⑥ 张东荪.知识与文化[M].长沙：岳麓书社，2011：218.

在"顺逆""主从"等范畴附丽于它,另一方面表现在中国人对宇宙秩序的理解、对社会组织的建构深受"本末"范畴的影响。①

张东荪对中国重要思想范畴的梳理与分析,具有一种开创性。尽管张东荪对中国思想范畴的归纳算不上完备,其排列也缺少明显的系统性,但是,中国思想的一些重要范畴,他基本上涉及了。另外,其对中西重要思想范畴的比较研究,对后来的研究者也很有启发。

金岳霖在中国思想范畴阐发方面的贡献,是将中国思想中的一些重要范畴纳入其《论道》的范畴体系,并重点阐发了传统哲学的"理势"范畴。

《论道》在阐发中国思想范畴方面的特点是:其一,将中西重要的思想范畴熔于一炉,且置于"道"这一中国思想的最高范畴的统领之下。其二,对中国传统的思想范畴——道、无极、太极、理势、几数、情性、体用、动静、逆顺、阴阳、刚柔、始终等,进行了阐发。《论道》中的诸范畴构成了一个严密的逻辑体系,在这一体系中,中国思想的诸范畴不仅获得了更为明晰的界定,而且具有了一种由体系而来的新意。

在众多的中国思想范畴中,金岳霖特别关注了"理势"范畴,主张"理有固然,势无必至"。金岳霖所谓的"理",是指共相的关联。所谓的"势",是指殊相的生灭。"理有固然"是指,个体的变动体现着共相的关联,总是有"理"可说、可以理解的;"势无必至"是指,个体的变动作为殊相的生灭,具有不确定性、偶然性——我们事先不能确定哪一种"理"必然现实。"理有固然,势无必至"这一论断,一方面对西方旧有的"有因必有果,有果必有因"式的因果观念提出了批评,另一方面也为认识论的发展开辟了新的空间:首先,它为形而上学预留了空间。"理有固然,势无必至"意味着,一般的普遍概念或普遍命题,虽然能够表示"这个世界"的普遍的"理",却很难说明"势何以至",即"何以有这个世界"。在金岳霖看来,"何以有这个世界"需要借助本然命题,如"能有出入"等来说明——"可能"的现实,就是该可能之有"能"。殊相的生灭,虽然不能用概念和命题得到完全的说明,却可以用"能之入"与"能之出"来说明。② 而"能有出入"这类的本然命题,是无法在认识论框架中得到安顿的,它只能是形而上学研究的对象,这就给形而上学留下了空间。其次,它为认识论预留了"默会"的维度。"理有固然,势无必至"意味着,必须借助"能有出入"这样的命题来说明"何以有这个世界"。而"能有出入"之"能",在金岳霖看来,是不能

①　张东荪. 知识与文化[M]. 长沙:岳麓书社,2011:156-162.
②　金岳霖. 金岳霖学术论文选[M]. 北京:中国社会科学出版社,1990:346-350.

定义的,它只可意会,不可言传。所以要断定"能有出入",就必须承认一个非名言的、默会的领域。由"理有固然,势无必至"而来的对认识的形而上学维度与默会维度的承认,不仅对狭义认识论的突破具有重要意义,而且对中国传统知论的现代展开具有重要意义,因为中国传统知论较多地涉及了认识的这两个维度。

与张东荪强调中西范畴之异不同,金岳霖更重视中西范畴之通。对中西范畴之通的强调,使得中国固有的思想范畴,具有了更为普遍的意义。另外,金岳霖对中国传统思想范畴的阐发更为系统,其目标是以精密的结构,尽量囊括所有的基本概念。① 当然,金岳霖的范畴系统,主要是一个形式逻辑系统,因而对概念的辩证运动较少涉及。但在范畴内涵的明晰性、范畴关联的系统性方面,它显然具有张东荪的范畴表所不及的优点。

冯契在中国思想范畴阐发方面的贡献,是对传统哲学中的"类""故""理"范畴进行了挖掘,建构了一个类、故、理的范畴体系,并重点阐发了传统哲学的"体用"范畴。

冯契的类、故、理范畴体系在阐发中国思想范畴方面的特点是:其一,对墨子"类""故""理"的范畴体系给予了现代阐发。冯契认为,墨子的范畴体系作为一个"胚胎",已经"完整地具备了一切发展要素的萌芽"②,呈现出一种架构的合理性。这种合理性表现在两个方面:一是类、故、理对应着逻辑思维的基本形式——概念、判断、推理,二是类、故、理对应着认识的基本环节——"察类"(知其然)、"明故"(知其所以然)、"达理"(知其必然与当然)。③ 其二,阐明了类、故、理的范畴体系,这是一个包容范畴的辩证运动的体系,超越了形式逻辑的限制。其三,在类、故、理之下,重点讨论了十三组范畴。④ 在十三组范畴中,中西方的重要思想范畴获得了一种综合性的考察。康德的"个别与一般"、黑格尔的"同一与差异",被纳入"类"范畴;"原因与结果""必然与偶然",分别被归入了"故"和"理"。而中国传统思想范畴中的同与异、理与势、体与用等,在类、故、理的范畴体系中,也得到了考察与安顿。

在众多的中国思想范畴中,冯契特别关注了"体用"范畴。冯契所说的体用,是指实体(结构)和作用。在体用关系上,冯契肯定了传统哲学"体用不二"的主张,并

---

① 金岳霖.金岳霖学术论文选[M].北京:中国社会科学出版社,1990:364.
② 冯契.逻辑思维的辩证法[M].上海:华东师范大学出版社,1996:322.
③ 冯契.逻辑思维的辩证法[M].上海:华东师范大学出版社,1996:322.
④ 这十三组范畴,归于"类"的有:同一和差异;个别、特殊和一般;整体和部分;质和量;类与关系。归于"故"的有:因果关系、相互作用、条件和根据;实体和作用;内容和形式;客观根据和人的目的。归于"理"的有:现实、可能、必然;必然与偶然;目的、手段、当然之则;必然和自由。

尝试着用"体用不二"的原则来解决一些认识论难题。冯契认为,体用关系有不同的层面,相应地,"体用不二"也有不同的含义:如果以形与神为体、用,那么"体用不二"即意味着感官(体)与感觉(用)具有一致的关联,这可以用来说明类(人)有一致的感觉;如果以"所"与"能"为体、用,那么"体用不二"即意味着物与人们对物的正常感觉具有一致性,这可以用来说明人的感觉能够给予客观实在;[①]如果以人的精神与其活动结果为体、用,那么"体用不二"即意味着人的精神(体)与其创造的结果(用)具有一致性,这可以用来说明自由的个性可以具有"体"或者"本体"的地位。[②]这种对"体用"及"体用不二"的理解,一方面表现出对传统的继承,另一方面也为不同于狭义认识论的广义认识论提供了理论支撑。

冯契的范畴研究,承续了金岳霖的"体系化"方向,但他认为,金岳霖的范畴体系是一个具有封闭性的形式逻辑体系。在强调范畴的变化发展、范畴的不可穷尽方面,冯契与张东荪更为合拍。冯契认为,建立一个包罗无遗的范畴体系,既无可能也无必要,他的类、故、理体系,也是需要发展的体系。[③] 但从既成形态来看,冯契的类、故、理范畴体系,无疑是具有创新性的体系——它使认识史上的重要范畴获得了一种新的组织形式。而这种组织形式体现出某种中国性条理。

综上所述,张东荪、金岳霖、冯契的范畴研究,有诸多方面的不同。其一,从范畴研究的系统性来看,张东荪不及金岳霖与冯契。而同样是系统性研究,《论道》的范畴体系与类、故、理的范畴体系,在架构和开放性方面,也存在着明显的不同。其二,从重点探讨的范畴来看,张东荪重视"本末"范畴,金岳霖重视"理势"范畴,而冯契重视"体用"范畴。然而,尽管存在着诸多不同,但在重视阐发中国固有的思想范畴方面,张东荪、金岳霖、冯契却一致地表现出不同于西方认识论研究者的特点。

三、扩展了认识论的逻辑基础

西方近现代认识论,以逻辑学为其重要基础。中国近现代认识论肯定逻辑之于认识论的重要性,却普遍认为西方近代以来的认识论的逻辑基础过于狭隘。所以扩展认识论的逻辑基础,成为中国近现代认识论研究的一个显著特点。而这种扩展大多伴随着对中国传统思维方式及逻辑倾向的肯定。

---

① 冯契. 逻辑思维的辩证法[M]. 上海:华东师范大学出版社,1996:47.
② 冯契. 人的自由和真善美[M]. 上海:华东师范大学出版社,1996:319—321.
③ 冯契. 逻辑思维的辩证法[M]. 上海:华东师范大学出版社,1996:314.

　　西方近代以来的认识论,多以强调演绎的形式逻辑为逻辑基础。张东荪认为,这是一种以"同一律名学"为基础的认识论,而认识论也可以以"相关律名学"为基础;金岳霖认为,认识论不仅要以演绎逻辑为基础,而且要以归纳逻辑为基础;冯契则认为,除了演绎和归纳,认识论还要以辩证逻辑为基础。

　　在扩展认识论的逻辑基础方面,张东荪的特点是将认识论的逻辑基础由"同一律名学"扩展到"相关律名学"。在张东荪看来,知识是在外界"限点"容许下的一种"构造":感觉的"混合"是第一次构造,知觉的"配合"是第二次构造,概念的"抽离与凝一"是第三次构造。① 三次构造中,"概念在知识上是最根本的"②。逻辑的重要作用是调整语言概念③,所以逻辑之于认识、认识论具有基础性的作用。但是,由于受语言构造、哲学、社会需要等诸多因素的制约,"逻辑并不限定只有形式逻辑一种"④。张东荪认为,中西方有不同的逻辑。西方的逻辑是"同一律名学",而中国的逻辑是"相关律名学"。"同一律名学"建立在同一律的基础上,注重事物的同一性;"相关律名学"建立在相关律的基础上,重视由"相反"而见其"相成","注重于那些有无相生,高下相形,前后相随的方面"⑤。在张东荪看来,逻辑是知识构造的工具,而这种工具不是唯一的。这就意味着认识论可以有不同的逻辑基础。

　　张东荪对认识论逻辑基础的扩展,以其对中国逻辑特殊性的认定为前提。中国逻辑的特殊性,与中国语言、中国哲学、中国社会需要的特殊性相关。所以这种扩展,是一种具有中国特点的扩展。

　　在扩展认识论的逻辑基础方面,金岳霖的工作是将认识论的逻辑基础由演绎逻辑扩展到归纳逻辑。金岳霖和张东荪一样,对西方认识论的逻辑基础进行了检讨,但二者检讨的方向不同。张东荪主张中西认识论有不同的逻辑,而金岳霖则明确反对这种观点,认为逻辑的研究对象是必然的理,此理不分中外。⑥ 然而,肯定中西认识论有共同的"逻辑",并不意味着西方认识论的逻辑基础没有问题。金岳霖认为,知识是"引用一意念图案或一意念结构于所与"的结果。⑦ 而"任何意念的引

---

　　① 张东荪. 知识与文化[M]. 长沙:岳麓书社,2011:45.
　　② 张东荪. 思想与社会[M]. 沈阳:辽宁教育出版社,1998:16.
　　③ 张东荪. 知识与文化[M]. 长沙:岳麓书社,2011:65.
　　④ 张东荪. 知识与文化[M]. 长沙:岳麓书社,2011:69.
　　⑤ 张东荪. 知识与文化[M]. 长沙:岳麓书社,2011:212.
　　⑥ 金岳霖. 金岳霖学术论文选[M]. 北京:中国社会科学出版社,1990:531—556.
　　⑦ 金岳霖. 知识论[M]. 北京:商务印书馆,1983:463.

用都同时是归纳原则的引用"①。我们引用"桌子"这一意念于"这",说"这是桌子",其实是在按样本归类,而"凡照样本而分类都是利用归纳原则"。② 没有归纳,就没有意念的引用,也就没有知识。归纳之于知识如此重要,然而休谟以后的西方认识论却没有对归纳原则给出一个令人信服的说明,这样的认识论无疑是有问题的。金岳霖的一项重要工作,是为归纳原则的有效性提供一种证明。他的做法是,把归纳中的事例(无论正事例还是反事例)视为推理的前提,把"所有 S 都是 P"或"并非所有 S 都是 P"作为推理的结论。在没有出现反事例的情况下,前提真(断定的正事例都真),结论(所有 S 都是 P)也真,归纳原则的有效性不能被推翻;而在出现反事例的情况下,前提真(断定的正事例和反事例都真),结论(并非所有 S 都是 P)也真,归纳原则的有效性也不能被推翻。这样一来,无论是否出现反事例,运用归纳原则都能从真前提推出真结论。而从真前提出发总是能推出真结论,是推理形式有效的一个标志。这就说明,归纳原则是一种有效的推理原则。不过,金岳霖也指出,归纳原则的有效,与一般的形式逻辑推论形式的有效有所不同,它依赖一个条件,那就是"有时间",且"时间不会打住"。如果时间打住,归纳就有可能出现前提真而结论假的情况。而在《论道》中,金岳霖指出,"如果我们承认能有出入,我们就已经承认时间"③。另外,时间也不会打住,因为所与总是源源不断而来。"所与既源源不断而来,事实也不断地发生。"④金岳霖对归纳原则有效性的论证,使基于归纳的知识的确定性得到了保证,从而将认识论的逻辑基础扩展到了归纳逻辑。

　　表面上看,金岳霖对归纳原则有效性的论证,无论是问题的提出还是问题的解决,都很"西方"。但如果我们进一步深究,就会发现,金岳霖对归纳问题的解决受到了中国哲学很大的影响。首先,金岳霖对归纳问题的关注联系着一种中国情结。归纳问题与"自然齐一性"相关——如果归纳原则无效,将来能够推翻现在和以往,自然的齐一性就会面临挑战。归纳问题困扰金岳霖多年,几乎成为其"情感上的痛苦"的一个重要原因,是金岳霖心目中有个动其心、怡其情、养其性的最崇高的概念——"道"⑤,而这个"道"("道一"的"道")预设了自然的某种齐一性——自"道"而言,"万物一齐"⑥,归纳问题不解决,自然的齐一性就没有保证。所以,在金岳霖那

①　金岳霖.知识论[M].北京:商务印书馆,1983:456.
②　金岳霖.知识论[M].北京:商务印书馆,1983:458.
③　金岳霖.论道[M].北京:商务印书馆,1987:12.
④　金岳霖.论道[M].北京:商务印书馆,1987:12.
⑤　金岳霖.论道[M].北京:商务印书馆,1987:17.
⑥　金岳霖.论道[M].北京:商务印书馆,1987:18.

里,归纳原则的有效性得不到说明,"道"以及与之相关的齐一性就会受到质疑,这是其情感上不能接受的。其次,金岳霖对归纳问题的解决,借助了"能有出入"之类的形而上学命题,但是将认识论与形而上学关联起来是中国哲学的倾向,而不是西方近现代认识论的倾向。最后,金岳霖所求助的《论道》中的体系,是一个具有中国特点的形而上学体系。所以,从更深的层面看,金岳霖对认识论逻辑基础的扩展,是一种具有中国特点的扩展。

在扩展认识论的逻辑基础方面,冯契的工作是将认识论的逻辑基础扩展至辩证逻辑。冯契认为,知识的形成离不开以演绎为基础的形式逻辑。然而,基于形式逻辑所获得的必然性命题,对事实的秩序无所肯定。要对事实秩序有所肯定,需要借助其他条件。冯契和金岳霖把这一条件称为"接受总则"。但是,对于接受总则是什么,冯契和金岳霖的看法不同。金岳霖认为,接受总则是归纳原则。而冯契则认为,接受总则是"以得自现实之道还治现实",这一过程所运用的逻辑是辩证逻辑。① 对冯契而言,金岳霖把引用一个概念于所与(如引用"桌子"于"这")的过程视为归纳,是把接受总则简单化了。在冯契看来,我们引用一个概念,如"苹果"于"这""那",说这是苹果,那是苹果,固然是归类或归纳,但它同时也是使人们用"苹果"这个类概念去应付特殊——这是演绎。"这是苹果"这样一个简单的判断,不仅涉及归纳与演绎,而且引用了时空形式与范畴,涉及了类、故、理诸范畴的使用。所以冯契认为,"以得自现实之道还治现实",是一个"归纳和演绎、分析和综合、逻辑和历史的统一的辩证法的运动"②,这一过程所遵循的逻辑是涵括了归纳、演绎等诸多因素的辩证逻辑。

冯契与金岳霖一样,并不认为中西哲学有不同的逻辑。然而,承认逻辑的普遍性,并不意味着中西哲学在逻辑思维、逻辑自觉方面没有差异。中西哲学在逻辑方面的一个重要差异,是对形式逻辑和辩证逻辑有不同的偏重。在西方哲学中,形式逻辑较受重视,比较发达。而在中国哲学中,相比形式逻辑,辩证逻辑得到了更为充分的发展。冯契强调认识论应以辩证逻辑为基础,这是对中国传统知论固有倾向的一种继承。就此而言,冯契将认识论的逻辑基础扩展到辩证逻辑,是一种具有中国特点的扩展。

综上所述,中国近现代认识论虽肯定逻辑在认识论中的基础地位,但对认识论

---

① 冯契.认识世界和认识自己[M].上海:华东师范大学出版社,1996:208.
② 冯契.认识世界和认识自己[M].上海:华东师范大学出版社,1996:207.

的逻辑基础进行了扩展。张东荪以强调存在着不同逻辑的方式来完成这种扩展。而金岳霖则将归纳也视为认识论的逻辑基础。冯契更进一步,以辩证逻辑为认识论的逻辑基础。尽管三人扩展的方向不同,但其共同点是容纳了中国思想固有的因素,在逻辑上为不同于西方样态的认识论的生成提供了可能。

　　中国近现代认识论,是中西思想会通的产物。从主体意识上看,它有着提升中国哲学"逻辑与认识论意识"的自觉;从研究成果上看,它吸收了西方认识论的相关成果,但也具有中国特点。康德哲学、实用主义、新实在论、唯物论等,固然对张东荪、金岳霖、冯契的认识论研究影响颇深,但如果我们追问,为什么是这些思想而不是其他一些思想对中国近现代认识论发生了深刻影响,恐怕我们就不会认为中国传统知论的作用无足轻重。如果我们再进一步追问,为什么中国近现代认识论,在承认感觉的局限性,承认范畴、逻辑在认识论中的重要作用的同时,却扩展了对外界、自然界的理解,阐扬了中国固有的思想范畴,扩展了认识论的逻辑基础,我们就会认识到,中国近现代认识论不是对西方的简单模仿,而是认识论的具有中国特点的新开展。这种新开展,一方面有助于突破狭义认识论原有的视域①,另一方面也为狭义认识论问题的解决提供了不同方案。

---

　　①　郁振华认为,当代认识论研究的扩展,有两条进路,一是形上的进路,一是实践的进路。而中国近现代认识论在这两条进路上,都有有益的探索。参见郁振华.扩展认识论的两种进路[J].华东师范大学学报,2007(2):1.

参考文献

[1]《尚书》

[2]《周易》

[3]《老子》

[4]《春秋》

[5]《论语》

[6]《墨子》

[7]《郭店楚墓竹简》

[8]《商君书》

[9]《慎子》

[10]《孟子》

[11]《庄子》

[12]《管子》

[13]《国语》

[14]《周礼》

[15]《礼记》

[16]《吕氏春秋》

[17]《荀子》

[18]《韩非子》

[19]《尔雅》

[20]《黄帝内经》

[21]《春秋繁露》

[22]《淮南子》

[23]《春秋左传》

[24]《春秋公羊传》

[25]《春秋穀梁传》

[26]《汉书》

[27]《论衡》

[28]《说文解字》

[29]《近思录》

[30]司马迁.史记[M].北京:中华书局,2011.

[31]王弼.王弼集校释[M].楼宇烈,校释.北京:中华书局,1980.

[32]邵雍.皇极经世书[M].陈明,点校.上海:学林出版社,2003.

[33]邵雍.邵雍集[M].郭彧,点校,北京:中华书局,2010.

[34]周敦颐.周敦颐集[M].陈克明,点校,北京:中华书局,2009.

[35]张载.张载集[M].章锡琛,点校.北京:中华书局,1978.

[36]程颢,程颐.二程集[M].王孝鱼,点校.北京:中华书局,2004.

[37]吕惠卿.庄子义集校[M].北京:中华书局,2009.

[38]苏轼.苏东坡全集[M].北京:北京燕山出版社,2009.

[39]朱熹.四书章句集注[M].北京:中华书局,1983.

[40]朱熹.朱子全书[M].朱杰人,等主编.上海:上海古籍出版社、合肥:安徽教育出版社,2002.

[41]朱熹.朱子语类[M].黎靖德,编.北京:中华书局,2020.

[42]陈亮.陈亮集[M].邓广铭,点校.北京:中华书局,1987.

[43]叶适.习学记言序目[M].北京:中华书局,2009.

[44]叶适.叶适集[M].北京:中华书局,2010.

[45]王守仁.王阳明全集[M].吴光,等编校.上海:上海古籍出版社,1992.

[46]王廷相.王廷相集[M].王孝鱼,点校.北京:中华书局,2009.

[47]李贽.李贽全集注[M].张建业,主编.北京:社会科学文献出版社,2010.

[48]王夫之.船山全书[M].长沙:岳麓书社,2011.

[49]颜元.颜元集[M].王星贤,点校.北京:中华书局,1987.

[50]戴震.戴震集[M].上海:上海古籍出版社,2009.

[51][英]阿诺德·汤因比.历史研究[M].郭小凌,译.上海:上海人民出版社,2010.

[52][美]埃里希·弗洛姆.在幻想锁链的彼岸[M].张燕,译.长沙:湖南人民出版社,1986.

[53][美]艾恺.最后的儒家——梁漱溟与中国现代化的两难[M].南京:江苏人民出版社,1996.

[54][美]爱因斯坦.爱因斯坦文集(增补本)[M].北京:商务印书馆,2019.

[55][美]安乐哲.和而不同:中西哲学的会通[M].温海明,译.北京:北京大学出版社,2009.

[56]陈鼓应.老子今注今译[M].北京:商务印书馆,2003.

[57]陈鼓应.庄子今注今译[M].北京:中华书局,1983.

[58]陈嘉明.知识与确证——当代知识论引论[M].上海:上海人民出版社,2003.

[59]陈嘉映.说理[M].北京:华夏出版社,2011.

[60]陈嘉映.普遍性种种[M].北京:华夏出版社,2011.

[61]陈来.古代思想文化的世界[M].北京:三联书店,2002.

[62]陈来.古代宗教与伦理[M].北京:北京大学出版社,2017.

[63]陈来.中国现代哲学的追寻[M].北京:人民出版社,2001.

[64]陈卫平.第一页与胚胎——明清之际的中西文化比较[M].上海:上海人民出版社,1992.

[65][英]丹皮尔.科学史[M].李珩,译.北京:中国人民大学出版社,2010.

[66][美]杜威.确定性的寻求——关于知行关系的研究[M].傅统先,译.上海:上海人民出版社,2004.

[67]杜维明.杜维明文集[M].郭齐勇,郑文龙,编.武汉:武汉出版社,2002.

[68]范学德.综合与创造——张岱年的哲学思想[M].北京:教育科学出版社,1989.

[69]方克立.中国哲学史上的知行观[M].北京:人民出版社,1982.

[70]方勇,李波.荀子[M].北京:中华书局,2011.

[71]方勇.庄子[M].北京:中华书局,2015.

[72]冯契.逻辑思维的辩证法[M].上海:华东师范大学出版社,1996.

[73]冯契.人的自由和真善美[M].上海:华东师范大学出版社,1996.

[74]冯契.认识世界和认识自己[M].上海:华东师范大学出版社,1996.

[75]冯契.哲学讲演录·哲学通信[M].上海:华东师范大学出版社,1998.

[76]冯契.智慧的探索[M].上海:华东师范大学出版社,1997.

[77]冯契.智慧的探索·补编[M].上海:华东师范大学出版社,1998.

[78]冯契.中国古代哲学的逻辑发展(上)[M].上海:华东师范大学出版社,1997.

[79]冯契.中国古代哲学的逻辑发展(中)[M].上海:华东师范大学出版社,1997.

[80]冯契.中国古代哲学的逻辑发展(下)[M].上海:华东师范大学出版社,1997.

[81]冯契.中国近代哲学的革命进程[M].上海:华东师范大学出版社,1997.

[82]冯友兰.三松堂全集[M].郑州:河南人民出版社,2001.

[83]冯友兰.三松堂学术文集[M].北京:北京大学出版社,1984.

[84]冯友兰.中国哲学简史[M].涂又光,译.北京:北京大学出版社,1985.

[85]傅斯年.性命古训辨证[M].上海:上海三联书店,2018.

[86][德]盖伦·阿诺德.技术时代的人类心灵[M].何兆武,何冰,译.上海:科技教育出版社,2003.

[87]高瑞泉.天命的没落[M].上海:上海人民出版社,1991.

[88]高瑞泉.中国现代精神传统——中国的现代性观念谱系[M].上海:世纪出版集团,上海古籍出版社,2005.

[89]葛荣晋.中国哲学范畴通论[M].北京:首都师范大学出版社,2001.

[90]贡华南.味与味道[M].上海:上海人民出版社,2008.

[91]龚自珍.龚自珍全集[M].上海:上海人民出版社,1975.

[92]郭沫若.郭沫若全集[M].北京:人民出版社,1984.

[93]郭齐勇,龚建平.梁漱溟哲学思想[M].武汉:湖北人民出版社,1996.

[94]郭晓东.识仁与定性[M].上海:复旦大学出版社,2006.

[95]郭湛波.近五十年中国思想史[M].济南:山东人民出版社,1997.

[96][美]郝大维,安乐哲.期望中国:中西哲学文化比较[M].施忠连,等译.上海:学林出版社,2005.

[97]何金松.汉字文化解读[M].武汉:湖北人民出版社,2004.

[98]贺麟.文化与人生[M].北京:商务印书馆,1996.

[99]贺麟.哲学与哲学史论文集[M].北京:商务印书馆,1990.

[100]贺麟.近代唯心论简释[M].上海:上海人民出版社,2009.

[101]何显明,等.毛泽东哲学与中国文化精神[M].桂林:广西人民出版社,1993.

[102]洪谦.维也纳学派哲学[M].北京:商务印书馆,1989.

[103]胡军.中国现代直觉论研究[M].北京:北京大学出版社,2014年.

[104]胡适.胡适文集[M].北京:北京大学出版社,1998.

[105]胡适.中国哲学史大纲[M].北京:商务印书馆,1987.

[106]胡伟希.金岳霖哲学思想[M].武汉:湖北人民出版社,1994.

[107]黄勇.当代美德伦理[M].上海：东方出版中心,2019.

[108]姜国柱.中国认识论史[M].武汉：武汉大学出版社,1989.

[109]金岳霖.金岳霖集[M].北京：中国社会科学出版社,2000.

[110]金岳霖.金岳霖文集[M].兰州：甘肃人民出版社,1995.

[111]金岳霖.金岳霖学术论文选[M].北京：中国社会科学出版社,1990.

[112]金岳霖.论道[M].北京：商务印书馆,1987.

[113]金岳霖.知识论[M].北京：商务印书馆,1983.

[114][美]克莱因.数学简史——确定性的消失[M].李宏魁,译.北京：中信出版集团,2019.

[115][美]克利福德·吉尔兹,等.地方性知识：阐释人类学论文集[M].王海龙,等译.北京：中央编译出版社,2004.

[116]劳思光.新编中国哲学史[M].桂林：广西师范大学出版社,2005.

[117]李存山.中国气论探源与发微[M].北京：中国社会科学出版社,1990.

[118]李达.李达文集[M].北京：人民出版社,1988.

[119]李德顺.价值论[M].北京：中国人民大学出版社,2007.

[120]李若晖.老子集注彙考[M].上海：上海辞书出版社,2015.

[121]李维武.二十世纪中国哲学本体论问题[M].长沙：湖南教育出版社,1991.

[122]李泽厚.华夏美学[M].桂林：广西师范大学出版社,2001.

[123]李泽厚.历史本体论·己卯五说[M].北京：三联书店,2008.

[124]李泽厚.批判哲学的批判——康德述评[M].北京：人民出版社,1979.

[125]李泽厚.由巫到礼 释礼归仁[M].北京：三联书店,2015.

[126]李泽厚.哲学纲要[M].北京：北京大学出版社,2011.

[127]李泽厚.中国古代思想史论[M].北京：人民出版社,1985.

[128]梁启超.清代学术概论[M].上海：上海古籍出版社,1998.

[129]梁漱溟.东西文化及其哲学[M].北京：商务印书馆,1999.

[130]梁漱溟.梁漱溟全集[M].济南：山东人民出版社,2005.

[131]梁涛.郭店竹简与思孟学派[M].北京：中国人民大学出版社,2008.

[132]列宁.列宁全集[M].北京：人民出版社,2014.

[133]刘静芳.综合创造的哲学与哲学的综合创造：张岱年哲学思想研究[M].上海：上海人民出版社,2009.

[134]刘笑敢.老子古今[M].北京：中国社会科学出版社,2009.

［135］吕思勉.先秦学术概论［M］.上海：东方出版中心,1985.

［136］马克思,恩格斯.马克思恩格斯全集：第 42 卷［M］.北京：人民出版社,1979.

［137］［美］迈克尔·斯洛特.阴阳的哲学：一种当代的路径［M］.王江伟,牛纪凤,译.北京：商务印书馆,2018.

［138］毛泽东.毛泽东书信选［M］.北京：中央文献出版社,2003.

［139］毛泽东.毛泽东选集［M］.北京：人民出版社,1991.

［140］蒙培元.理学范畴体系［M］.北京：人民出版社,1989.

［141］牟宗三.牟宗三先生全集［M］.台湾：联经出版公司,2003.

［142］牟宗三.中国哲学的特质［M］.上海：上海古籍出版社,1997.

［143］牟宗三.中国哲学十九讲［M］.上海：上海古籍出版社.1997.

［144］潘富恩,施昌东.中国古代认识论史略［M］.上海：复旦大学出版社,1985.

［145］庞朴.庞朴文集［M］.济南：山东大学出版社,2005.

［146］［英］培根.新工具［M］.许宝骙,译.北京：商务印书馆,1984.

［147］钱穆.庄老通辨［M］.北京：九州出版社,2019.

［148］钱钟书.谈艺录［M］.北京：中华书局,1984.

［149］［美］乔治·莱考夫,马克·约翰逊.我们赖以生存的隐喻［M］.何文忠,译.杭州：浙江大学出版社,2013.

［150］任继愈.老子绎读［M］.北京：国家图书馆出版社,2015.

［151］［德］石里克.普通认识论［M］.李步楼,译.北京：商务印书馆,2005.

［152］唐君毅.中国哲学原论·原道篇［M］.北京：中国社会科学出版社,2006.

［153］汤一介.郭象与魏晋玄学［M］.北京：北京大学出版社,2000.

［154］汤用彤.魏晋玄学论稿［M］.上海：上海古籍出版社,2005.

［155］王中江.理性和浪漫——金岳霖的生活及其哲学［M］.郑州：河南人民出版社,1993.

［156］夏甄陶.中国认识论思想史稿［M］.北京：中国人民大学出版社,1992.

［157］熊十力.熊十力全集［M］.武汉：湖北教育出版社,2001.

［158］休谟.人类理解研究［M］.关文运,译.北京：商务印书馆,1957.

［159］徐复观.徐复观文集［M］.武汉：湖北人民出版社,2002.

［160］亚里士多德.形而上学［M］.吴寿彭,译.北京：商务印书馆,1983.

［161］亚里士多德.尼各马科伦理学［M］.苗力田,译.北京：中国社会科学出版社,1999.

[162]杨国荣.人与世界:以"事"观之[M].北京:三联书店,2021.

[163]杨国荣.道论[M].北京:北京大学出版社,2011.

[164]杨国荣.认识与价值[M].上海:华东师范大学出版社,2009.

[165]杨国荣.伦理与存在[M].上海:上海人民出版社,2002.

[166]余敦康.魏晋玄学史[M].北京:北京大学出版社,2004.

[167]俞吾金.问题域的转换[M].北京:人民出版社,2007.

[168]俞宣孟.本体论研究[M].上海:上海人民出版社,1999.

[169]余英时.中国文化史通释[M].北京:三联书店,2012.

[170]张岱年.张岱年全集[M].石家庄:河北人民出版社,1996.

[171]张岱年.耄年忆往:张岱年自述[M].太原:山西人民出版社,1997.

[172]张岱年.晚思集:张岱年自选集[M].北京:新世界出版社,2002.

[173]张东荪.理性与良知——张东荪文选[M].张汝纶,选编.上海:上海远东出版社,1995.

[174]张东荪.认识论[M].北京:商务印书馆,2011.

[175]张东荪.思想言语与文化[M].北京:中国人民大学出版社,2015.

[176]张东荪.思想与社会[M].沈阳:辽宁教育出版社,1998.

[177]张东荪.知识与文化[M].长沙:岳麓书社,2011.

[178]张君劢,丁文江等.科学和人生观[M].济南:山东人民出版社,1997.

[179]张申府.张申府文集[M].石家庄:河北人民出版社,2005.

[180]章太炎.章太炎全集[M].上海:上海人民出版社,1986.

[181]赵馥洁.中国传统哲学价值论[M].西安:陕西人民出版社,1991.

[182]朱贻庭.中国传统伦理思想史[M].上海:华东师范大学出版社,1994.

[183]左玉河.张东荪学术思想评传[M].北京:北京图书馆出版社,1999.

[184]白奚.墨学中绝与传统文化的走向[J].哲学研究,1996(12).

[185]曹峰."玄之又玄之"和"损之又损之"——北大汉简《老子》研究的一个问题[J].中国哲学史,2013(3).

[186]曹峰.《老子》首章与"名"相关问题的重新审视——以北大汉简《老子》的问世为契机[J].哲学研究,2011(4).

[187]晁福林.先秦时期"德"观念的起源及其发展[J].中国社会科学,2005(4).

[188]陈鼓应.《易传·系辞》所受老子思想的影响——兼论《易传》乃道家系统之作[J].哲学研究,1989(1).

[189]陈鼓应.道家在先秦哲学史上的主干地位(下篇)[J].中国文化研究,1995(3).

[190]陈鼓应.论道与物关系问题——中国哲学史上的一条主线（上）[J].哲学动态,2005(7).

[191]陈嘉明.当代知识论中"知识的确证"问题[J].复旦学报,2003(2).

[192]陈来.多元文化结构中的儒学及其定位[J].天津社会科学,1989(1).

[193]陈来.价值·权威·传统与中国哲学[J].哲学研究,1989(10).

[194]陈乔见.墨家之义道及其伦理精神[J].中原文化研究,2021(2).

[195]陈卫平.器道升替:中国近代进化论的历程[J].学术界,1997(1).

[196]陈晓龙.金岳霖《论道》元学体系的建构及其理论意义[J].河北学刊,1997(5).

[197]陈炎.杨向奎教授谈墨学研究[J].文史哲,1994(6).

[198]陈赟.道的理化与知行之辨——中国哲学从先秦到宋明的演变[J].华东师范大学学报,2002(4).

[199]陈赟.中庸之道:作为一种全面深邃的文化理想[J].学术月刊,2006(4).

[200]程潮,钱耕森.儒家"内圣外王"及其现代价值[J].学术月刊,1998(8).

[201]程宜山.《中庸》"诚"说三题[J].孔子研究,1989(4).

[202]丛文俊.《周礼》"三德"、"道艺"古义斠诠[J].史学集刊,1998(2).

[203]崔宜明.论中庸——一种知识论的考察[J].学术月刊,2012(6).

[204]戴木茅.韩非"术"论澄释[J].哲学动态,2016(9).

[205]翟奎凤.心性化与唐宋元明中国思想的内转及其危机——以禅宗、内丹、理学为线索的思考[J].文史哲,2016(6).

[206]杜汉生."生而知之"辨[J].湖北师范学院学报,2010(1).

[207]杜维明.儒家心性之学的当代意义[J].开放时代,2011(4).

[208]冯契.古今、中西之争与中国近代哲学革命[J].上海社会科学院学术季刊,1985(1).

[209]冯契.论中国传统哲学的特点[J].学术月刊,1983(7).

[210]冯契.论中国古代的科学方法[J].哲学研究,1984(2).

[211]高利民.有无"之间"——庄子道论的一种解读[J].内蒙古师范大学学报,2008(4).

[212]宫哲兵.中国古代哲学有没有认识论——中国哲学史新探之三[J].广西民族

学院学报,1996(3).

[213]贡华南.论"良知坎陷"与"转识成智"——兼论 20 世纪的新儒家与新道家[J].上海大学学报,2005(1).

[214]郭淑新.中庸之道:和谐通达之道[J].道德与文明,2012(1).

[215]郭晓东.《生之谓性》与《天命之谓性》——程明道"性"论研究[J].复旦学报,2004(1).

[216]韩水法.汉语哲学:方法论的意义[J].学术月刊,2018(7).

[217]胡发贵.从"谋道"到"谋食"——论宋明之际儒家价值观念的迁移[J].中州学刊,2003(5).

[218]胡军.金岳霖的真理标准综合说述评[J].中国哲学史,1992(1).

[219]胡军.中国现代哲学中的知识论研究[J].哲学研究,2004(2).

[220]金景芳.战国四家五子思想论略——儒家孟子、荀子,墨家墨子,道家庄子,法家韩非子[J].吉林大学社会科学学报,1980(1).

[221]金岳霖.中国哲学[J].哲学研究,1985(9).

[222]康中乾.《老子》认识论之我见[J].哲学研究,1988(9).

[223]康中乾.《易经》认识论发微[J].周易研究,1990(2).

[224]李承贵.中国传统哲学的五大认知范式[J].学术研究,2010(6).

[225]李存山.庄子思想中的道、一、气——比照郭店楚简《老子》和《太一生水》[J].中国哲学史.2001(4).

[226]李德顺.真理与价值的统一是马克思主义的重要原则[J].中国社会科学,1985(3).

[227]李国斌.论韩非对"治术"道德性的探寻[J].现代哲学,2018(3).

[228]郦全民.论汉字的表征效应[J].中国社会科学,2015(2).

[229]郦全民.中国传统知识生成和传承的认知取向[J].河北学刊,2015(3).

[230]梁治平."礼法"探原[J].清华法学,2015(1).

[231]廖名春.《老子》首章新释[J].哲学研究,2011(9).

[232]廖小平.试论中西方传统哲学认识论的基本判别[J].晋阳学刊,1994(2).

[233]林忠军.试论易学象数起源与《周易》文本形成[J].哲学研究,2012(10).

[234]刘静芳.从"道喻"看老、庄之异[J].中国哲学史,2021(4).

[235]刘静芳.解决狭义认识论问题的别样方案[J].华东师范大学学报,2019(3).

[236]刘静芳.老子之道:有、无之间周行的路径——中国哲学之"道"的源头审视

[J].河北学刊,2021(1).

[237]刘静芳.如何在中国哲学中安顿"普遍性"[J].哲学研究,2014(10).

[238]刘静芳.中国传统知论的特点[J].哲学研究,2016(5).

[239]刘静芳.中庸:无过无不及于什么[J].哲学动态,2023(4).

[240]刘文英.道家的精神哲学与现代的潜意识概念[J].文史哲,2002(1).

[241]刘文英.论中国传统哲学思维的逻辑特征[J].哲学研究,1988(7).

[242]刘文英.认识的分疏与认识论的类型——中国传统哲学认识论的新透视[J].哲学研究,2003(1).

[243]刘长林.阴阳的认识论意义[J].中国社会科学院研究生院学报,2006(5).

[244]楼宇烈.中国文化的道与艺——由艺臻道以道统艺[J].学术交流,2014(10).

[245]蒙培元.论中国传统思维方式的基本特征[J].哲学研究,1988(7).

[246]墨子刻.乌托邦主义与孔子思想的精神价值[J].华东师范大学学报,2000(2).

[247]墨子刻.形上思维与历史性的思想规矩——论郁振华的《形上的智慧如何可能?——中国现代哲学的沉思》[J].清华大学学报,2001(6).

[248]倪培民.知"道"——中国哲学中的功夫认识论[J].钱爽,译.文史哲,2019(4).

[249]庞朴."一阴一阳"解[J].清华大学学报,2004(1).

[250]庞朴."中庸"平议[J].中国社会科学,1980(1).

[251]庞朴.道家辩证法论纲(上)[J].学术月刊,1986(12).

[252]庞朴.解牛之解[J].学术月刊,1994(3).

[253]庞朴.阴阳五行探源[J].中国社会科学,1984(3).

[254]彭富春.《中庸》新解[J].中国地质大学学报,2008(5).

[255]任蜜林.早期儒家人性论的两种模式及其影响——以《中庸》、孟子为中心[J].中国哲学史,2019(2).

[256]尚永亮、朱春洁.《老子》"玄"与"玄德"新释[J].复旦学报,2020(1).

[257]施昌东,潘富恩.论老子"道"的学说[J].文史哲,1962(4).

[258]孙伟平.论事实认知与价值评价的内在关系[J].社会科学战线,1997(1).

[259]孙伟平.哲学之"是"与"应该"[J].学术研究,2003(1).

[260]孙向晨."汉语哲学"论纲:本源思想、论域与方法[J].中国社会科学,2021(12).

[261]童世骏.冯契和西方哲学[J].学术月刊,1996(3).

[262]童世骏.感觉经验能否给予客观实在——从洛克到金岳霖和冯契[J].江海学刊,2000(4).

[263]童世骏.作为哲学问题的"中国向何处去"——理解冯契哲学思想的一个视角[J].社会科学文摘,2016(7).

[264]王博.老子哲学中"道"和"有"、"无"的关系试探[J].哲学研究,1991(8).

[265]王博.虚无的伟大意义:道和德的另外一个方向[J].中国道教,2017(3).

[266]王树人,喻柏林.论"象"与"象思维"[J].中国社会科学,1998(4).

[267]王中江.汉简《老子》中的"异文"和"义旨"示例及考辨[J].湖北大学学报,2014(1).

[268]吴根友.在"求是"中"求道"——"后戴震时代"与段玉裁的学术定位[J].陕西师范大学学报,2011(1).

[269]吴志杰,王育平.和合认识论——中国传统和合文化研究[J].内蒙古社会科学,2011(2).

[270]萧正洪.战国农家源流试探[J].陕西师大学报,1990(3).

[271]谢维扬.儒学对中国古代文献传统形成的贡献[J].上海师范大学学报,2010(6).

[272]徐克谦.作为道路与方法的庄子之"道"[J].中国哲学史,2000(4).

[273]徐长福.亚里士多德实践哲学的理论特质[J].学习与探索,2006(4).

[274]杨国荣.道与中国哲学[J].云南大学学报,2010(6).

[275]杨国荣.理性与非理性——以人性能力为视域[J].学术月刊,2007(11).

[276]杨国荣.论人性能力[J].哲学研究,2008(3).

[277]杨国荣.人类认识:广义的理解与具体的形态[J].学术月刊,2020(3).

[278]杨国荣.易庸学合论[J].上海社会科学院学术季刊,1992(1).

[279]杨国荣.中国近代的实证论思潮及其历史特点[J].中国哲学史,1993(2).

[280]杨泽波.牟宗三存有论思想辨析——以《智的直觉与中国哲学》为中心[J].思想与文化,2004(1).

[281]叶树勋.道家物德论在《庄子》中的展开[J].陕西师范大学学报,2014(3).

[282]叶秀山.试读《中庸》[J].中国哲学史,2000(3).

[283]俞吾金.论中国哲学中知性思维的欠缺与重建[J].哲学研究,2012(9).

[284]俞宣孟.论中国哲学形而上学的精神[J].社会科学,2007(4).

[285]俞宣孟.西方哲学中"是"的意义及其思想方式[J].中国社会科学,2001(1).

[286]郁振华.沉思传统与实践转向——以《确定性的追求》为中心的探索[J].哲学研究,2017(7).

[287]郁振华.扩展认识论的两种进路[J].华东师范大学学报,2007(2).

[288]岳翔宇.气候变化、农业低产与重农理论——以晁错"贵粟论"为中心[J].历史研究,2015(3).

[289]张秉楠.礼—仁—中庸——孔子思想的演进[J].中国社会科学,1990(4).

[290]张岱年.中国古代哲学的基本特点[J].学术月刊,1983(9).

[291]张岱年.中国知论大要[J].清华大学学报,1934(2).

[292]张立文.和合方法的诠释[J].中国人民大学学报,2002(3).

[293]张永超.中国知识论传统缺乏之原因[J].哲学研究,2012(2).

[294]章忠民.确定性的寻求与本质主义的兴衰[J].哲学研究,2013(1).

[295]赵敦华.中西形而上学"同源分流"论[J].社会科学战线,2005(3).

[296]赵馥洁.老子"道"的价值意蕴[J].中国哲学史,1993(3).

[297]赵馥洁.论先秦法家的价值体系[J].法律科学,2013(4).

[298]赵馥洁.论中国哲学认识论与价值论的融通及其意义[J].人文杂志,2002(4).

[299]赵汀阳.第一个哲学词汇[J].哲学研究,2016(10).

[300]周山.求道:中国的哲学精神[J].社会科学,2008(9).

[301]朱汉民.道与中国哲学[J].湖南大学学报,2002(1).

[302]刘静芳."中庸"中的进取精神[N].光明日报,2020—11—09.

[303]赵馥洁.为什么把黄帝称为"人文初祖"[N].中华读书报,2008—04—09.

[304]Stephen Hetherington and Karyn Lai,"Practising to Know:Practicalism and Confucian Philosophy",*Philosophy*,Volume 87,Issue 3,July 2012.

[305]Jürgen Habermas,*Knowledge and Human Interests*,Beacon Press,1971.

后　记

本研究开始于 10 年前,2015 年获得了国家社科基金一般项目的资助(项目名称:中国传统知论的现代审视研究。项目号:15BZX066)。2020 年项目结项后,书稿搁置多年,原因是个人觉得它还有许多地方需要完善。2024 年,该研究有幸被列入上海财经大学出版社"上财文库"出版计划。尽管从初稿完成到修改出版,其间间隔了近 5 年,但该项研究仍是一个未熟透的果子。受本人学识所限,书中观点、论证难免有不尽如人意之处,恳请各位读者与同道多多批评。

刘静芳

2024 年 12 月